国家社会科学基金（教育学）重大项目（VDA200004）阶段性研究成果
北京外国语大学“双一流”建设标志性项目（BW202018）阶段性研究成果

“一带一路”国家文化教育大系　　总主编　王定华

# 摩洛哥文化教育研究

التعليم والثقافة في
المملكة المغربية

王晶　刘冰洁 著

外语教学与研究出版社
FOREIGN LANGUAGE TEACHING AND RESEARCH PRESS
北京 BEIJING

**图书在版编目（CIP）数据**

摩洛哥文化教育研究 / 王晶，刘冰洁著. -- 北京 ：外语教学与研究出版社，2021.5（2023.2 重印）
（“一带一路”国家文化教育大系 / 王定华总主编）
ISBN 978-7-5213-2631-4

Ⅰ. ①摩… Ⅱ. ①王… ②刘… Ⅲ. ①教育研究－摩洛哥 Ⅳ. ①G541.6

中国版本图书馆 CIP 数据核字（2021）第 095425 号

出 版 人　王　芳
项目负责　孙凤兰　巢小倩
责任编辑　巢小倩
责任校对　孙凤兰
装帧设计　李　高
出版发行　外语教学与研究出版社
社　　址　北京市西三环北路 19 号（100089）
网　　址　http://www.fltrp.com
印　　刷　北京盛通印刷股份有限公司
开　　本　787×1092　1/16
印　　张　23
版　　次　2021 年 6 月第 1 版　2023 年 2 月第 2 次印刷
书　　号　ISBN 978-7-5213-2631-4
定　　价　168.00 元

购书咨询：（010）88819926　电子邮箱：club@fltrp.com
外研书店：https://waiyants.tmall.com
凡印刷、装订质量问题，请联系我社印制部
联系电话：（010）61207896　电子邮箱：zhijian@fltrp.com
凡侵权、盗版书籍线索，请联系我社法律事务部
举报电话：（010）88817519　电子邮箱：banquan@fltrp.com
物料号：326310001

## “一带一路”国家文化教育大系编写委员会



## “一带一路”国家文化教育大系编审委员会

首都拉巴特景点——国王墓

沙漠地区的贝都因人

摩洛哥景象——羊上树

阿加迪尔小店

古城非斯

非斯的传统手工业工坊

摩洛哥小镇街区里的孩子

摩洛哥小学生进行小组讨论

摩洛哥小学生在暑期班上课

镇上的一所中学

穆罕默德五世大学人文学院

穆罕默德五世大学专家讲座

穆罕默德五世大学教师体验语音设备

大学举办学术讲座

摩洛哥第一所孔子学院签约仪式

孔子学院开幕典礼

孔子学院教学活动

中摩教育研讨会

摩洛哥民众在使馆展示活动上体验中国文化

中国驻摩洛哥医疗队工作人员

# 出版说明

2013年9月7日，国家主席习近平提出共建“丝绸之路经济带”重大倡议。2013年10月3日，习近平主席提出共建“21世纪海上丝绸之路”重大倡议。两者合称“一带一路”倡议。以2013年金秋为起点，“一带一路”倡议作为构建人类命运共同体的伟大设想，在开拓和平、繁荣、开放、绿色、创新、文明之路的非凡征程中，孕育生机和活力，汇聚信心和期待，在世界范围内广受欢迎和响应。

文化交流、文明互鉴是构建人类命运共同体的人文基础。文化发展，教育先行。作为“共和国外交官的摇篮”、文化教育的主动践行者、“一带一路”倡议的踊跃响应者和构建人类命运共同体的积极参与者，北京外国语大学在党委书记王定华教授的带领下，放眼世界，找准坐标，勇于担当，主动作为，深耕文化教育相关领域，研究、策划并组织编写了“一带一路”国家文化教育大系（以下简称大系）。国内相关高校和研究机构的众多专家学者献计献策，踊跃参加，形成了一个范围广泛、交流互动、共同进步的“一带一路”国家文化教育学术研究共同体。大系旨在填补国内相关研究领域的学术空白，实现“一带一路”国家教育研究全覆盖，为中国教育“走出去”和相关国家先进教育理念“请进来”提供科学理论和实践指导，具有重要的学术价值。同时，大系服务国家重大战略，通过分期分批出版，形成规模和品牌，向中国共产党建党一百周年和“一带一路”倡议提出十周年献礼，具有深远的意义。

作为国家社会科学基金（教育学）重大项目“新时代提升中国参与全球教育治理的能力及策略研究”、北京外国语大学“双一流”建设标志性项目“‘一带一路’国家文化教育研究”的课题研究成果和北京外国语大学党委的“奋进之举”，大系秉承学术性与可读性兼顾的原则，对“一带一路”国家文化教育理论与实践问题展开深入研究，从国情概览、文化传统、教育历史、学前教育、基础教育、高等教育、职业教育、成人教育、教师教育、教育政策、教育行政、教育交流等方面，全景擘画“一带一路”国家的教育风貌，帮助读者了解“一带一路”国家教育的历史与现状、经验与特点，为我国教育的发展和对外交流合作提供有益的借鉴、思考与启迪。

肆虐全球的新冠肺炎疫情严重影响了各国人民的生产生活，带来了二战以来人类面临的最严重的全球性危机，同时也再次阐述了人类命运共同体深刻内涵的世界性意义。在疫情防控常态化背景下，大系所有专家学者不畏困难，齐心协力，直面挑战，守望相助，化危为机，切实履行了响应和支持“一带一路”倡议的承诺。在此，特别感谢大系总策划、总主编王定华教授，以及所有顾问、编委和作者的心血倾注、智慧贡献和努力付出。

外语教学与研究出版社对大系的编写和出版工作给予了高度重视。自2019年项目启动以来，外研社抽调精锐力量成立大系工作组，多次组织相关部门和人员召开选题论证会，商建编委会，召开全体作者大会，制订周密、科学的出版计划，以保证项目的顺利开展和图书的优质出版。目前，大系的出版工作已取得阶段性成果，预计在2023年“一带一路”倡议提出十周年之前，将分期分批推出数量和规模可观的、具有相当科研价值和学术价值的系列专著。期望大系的编写和出版能为“一带一路”建设、中外教育交流及我国文化教育发展发挥基础性、服务性、广远性的作用。

**外语教学与研究出版社**

**2021年4月**

# 总　序

王定华

改革开放以来，中国各项事业取得了巨大成就。中国经济和世界经济高度关联，中国一以贯之地坚持对外开放的基本国策，构建全方位开放新格局，深度融入世界经济体系。2013 年 9 月和 10 月，习近平主席在出访中亚和东南亚国家期间，先后提出共建“丝绸之路经济带”和“21 世纪海上丝绸之路”的重大倡议（以下简称“一带一路”倡议），得到国际社会的高度关注。其中，“丝绸之路经济带”东边牵着亚太经济圈，西边系着发达的欧洲经济圈，是世界上最长、最具发展潜力的经济大走廊；“21 世纪海上丝绸之路”串起连通东盟、南亚、西亚、北非、欧洲等各大经济板块的市场链，发展面向南海、太平洋和印度洋的战略合作经济带，以亚欧非经济贸易一体化为发展的长期目标。

## 一、精准把握“一带一路”倡议的时代意蕴

“经济带”概念是对地区经济合作模式的创新。其中经济走廊涵盖中蒙

俄经济走廊、新亚欧大陆桥、中国–中亚–西亚经济走廊、孟中印缅经济走廊、中国–中南半岛经济走廊等，以经济增长极辐射周边，超越了传统发展经济学理论。“丝绸之路经济带”概念不同于历史上所出现的各类“经济区”与“经济联盟”，同后两者相比，经济带具有灵活性高、适用性广以及可操作性强的特点，各国都是平等的参与者，本着自愿参与、协同推进的原则，发扬古丝绸之路兼容并包的精神。

“一带一路”倡议是我国在新时代推进全方位对外开放的重要举措，为当今世界提供了一个充满东方智慧、实现共同发展的中国方案，也是对历史文化传统的高度尊重，凝聚了世界各国利益的最大公约数。丝绸之路是起始于古代中国，连接亚洲、非洲和欧洲的古代陆上商业贸易路线，最初的作用是运输古代中国出产的丝绸、瓷器等商品，后来成为东方与西方之间在经济、政治、文化等方面进行交流的主要通道。1877 年，德国地质、地理学家李希霍芬（F. P. W. Richthofen）在其著作《中国》一书中，把公元前 114 年至公元 127 年，中国与中亚、中国与印度间以丝绸贸易为媒介的这条西域交通道路命名为“丝绸之路”，这一名词很快为学术界和大众所接受，并正式运用。其后，德国历史学家赫尔曼（A. Herrmann）在 20 世纪初出版的《中国与叙利亚之间的古代丝绸之路》一书中，根据新发现的文物考古资料，进一步把丝绸之路延伸到地中海西岸和小亚细亚，并确定了丝绸之路的基本内涵，即它是中国古代与中亚、南亚、西亚以及欧洲、北非的陆上贸易交往通道。进入 21 世纪，海上丝绸之路也被纳入丝绸之路的涵盖范围，即从中国沿海港口过南海到印度洋并延伸至欧洲，从中国沿海港口过南海到南太平洋。随着时代的发展，“丝绸之路”成为古代中国与西方所有政治经济文化往来通道的统称。

推进“一带一路”建设既是中国扩大和深化对外开放的需要，也是加强和世界各国互利合作的需要，中国愿意承担更多责任和义务，为人类和平发展做出更大的贡献。文明交流互鉴是构建人类命运共同体的重要途径，是推动人类文明共同进步、实现世界和平发展的重要动力。共建“一带一路”要顺应世界多极化、经济全球化、文化多样化、社会信息化的潮流，秉持开放的区域合作精神，致力于推动“一带一路”各国实现经济政策协调，开展更大范围、更高水平、更深层次的区域合作，共同打造开放、包容、均衡、普惠的区域经济合作架构，维护全球自由贸易体系和开放型世界经济格局。

“一带一路”贯穿亚欧非大陆，一头是活跃的东亚经济圈，一头是发达的欧洲经济圈，中间广大腹地国家经济发展潜力巨大。根据“一带一路”走向，陆上依托国际大通道，以中心城市为支撑，以重点经贸产业园区为合作平台，共同打造新亚欧大陆桥以及中蒙俄、中国–中亚–西亚、中国–中南半岛等国际经济合作走廊；海上以重点港口为基点，共同建设通畅安全高效的运输大通道。

“一带一路”建设是有关国家开放合作的宏大经济愿景，需要各国携手努力，朝着互利互惠、共同安全的目标相向而行：努力实现区域基础设施更加完善，安全高效的陆海空通道网络基本形成，互联互通达到新水平；投资贸易便利化水平进一步提升，高标准自由贸易区网络基本形成，经济联系更加紧密，政治互信更加深入；人文交流更加广泛深入，不同文明互鉴共荣，各国人民相知相交、和平友好。

“一带一路”倡议是具有开放性和包容性的友好建议。当今世界是一个开放的世界，开放带来进步，封闭导致落后。中国认为，只有开放才能发现机遇、抓住并用好机遇、主动创造机遇，才能实现国家的奋斗目标。“一带一路”倡议就是要把世界的机遇转变为中国的机遇，把中国的机遇转变为世界的机遇。正是基于这种认知与愿景，“一带一路”倡议以开放为导向，冀望通过加强交通、能源和网络等基础设施的互联互通建设，促进经济要素有序自由流动、资源高效配置和市场深度融合，开展更大范围、更高水平、更深层次的区域合作，打造开放、包容、均衡、普惠的区域经济合作架构，以此来解决经济增长和平衡问题。“一带一路”倡议的开放包容性是区别于其他区域性经济倡议的一个突出特点。

“一带一路”倡议是超越地缘政治的务实合作的广阔平台。“和平合作、开放包容、互学互鉴、互利共赢”的丝路精神是人类共有的历史财富，“一带一路”倡议就是秉承这一精神与原则提出的新时代重要倡议，通过加强相关国家间的全方位多层面交流合作，充分发掘与发挥各国的发展潜力与比较优势，形成互利共赢的区域利益共同体、命运共同体和责任共同体。在这一机制中，各国是平等的参与者、贡献者、受益者。因此，“一带一路”倡议从一开始就具有平等性、和平性特征。平等是中国坚持的重要国际准则，也是“一带一路”建设的关键基础。只有建立在平等基础上的合作才能是持久的合作，也才会是互利的合作。“一带一路”倡议平等包容的合作特征为其推进减轻了阻力，提升了共建效率，有助于国际合作真正“落地生根”。同时，“一带一路”建设离不开和平安宁的国际环境和地区环境，和平是“一带一路”建设的本质属性，也是保障其顺利推进所不可或缺的重要因素。这些就决定了“一带一路”倡议不应该也不可能沦为大国政治较量的工具，更不会重复地缘博弈的老路。

“一带一路”倡议是政府、企业、团体共同发力的项目载体。“一带一路”建设是在双边或多边联动基础上通过具体项目加以推进的，是在进行充分政策沟通、战略对接以及市场运作后形成的发展倡议与规划。2017 年 5 月发布的《“一带一路”国际合作高峰论坛圆桌峰会联合公报》强调了建设“一带一路”的合作原则，其中就包括市场运作原则，即充分认识市场作用和企业主体地位，确保政府发挥适当作用，政府采购程序应开放、透明、非歧视。可见，“一带一路”建设的核心主体与支撑力量并不是政府，而是企业，根本方法是遵循市场规律，并通过市场化运作模式来实现参与各方的利益诉求，政府在其中发挥构建平台、创立机制、政策引导等指向性、服务性功能。

“一带一路”倡议是与现有相关机制对接互补的有益渠道。参与“一带一路”建设的国家要素禀赋各异，比较优势差异明显，互补性很强。有的国家能源资源富集但开发力度不够，有的国家劳动力充裕但就业岗位不足，有的国家市场空间广阔但产业基础薄弱，有的国家基础设施建设需求旺盛但资金紧缺。我国目前经济总量居全球第二，外汇储备居全球第一，优势产业越来越多，基础设施建设经验丰富，装备制造能力强、质量好、性价比高，具备资金、技术、人才、管理等综合优势。这就为我国与其他“一带一路”建设参与方实现产业对接与优势互补提供了现实可能与重大机遇。因而，“一带一路”倡议的核心内容就是要加强基础设施建设和促进互联互通，对接各国政策和发展战略，以便深化务实合作，促进协调联动发展，实现共同繁荣。由此可见，“一带一路”倡议不是对现有地区合作机制的替代，而是与现有机制互为助力、相互补充。实际上，“一带一路”建设已经与俄罗斯主导的欧亚经济联盟、印尼全球海洋支点发展规划、哈萨克斯坦光明之路经济发展战略、蒙古国草原之路倡议、欧盟欧洲投资计划、埃及苏伊士运河走廊开发计划等实现了对接与合作，并形成了一批标志性项目，如中哈（连云港）物流合作基地。作为新亚欧大陆桥经济走廊建设成果之一，中哈（连云港）物流合作基地初步实现了深水大港、远洋干线、中欧班列、物流场站的无缝对接。该项目与哈萨克斯坦光明之路经济发展战略高度契合。

“一带一路”倡议是促进人文交流的沟通桥梁。“一带一路”倡议跨越不同区域、不同文化、不同宗教信仰，但它带来的不是文明冲突，而是各文明间的交流互鉴。“一带一路”倡议在推进基础设施建设、加强产能合作与发展战略对接的同时，也将“民心相通”作为工作重心之一。民心相通是“一带一路”建设的社会根基。民心相通就是要传承和弘扬丝绸之路友好合作精神，广泛进行文化交流、学术交流、人才交流往来、媒体合作、青年和妇女交往、志愿者服务等，为深化双边和多边合作奠定坚实的民意基础。一是扩大相互间留学生规模，开展合作办学；国家间互办文化年、艺术节、电影节、电视周和图书展等活动，深化国家间人才交流合作。二是加强旅游合作，扩大旅游规模，联合打造具有丝绸之路特色的国际精品旅游线路和旅游产品。三是强化与周边国家在传染病疫情信息沟通、防治技术交流、专业人才培养等方面的合作，提高合作处理突发公共卫生事件的能力。四是加强科技合作，共建联合实验室（研究中心）、国际技术转移中心、海上合作中心，促进科技人员交流，合作开展重大科技攻关，共同提升科技创新能力。五是整合现有资源，开拓和推进参与国家在青年就业、创业培训、职业技能开发、社会保障管理服务、公共行政管理等共同关心领域的务实合作。六是充分发挥政党、议会交往的桥梁作用，加强国家之间立法机构、主要党派和政治组织的友好往来，互结友好城市。七是加强各国民间组织的交流合作，重点面向基层民众，广泛开展教育、医疗、减贫开发、生物多样性和生态环保等主题的各类公益慈善活动，改善贫困地区生产生活条件；加强文化传媒领域的国际交流合作，积极利用网络平台，运用新媒体工具，塑造和谐友好的文化生态和舆论环境；通过强化民心相通，弘扬丝绸之路精神，开展智力丝绸之路、健康丝绸之路等建设，在科学、教育、文化、卫生、民间交往等领域广泛合作，使"一带一路"建设的民意基础更为坚实，社会根基更加牢固。"一带一路"建设就是要以文明交流超越文明隔阂，以文明互鉴超越文明冲突，以文明共存超越文明优越，为相关国家人民加强交流、增进理解搭起新的桥梁，为不同文化和文明加强对话、交流互鉴织就新的纽带，推动各国相互理解、相互尊重、相互信任。

"一带一路"是促进共同发展、实现共同繁荣的友谊之路。共建"一带一路"旨在促进各国发展战略的对接和耦合，有利于发掘区域市场的潜力，推动经济要素有序自由流动、资源高效配置和市场深度融合，促进投资和消费，创造需求和就业，增进各国人民的人文交流与文明互鉴，从而让各国人民相逢相知、互信互敬，共享和谐、安宁、富裕的生活。共建"一带一路”符合国际社会的根本利益，彰显了人类社会的共同理想和美好追求，是国际合作及全球治理新模式的积极探索，将为世界和平发展增添新的正能量。中国政府倡议秉持和平合作、开放包容、互学互鉴、互利共赢的理念，全方位推进务实合作，打造政治互信、经济融合、文化包容的利益共同体、命运共同体和责任共同体。

“一带一路”倡议已经得到世界上众多国家和地区的积极响应，成为维护全球自由贸易体系和开放型世界经济的重要支撑。截至 2021 年 1 月 30 日，中国已经同 171 个国家和国际组织签署 205 份共建“一带一路”合作文件。[1] 特别是 2017 年 5 月第一届“一带一路”国际合作高峰论坛、2019 年 4 月第二届“一带一路”国际合作高峰论坛和 2019 年 5 月亚洲文明对话大会的成功举办，充分彰显了我国开放、包容的大国外交风范。在此背景下，我们一方面应致力于向世界介绍中国，推动中国文化“走出去”，讲好中国故事；另一方面也应加强对“一带一路”国家的历史、文化、语言、教育、艺术等方面的介绍和研究，让中国人民更多地了解“一带一路”国家的具体国情，特别是文化传统和教育体系。

“一带一路”倡议合作范围不断扩大，合作领域愈加广阔。它不仅给参与各方带来了实实在在的合作红利，也为世界贡献了应对挑战、创造机遇、强化信心的智慧与力量。

当今世界，新冠肺炎疫情带来诸多挑战，局部战争风险依然存在，经济增长动能不足，“逆全球化”思潮涌动，地区动荡持续，恐怖主义蔓延。和平赤字、发展赤字、治理赤字带来的严峻问题，已摆在全人类面前。这充分说明现有的全球治理体系面临结构性问题，亟须找到新的破解之策与应对方略。作为一个新兴大国，中国有能力、有意愿同时也有责任为完善全球治理体系贡献智慧与力量。面对新挑战、新问题、新情况，中国给出

---

[1] 中国一带一路网. 我国已签署共建“一带一路”合作文件 205 份 [EB/OL]. (2021-01-30) [2021-02-23]. https://www.yidaiyilu.gov.cn/xwzx/gnxw/163241.htm.

的全球治理方案是：构建人类命运共同体，实现共赢共享。“一带一路”倡议正是朝着这个目标努力的具体实践。“一带一路”倡议强调各国的平等参与、包容普惠，主张携手应对世界经济面临的挑战，开创发展新机遇，谋求发展新动力，拓展发展新空间，共同朝着人类命运共同体方向迈进。正是本着这样的原则与理念，“一带一路”倡议针对各国发展的现实问题和治理体系的短板，创立了亚洲基础设施投资银行、丝路基金等新型国际机制，构建了多形式、多渠道的交流合作平台。这既能缓解当今全球治理机制代表性、有效性、及时性难以适应现实需求的困境，在一定程度上扭转公共产品供应不足的局面，提振国际社会参与全球治理的士气与信心，又能满足发展中国家尤其是新兴市场国家变革全球治理机制的现实要求，大大增强了新兴国家和发展中国家的话语权，是推进全球治理体系朝着更加公正合理方向发展的重大突破。

“一带一路”倡议涵盖了发展中国家与发达国家，实现了“南南合作”与“南北合作”的统一，有助于推动全球均衡可持续发展。“一带一路”建设以基础设施建设为着眼点，促进经济要素有序自由流动，推动中国与相关国家的宏观政策的对接与协调。对于参与“一带一路”建设的发展中国家来说，这是一次搭中国经济发展“快车”“便车”，实现自身工业化、现代化的历史性机遇，有利于推动“南南合作”的广泛展开，同时也有助于增进“南北对话”，促进“南北合作”的深度发展。不仅如此，“一带一路”倡议的理念和方向同联合国《2030 年可持续发展议程》也高度契合，完全能够加强对接，实现相互促进。联合国秘书长古特雷斯表示，“一带一路”倡议与《2030 年可持续发展议程》都以可持续发展为目标，都试图提供机会、全球公共产品和双赢合作，都致力于深化国家和区域间的联系。

## 二、深入推动“一带一路”国家的教育交流

2020年6月印发的《教育部等八部门关于加快和扩大新时代教育对外开放的意见》指出，教育对外开放是教育现代化的鲜明特征和重要推动力，要以习近平新时代中国特色社会主义思想为指导，坚持教育对外开放不动摇，主动加强同世界各国的互鉴、互容、互通，形成更全方位、更宽领域、更多层次、更加主动的教育对外开放局面。

教育为国家富强、民族繁荣、人民幸福之本，在共建“一带一路”中具有基础性和先导性作用。教育交流为各国民心相通架设桥梁，人才培养为各国政策沟通、设施联通、贸易畅通、资金融通提供支撑。各国间教育交流源远流长，教育合作前景广阔，大家携手发展教育，合力共建“一带一路”，是造福各国人民的伟大事业。推进“一带一路”国家教育共同繁荣，既是加强与各国教育互利合作的需要，也是推进中国教育改革发展的需要，中国愿意在力所能及的范围内承担更多责任和义务，为区域教育大发展做出更大的贡献。

### （一）教育合作的原则

“一带一路”国家教育合作应遵循四个重要原则。

一是育人为本，人文先行。加强合作育人，提高区域人口素质，为共建“一带一路”提供人才支撑。坚持人文交流先行，建立区域人文交流机制，搭建民心相通桥梁。

二是政府引导，民间主体。政府加强沟通协调，整合多种资源，引导教育融合发展。发挥学校、企业及其他社会力量的主体作用，活跃教育合作局面，丰富教育交流内涵。

三是共商共建，开放合作。坚持共商、共建、共享，推进各国教育发

展规划相互衔接，实现各国教育融通发展、互动发展。

四是和谐包容，互利共赢。加强不同文明之间的对话，寻求教育发展最佳契合点和教育合作最大公约数，促进各国在教育领域互利互惠。

### （二）教育合作的重点

“一带一路”各国教育特色鲜明、资源丰富、互补性强、合作空间巨大。中国将以基础性、支撑性、引领性三方面举措为建议框架，开展三方面重点合作，对接各国意愿，互鉴先进教育经验，共享优质教育资源，全面推动各国教育提速发展。

#### 1. 开展教育互联互通合作

一是加强教育政策沟通。开展“一带一路”国家教育法律、政策协同研究，构建各国教育政策信息交流通报机制，为各国政府推进教育政策互通提供决策建议，为各国学校和社会力量开展教育合作交流提供政策咨询。积极签署双边、多边和次区域教育合作框架协议，制定各国教育合作交流国际公约，逐步疏通教育合作交流政策性瓶颈，实现学分互认、学位互授联授，协力推进教育共同体建设。

二是助力教育合作渠道畅通。推进“一带一路”国家间签证便利化，扩大教育领域合作交流，形成往来频繁、合作众多、交流活跃、关系密切的携手发展局面。鼓励有合作基础、相同研究课题和发展目标的学校缔结姊妹关系，逐步深化和拓展教育合作交流。举办校长论坛，推进学校间开展多层次、多领域的务实合作。支持高等学校依托优势学科和专业，建立“产学研用”相结合的国际合作联合实验室（研究中心）、国际技术转移中心，共同应对各国在经济发展、资源利用、生态保护等方面面临的重大挑战与机遇。打造“一带一路”国家学术交流平台，吸引各国专家学者、青年学生开展研究和学术交流。推进“一带一路”国家优质教育资源共享。

三是促进语言互通。研究构建语言互通协调机制，共同开发语言互通开放课程，逐步将国家语言课程纳入各国的学校教育课程体系。拓展政府间语言学习交换项目，联合培养、相互培养高层次语言人才。发挥外国语院校人才培养优势，推进基础教育多语种师资队伍建设和外语教育教学工作。扩大语言学习国家公派留学人员规模，倡导各国与中国院校合作在华开办本国语言专业。支持更多社会力量助力孔子学院和孔子课堂建设，加强汉语教师和汉语教学志愿者队伍建设，全力满足不同国家的汉语学习需求。

四是推进民心相通。鼓励学者开展或合作开展中国课题研究，增进各国对中国发展模式、国家政策、教育文化等各方面的理解。建设国别和区域研究基地，与对象国合作开展经济、政治、教育、文化等领域研究。逐步将理解教育课程、丝路文化遗产保护纳入各国中小学教育课程体系，加强青少年对不同国家文化的理解。加强“丝绸之路”青少年交流，注重通过志愿服务、文化体验、体育竞赛、创新创业活动和新媒体社交等途径，增进不同国家青少年对其他国家文化的理解。

五是推动学历学位认证标准联通。推动落实联合国教科文组织《亚太地区承认高等教育资历公约》，支持联合国教科文组织建立世界范围学历互认机制，实现区域内双边、多边学历学位关联互认。呼吁各国完善教育质量保障体系和认证机制，加快推进本国教育资历框架开发，助力各国学习者在不同种类和不同阶段教育之间进行转换，促进终身学习社会的建设。共商、共建区域性职业教育资历框架，逐步实现就业市场的从业标准一体化。探索建立各国教师专业发展标准，促进教师流动。

## 2. 开展人才培养培训合作

一是实施“丝绸之路”留学推进计划。设立“丝绸之路”中国政府奖学金，为各国专项培养行业领军人才和优秀技能人才。全面提升来华留学人才培养质量，把中国打造成为深受各国学子欢迎的留学目的地。以国家公派留学为引领，推动更多中国学生到“一带一路”其他国家留学。坚持“出国留学和来华留学并重、公费留学和自费留学并重、扩大规模和提高质量并重、依法管理和完善服务并重、人才培养和发挥作用并重”，完善全链条的留学人员管理服务体系，保障平安留学、健康留学、成功留学。

二是实施“丝绸之路”合作办学推进计划。有条件的中国高等学校开展境外办学要集中优势学科，选好合作契合点，做好前期论证工作，构建科学的人才培养模式、运行管理模式、服务当地模式、公共关系模式，使学校顺利落地生根、开花结果。发挥政府引领、行业主导作用，促进高等学校、职业院校与行业企业深度产教融合。鼓励中国优质职业教育配合高铁、电信运营等行业企业“走出去”，探索开展多种形式的境外合作办学，合作设立职业院校、培训中心，合作开发教学资源和项目，开展多层次职业教育和培训，培养当地急需的各类“一带一路”建设者。整合资源，积极推进与各国在青年就业培训等共同关心领域的务实合作。倡议国家之间开展高水平合作办学。

三是实施“丝绸之路”师资培训推进计划。开展“丝绸之路”教师培训，加强先进教育经验交流，提升区域教育质量。加强“丝绸之路”教师交流，推动各国校长交流访问、教师及管理人员交流研修，推进优质教育模式在各国的互学互鉴。大力推进各国优质教学仪器设备、教材课件和整体教学解决方案的输出，跟进教师培训工作，促进各国教育资源和教学水平均衡发展。

四是实施“丝绸之路”人才联合培养推进计划。推进国家间的研修访学活动。鼓励各国高等院校在语言、交通运输、建筑、医学、能源、环境工程、水利工程、生物科学、海洋科学、生态保护、文化遗产保护等国家发展急需的专业领域联合培养学生，推动联盟内或校际教育资源共享。

### 3. 共建丝路合作机制

一是加强“丝绸之路”人文交流高层磋商。开展国家间的双边、多边人文交流高层磋商，商定“一带一路”教育合作交流总体布局，协调推动各国建立教育双边和多边合作机制、教育质量保障协作机制和跨境教育市场监管协作机制，统筹推进“一带一路”教育共同行动。

二是充分发挥国际合作平台作用。发挥上海合作组织、东亚峰会、亚太经合组织、亚欧会议、亚洲相互协作与信任措施会议、中阿合作论坛、东南亚教育部长组织、中非合作论坛、中巴经济走廊、孟中印缅经济走廊、中蒙俄经济走廊等现有双边、多边合作机制的作用，增加教育合作的新内涵。借助联合国教科文组织等国际组织力量，推动各国围绕实现世界教育发展目标形成协作机制。充分利用中国–东盟教育交流周、中日韩大学交流合作促进委员会、中阿大学校长论坛、中非高校20+20合作计划、中日大学校长论坛、中韩大学校长论坛、中俄综合性大学联盟等已有平台，开展务实的教育合作交流。支持在共同区域、有合作基础、具备相同专业背景的学校组建联盟，不断延展教育务实合作平台。

三是实施“丝绸之路”教育援助计划。发挥教育援助在“一带一路”教育共同行动中的重要作用，逐步加大教育援助力度，重点投资于人、援助于人、惠及于人。发挥教育援助在“南南合作”中的重要作用，加大对相关国家尤其是最不发达国家的支持力度。统筹利用国家、教育系统和民间资源，为相关国家培养培训教师、学者和各类技能人才。积极开展优质教学仪器设备、整体教学方案、配套师资培训一体化援助。加强中国教育培训中心和教育援外基地建设。倡议各国建立政府引导、社会参与的多元化经费筹措机制，通过国家资助、社会融资、民间捐赠等渠道，拓宽教育经费来源，做大教育援助格局，实现教育共同发展。

## 三、精心组织“一带一路”国家文化教育大系的编著出版

在编写“一带一路”国家文化教育大系过程中，应当全面了解国内外对“一带一路”倡议的响应情况，关注进展，总结做法；应当在新冠肺炎疫情得到控制后到对象国去走一走，看一看，实地感受其教育情况和发展变化；应当广泛收集对象国一手资料，认真阅读，消化分析，吐故纳新；应当多方检索专家学者已经开展的相关研究，虚心参阅已有的研究成果。肆虐全球的新冠肺炎疫情，给人类身体健康和生命安全带来了巨大威胁，对世界格局和世界治理体系产生了重大影响，给全球各行各业带来了巨大挑战。教育置身其间，影响十分明显。因而，对“一带一路”国家文化教育进行研究时，必须观察分析疫情对相关国家文化教育和全球教育治理的深刻影响。

“一带一路”倡议提出后，中外已形成多个“一带一路”多边大学联盟。2015 年 5 月 22 日，由西安交通大学发起的新丝绸之路大学联盟成立，迄今已吸引 38 个国家和地区的 150 余所大学加盟。该联盟是海内外大学结成的非政府、非营利性的开放性、国际化高等教育合作平台，以“共建教育合作平台，推进区域开放发展”为主题，推动“新丝绸之路经济带”国家和地区大学之间在校际交流、人才培养、科研合作、文化沟通、政策研究、医疗服务等方面的交流与合作，增进青少年之间的了解和友谊，培养具有国际视野的高素质、复合型人才，服务“新丝绸之路经济带”及欧亚地区的发展建设。

2015 年 10 月 17 日，丝绸之路（敦煌）国际文化博览会筹委会文化传承创新高端学术研讨会在敦煌举行。中国的复旦大学、北京师范大学、兰州大

学和俄罗斯乌拉尔国立经济大学、韩国釜庆大学等46所中外高校在甘肃敦煌成立了“一带一路”高校战略联盟，以探索跨国培养与跨境流动的人才培养新机制，培养具有国际视野的高素质人才。46所高校当日达成《敦煌共识》，联合建设“一带一路”高校国际联盟智库。联盟将共同打造“一带一路”高等教育共同体，推动“一带一路”国家和地区大学之间在教育、科技、文化等领域的全面交流与合作，服务“一带一路”国家和地区的经济社会发展。

2016年9月，中国、中亚及丝绸之路经济带沿线7个国家的51所高校共同发起成立了中国–中亚国家大学联盟，旨在打造开放性、国际化互动平台，深化“一带一路”科教合作。

此外，高等教育合作研讨会也日渐增多，既有官方推动形成的研讨会，也有民间自发举办的研讨会。比如，中外大学校长论坛、新加坡–中国–印度高等教育论坛、“一带一路”教育对话论坛，以及北京师范大学举办的“一带一路”国家教育交流与合作高端研讨会，北京外国语大学举办的“一带一路”与行业国际化人才培养高峰论坛，北京理工大学主办的“一带一路”高等教育研究国际会议，浙江大学举办的“一带一路”背景下的工程科技人才培养国际研讨会等。这些多边研讨会的召开，不仅吸引了大量“一带一路”沿线国家的教育研究者与实践者参会，推动了研究与实践合作，而且创新了教育合作模式，促进了国际化高端人才培养，为“一带一路”建设奠定了民意基础。

“一带一路”倡议提出之后，中国学术界迅速开展了关于“一带一路”的研究活动，有关“一带一路”主题的图书主要有以下五类。第一类是倡议解读类图书，一般是梳理“一带一路”倡议的提出、发展及其理论内涵与外延。第二类是经济贸易类图书，专业性较强，主要为理论研究型图书。第三类是国情文史类图书，多为介绍“一带一路”国家国情概览、历史情况、发展概况的工具书，语言平实，部分图书学术性较强。第四类是丝路历史类图书，一般回顾古代丝绸之路的形成与发展、丝绸之路上的人物和大事记等，追古溯源，以便更好地开启“一带一路”新篇章。第五类是法律税收类图书，多为法律指引、税务规范手册等。

可以看出，国内对“一带一路”国家的研究已有一定基础，但是囿于语言翻译的障碍，已经出版的“一带一路”图书，大多是政策解读、数据报告、概况介绍等，对对象国的研究广度和深度还很不够，尤其是针对“一带一路”国家文化教育的系统研究还比较少。

在“一带一路”国家中，遴选具有代表性的对象，对其文化、教育进行系统性的研究，并在此基础上编写“一带一路”国家文化教育大系，分期分批出版，对于帮助中国普通读者和研究人员了解“一带一路”国家的文化教育情况，以及对于拓展我国比较教育研究领域、丰富比较教育研究文献，乃至对于促进中外文明互通、更好地参与推进“一带一路”建设，都具有重要意义。基于对选题背景与意义、相关出版产品调研和北京外国语大学比较优势的分析，“一带一路”国家文化教育大系坚持学术性、可读性兼顾原则，分批次推出，不断积累，以形成规模和品牌。

大系在内容上，一方面呈现“一带一路”国家的文化概貌，展示“一带一路”国家教育发展的文化背景和社会依托。大系采用专题形式，力求用简洁平实的语言生动活泼地介绍“一带一路”国家的自然地理、人文景观、历史发展、风土人情、文化遗产等内容，重点呈现对象国独有的文化现象和独特风貌，集中揭示其民族文化内涵、民族精神、人文意蕴。另一方面，大系重点研究、评价、介绍“一带一路”国家教育的基本情况、发展历史、发展战略、政策法规、现存体系、治理模式与师资队伍等，这方面内容占较大篇幅，是全书的重点和主要内容。

“一带一路”倡议正在成为我国参与全球开放合作、改善全球治理体系、促进全球共同发展繁荣、推动构建人类命运共同体的中国方案。作为国家社会科学基金（教育学）重大项目“新时代提升中国参与全球教育治理的能力及策略研究”的部分研究成果和北京外国语大学“双一流”建设重大标志性成果，“一带一路”国家文化教育大系计划在2021年中国共产党建党100周年和北京外国语大学建校80周年之际，推出首批图书。2023年“一带一路”倡议提出10周年时，推出该项目二期成果。同时积极参与党和国家相关主题纪念活动，以及国家重大图书项目的申报评选工作。

北京外国语大学以外语见长，国际交往活跃，被誉为“共和国外交官的摇篮”，先后培养了400多位大使、2 000多位参赞，以及更多的外交外事外贸工作者。凡是有五星红旗飘扬的地方，都能看到北外人的身影。北外不仅承担着培养各类国际化人才的任务，更担负着向中国介绍世界、向世界介绍中国的历史使命。迄今为止，北外已获批开设101种外国语言，成立了37个区域与国别研究中心，丰富的涉外资源正在助力“一带一路”国家的研究。

大系由外研社具体组织实施。外研社隶属北外，多年来致力于“一带一路”国家的合作交流，服务讲好“中国故事”，在中华思想文化传播、打造中外出版联盟、推动中外学术互译等方面积累了丰富经验，对于协助研究、编著、出版“一带一路”国家文化教育大系具有良好的工作基础。这也是北外及外研社的使命和担当之所在。

大系编著者以北外教师为主。服务国家重大战略，北外人责无旁贷。同时，国内有研究专长和研究意愿的专家学者也踊跃参与，他们或独自撰著一书，或与北外同仁合作。大系还邀请了驻外使领馆的同志和对象国的学者参加撰写或审稿，他们运用一手资料，开展实地调研，力图提升大系的准确性。

## 四、结语

“一带一路”倡议植根历史，更面向未来；源于中国，更属于世界。“一带一路”作为文明互鉴的桥梁，从亚欧大陆延伸到非洲、美洲、大洋洲，与世界各国发展战略及众多国际和地区组织的发展实现对接联通，在通路、通航的基础上更好地通商，进而开展文化教育交流与沟通，加强商品、资金、技术、文化、教育流通，达成互学互鉴的文明愿景。“一带一路”倡议的目标是中国与“一带一路”国家在互联互通基础上分享优质产能，共商项目投资，共建基础设施，共享合作成果，内容包括政策沟通、设施联通、贸易畅通、资金融通、民心相通“五通”。“一带一路”倡议肩负重大使命，它要探寻经济增长之道，将中国自身的产能优势、技术与资金优势、经验与模式优势转化为市场与合作优势，实行全方位开放，共享中国改革发展红利；它要实现全球化再平衡，鼓励向西开放，带动西部开发以及中亚、蒙古等内陆国家和地区的开发，在国际社会推行全球化的包容性发展理念，主动向西推广中国优质产能和比较优势产业，惠及沿途、沿岸国家，避免西方国家所开创的全球化造成的贫富差距和地区发展不平衡情况，推动建立持久和平、普遍安全、共同繁荣的和谐世界；它要开创地区新型合作，强调共商、共建、共享原则，超越了马歇尔计划和传统的对外援助活动，给 21 世纪的国际合作带来了新的理念。所以，新时代中国的教育学者应当将“一带一路”国家文化教育研究作为比较教育新的增长点，全面深入开展研究，以自己的聪明才智丰富学术，为国出力，服务国家重大发展战略；在加强与“一带一路”国家的交流合作中，推动“一带一路”建设高质量发展，努力建设高质量的中国教育体系，并积极参与全球教育治理体系改革，加快构建以国内大循环为主体、国际国内双循环相互促进的新发展格局。

**2021 年春**

**于北京外国语大学**

（王定华，北京外国语大学党委书记、博士、教授、博士生导师，国家督学。历任河南大学教师、中国驻纽约总领事馆教育领事、教育部基础教育一司司长、教育部教师工作司司长等。）

# 本书前言

摩洛哥是北非马格里布联盟成员国之一，在政治、外交、经济及文化教育等领域均占有重要战略地位。全国分为12个大区、62个省、13个省级市、1 503个市镇。在政治方面，摩洛哥实行君主立宪制，国王拥有最高权力，同时实行多党制，全国35个政党均拥护国王和伊斯兰教；在外交方面，摩洛哥奉行灵活、多元化以及不结盟的外交政策，与大部分国家都保持良好的外交关系；在经济方面，摩洛哥的经济支柱为磷酸盐出口、旅游业和侨汇，经济总量在北非地区位列第三；在文化教育方面，摩洛哥政府高度重视教育，致力于统一教材、普及教育、实现教师队伍的摩洛哥化和教学的阿拉伯化等工作。

“一带一路”国家文化教育大系之《摩洛哥文化教育研究》分册基于“一带一路”国家教育发展的文化大背景，以摩洛哥文化教育为主要研究对象，从介绍摩洛哥的自然地理、文化传统着手，进而分角度阐述摩洛哥教育的历史、类型、相关政策及其效应，最后分析中摩教育交流的现状并进行展望。具体来说，本书分为十二章，主要涉及以下内容：第一章和第二章分别介绍摩洛哥的国情概览和文化传统；第三章梳理摩洛哥教育历史的主要脉络及主要教育流派；第四章到第九章结合所能获取的最新统计数据，分别从学校类型和数量、阶段划分、学制长短、课程设置、教育资源、教学活动、人才培养及教育普及程度等方面对学前教育、基础教育、高等教育、职业教育、成人教育、教师教育展开系统阐述，同时也对这些教育类型的现状、发展过程中面临的困境和挑战、摩洛哥对此的应对策略，以及从中得出的经验和启示做出评述；第十章通过介绍摩洛哥近年来重要的教育政策法规、决议，分析了摩洛哥教育政策实施的现状及问题、经验和启示；第十一章主要从教育部门的职能与组织构架两个方面分析地方教育行政、中央教育行政的管理模式，并结合具体案例，分析地方政府和中央政府在教育政策方面的改革、实践及效果；第十二章简要梳理中国和摩洛哥对外教育交流和合作的历史和现状，进而总结了中摩两国教育交流合作的特点，最后立足“一带一路”倡议的大背景，提出关于中摩教育交流前景的思考与展望。

本书的编写由王晶和刘冰洁共同完成。王晶负责第一章至第六章的写作，并对全书内容进行宏观把握与把关，刘冰洁负责第七章至第十二章的内容以及后期的修改完善工作。原中国驻摩洛哥文化参赞江振霄和王宝义先生、穆罕默德五世大学孔子学院李宁老师为本书提供了大量宝贵的一手资料。

衷心感谢北京外国语大学党委书记、“一带一路”国家文化教育大系总主编王定华教授和外语教学与研究出版社有关编审人员提供的专业支持和指导。在资料收集的过程中，北外阿拉伯学院的部分学生和作者一同做了一些实际工作，为本书的写作奠定了坚实的基础，在此一并致谢。

在本书的编著过程中，作者遇到了相关信息数据不全、疫情期间联系摩洛哥方面路径受阻的客观困难。此外，受作者自身能力等主观因素的影响，本书还存在诸多不足之处，在最新数据的展示与评述、教育政策的趋势化判断等方面还有待未来做进一步的完善。

**王晶　刘冰洁**

**2021 年 4 月于北京外国语大学**

# 目　录

# 第一章 国情概览

## 第一节 自然地理

### 一、地理位置

摩洛哥王国，简称摩洛哥，首都拉巴特，位于非洲大陆西北端，国土面积约 45.9 万平方公里（不包括西撒哈拉的 26.6 万平方公里）。[1] 其东部与东南部同阿尔及利亚接壤，南部紧邻西撒哈拉，西临大西洋，北临地中海，隔直布罗陀海峡同西班牙相望，扼守地中海出入大西洋的门户。陆地边界线长 2 017.9 公里，其中与阿尔及利亚的边界线长 1 559 公里，与西撒哈拉的边界线长 443 公里。海岸线长 1 835 公里，[2] 是欧洲、非洲、西亚、南亚及美洲各国和地区之间活跃的交通要所，具有重要的战略地位。

---

[1] 中华人民共和国外交部. 摩洛哥国家概况 [EB/OL]. (2020-10)[2020-12-14]. https://www.fmprc.gov.cn/web/gjhdq_676201/gj_676203/fz_677316/1206_678212/1206x0_678214/.

[2] 肖克. 摩洛哥 [M]. 北京：社会科学文献出版社，2008：1.

## 二、地形概貌

摩洛哥地形较为复杂，中部与北部盘踞峻峭的阿特拉斯山脉，山地占全国面积的 1/3 以上。东部与南部为上高原与前撒哈拉高原，仅西北沿海一带为狭长低缓的平原。其中，阿特拉斯山脉属阿尔卑斯褶皱山系的一部分，全长 2 400 公里，横跨摩洛哥、阿尔及利亚与突尼斯三国（含直布罗陀半岛），将地中海西南岸与撒哈拉沙漠分隔开。阿特拉斯山脉在摩洛哥境内的部分自北向南分别又由里夫山脉、中阿特拉斯山脉、大阿特拉斯山脉、小阿特拉斯山脉等四条山脉组成，最高峰为大阿特拉斯山脉的图卜卡勒峰，海拔高达 4 165 米，其次为姆贡峰，亦位于大阿特拉斯山脉，海拔 4 071 米。这些山峰被狭长低缓的平原和高原所围绕。

里夫山脉位于摩洛哥最北部，东西走向，与地中海平行，西起直布罗陀海峡，向东延伸至摩洛哥-阿尔及利亚边界附近的穆卢耶河下游，长 290 公里，最高点海拔 2 465 米，是由石灰岩和砂岩构成的一道天然屏障。

小阿特拉斯山脉位于摩洛哥最南部，由大阿特拉斯山脉边缘的抬升而形成，范围较小，海拔较低，最高峰 2 531 米。苏斯河由小阿特拉斯山脉向西流入大西洋。

摩洛哥的东北部是大阿特拉斯山脉的延伸部分，平均海拔 1 100—1 300 米；东南部是沙漠地带，称前撒哈拉沙漠，海拔在 1 000 米以下，其中点缀着零星的沙漠绿洲。再往东南则是撒哈拉大沙漠，西北部的大西洋沿岸一带为狭长低缓的平原和台地，聚集了大多数人口。最西部的北里夫山区与中阿特拉斯山脉之间是著名的塞布平原，土地宽阔肥沃，雨水丰富，气候宜人，为农业区。塞布河下游北部是拉尔布平原，地势广阔平坦，多沼泽。中游南部是赛斯平原，形成一条天然的走廊。从拉巴特延伸到索维拉的西部沿海平原长 400 多公里，宽 30—50 公里，由乌姆赖比阿河、坦西夫特河等冲积而成，地表平坦，沿海多沙丘。[1]

## 三、气候概况

摩洛哥自然环境独特，气候类型多样，不同区域表现出不同的气候特征。

北部和中部沿海地区受地中海影响，属地中海气候，夏季较炎热干燥，冬季温和潮湿。1月平均气温12℃，7月平均气温22—24℃，年平均气温在18℃左右，年降水量从北部的700—800毫米递减到南部的300—400毫米。每年4—9月为旱季，10月至翌年3月为雨季。大西洋沿岸受加那利寒流的影响，湿度高，雨量少，露水重，雾气多。

西部和西北部沿大西洋地区属亚热带地中海气候，夏季较炎热干燥，冬季温和湿润。卡萨布兰卡1月平均气温12℃，8月平均气温23℃，年降雨量300—800毫米。

中部内陆地区（包括大、中、小阿特拉斯山地）属亚热带山地气候，常年温和湿润。气温随海拔的增加而递减，垂直分布明显。山麓地区年平均气温约20℃，1月份平均气温约12℃，7月份平均气温约28℃；海拔1 600米的地带，年平均气温约10℃，1月份平均气温约2℃，7月份平均气温约21℃；海拔2 000米以上地区全年有5个月的积雪。年降水量随高度的增加而递增，山麓地带在400毫米左右，海拔高处可达1 000毫米，迎风坡海拔最高处超过1 400毫米。

大阿特拉斯山脉以南及东部地区属沙漠气候，常年高温少雨。夏季炎热干燥，常有从撒哈拉沙漠吹来的“西罗科风”，带来大量沙尘，年平均气

---

[1] 肖克. 摩洛哥 [M]. 北京：社会科学文献出版社，2008：6-8.

温约 20℃。因冬季湿润的西北风被阿特拉斯山脉所阻，雨量稀少，年降水量在 250 毫米以下，南部不足 100 毫米。大阿特拉斯山区的降雪期在半年以上，有的地方终年积雪。[1]

摩洛哥临大西洋和地中海，加之斜贯全境的阿特拉斯山脉阻挡了撒哈拉沙漠的热浪，因此气候总体温和宜人，四季花木繁茂，风景如画，享有“烈日下的清凉国土”“北非花园”等美誉。降水量总体呈由北向南、由沿海向内陆逐渐减少的趋势。[2]

## 四、自然资源

### （一）水资源

摩洛哥是世界上水资源最为匮乏的国家之一，年平均水资源量 220 亿立方米，人均水资源量仅为 700 立方米。2019 年 8 月初，摩洛哥被世界资源研究所列入“水资源紧张”国家名单。[3]

据摩洛哥装备运输物流与水利部数据显示，摩洛哥年平均降水总量为 1 400 亿立方米。[4] 在复杂地形与多种气候的作用下，年平均降水量在空间分布上存在显著差异：北部地区的年平均降水量可达 800 毫米，中部地区为 400—600 毫米，东部与苏斯地区为 200—400 毫米，阿特拉斯山脉以南地区为 50—200 毫米，萨基亚-阿姆拉与黄金谷地地区的降水量则小于 50 毫米。

[1] 肖克．摩洛哥 [M]．北京：社会科学文献出版社，2008：10-11.

[2] 商务部国际贸易经济合作研究院，中国驻摩洛哥大使馆经济商务参赞处，商务部对外投资和经济合作司．对外投资合作国别（地区）指南：摩洛哥（2019 年版）[EB/OL]. (2020-02-14)[2020-11-25]. https://www.yidaiyilu.gov.cn/wcm.files/upload/CMSydylgw/202002/202002140213019.pdf.

[3] 中华人民共和国驻摩洛哥王国大使馆经济商务处．摩洛哥被列入“水资源紧张”国家名单 [EB/OL]. (2019-08-20)[2020-10-15]. http://ma.mofcom.gov.cn/article/jmxw/201908/20190802892387.shtml.

[4] 资料来源于摩洛哥装备运输物流与水利部官方网站。

摩洛哥年平均地表水资源为180亿立方米。由于降水量空间分布不均，地表水的空间分布也存在多样性特征。在降水最稀少的盆地，如撒哈拉盆地、苏斯–马萨–提兹尼特–伊夫尼盆地等，地表水资源量仅为数百万立方米；在降水最多的北部盆地，如卢库斯盆地、丹吉尔盆地、地中海盆地、塞布盆地等，地表水资源量达数十亿立方米。

摩洛哥的地下水约占水资源总量的20%，全年可利用地下水储量达42亿立方米，有深层地下水源21处，表层地下水源82处。

### （二）生物资源

摩洛哥生物资源丰富。截至2018年，全国可耕地面积近870万公顷，农作物种类繁多，主要包括小麦、大麦、玉米、燕麦、高粱、稻等。[1]

摩洛哥大片国土为沙漠、半沙漠或沙漠边缘地区，森林资源有限。摩洛哥的主要植物多在山地，包括抗干旱的灌木。由于烧毁、过度砍伐和放牧等原因，许多地方的自然植被遭到破坏。近年来，政府开始保护森林并植树造林，对现有植被，特别是森林保护较好。[2] 摩洛哥林地面积近961万公顷，约占国土总面积的13.91%，主要分布在大阿特拉斯山脉和中阿特拉斯山脉的西侧斜坡、里夫山脉一带及首都拉巴特附近，主要植被有侧柏、刺柏、绿橡树、软木橡树、金合欢树、松树、雪松、冷杉、摩洛哥坚果树等。[3]

摩洛哥的动物资源较丰富，类群超2.4万种，其中73%为节肢动物。受人类活动影响，摩洛哥的动物资源遭到很大破坏。近年来，狮子、豹等部分物种已灭绝，羚羊、隐鹮、海豹等濒临灭绝。[4] 摩洛哥有许多牧场，牧养多种家畜，包括骆驼、马、山羊、绵羊、牛、骡和驴等。其中骆驼最为宝

[1] 资料来源于摩洛哥农渔业、农村发展、水利及林业部官方网站。

[2] 肖克. 摩洛哥 [M]. 北京：社会科学文献出版社，2008：11-12.

[3] 资料来源于摩洛哥农渔业、农村发展、水利及林业部官方网站。

[4] 资料来源于摩洛哥能源矿业和环境部官方网站。

贵，被称为沙漠之舟。[1]

摩洛哥缺少淡水动物群，但由于两面临海，海岸线绵长，且气候温和，因此，在大西洋沿岸蕴藏着丰富的鱼类资源，包括沙丁鱼、金枪鱼、鲭鱼、鳎鱼、鱿鱼、海虾等，使摩洛哥成为非洲第一大产鱼国。为保护渔业资源，政府规定了每年长达 8 个月的休渔期。年捕鱼量约 80 万吨，出口收益超过 10 亿美元，90% 出口日本。[2] 沙丁鱼出口占世界首位。

### （三）矿物资源

摩洛哥矿物资源丰富。矿产开发是国家社会经济发展的支柱之一，约占 2017 年 GDP 的 10%。矿产出口占出口总额的 80%、出口总值的 20%，直接或间接创造四万余个就业岗位，并间接推动矿区铁路公路网的建设与完善。[3] 目前已发现或查明的主要矿产有磷酸盐、油页岩、石油、天然气等，其中油页岩的储量为 1 000 亿吨以上，含原油 60 亿吨。[4]

磷酸盐是摩洛哥最主要的矿物资源。已探明磷酸盐储量达 500 亿吨，占全球储量的 71%；预计储量为 1 100 亿吨，占全球总蕴藏量的 75%，[5] 摩洛哥因此被誉为“磷酸盐王国”。磷酸盐矿主要分布在阿特拉斯山脉以西的大西洋沿岸地区。最大的胡里卜加盖磷酸盐矿区面积达 4 000 多平方公里，矿脉总厚度为 10 米，含量超过 70%，是世界上最大、最好的磷酸盐矿之一。[6]

---

[1] 肖克．摩洛哥 [M]．北京：社会科学文献出版社，2008：12.

[2] 中国驻摩洛哥大使馆经济商务处 [EB/OL]. (2021-01-04). http://ma.mofcom.gov.cn/article/ddgk/201507/20150701038770.shtml.

[3] 资料来源于摩洛哥能源矿业和环境部官方网站。

[4] 中华人民共和国外交部．摩洛哥国家概况 [EB/OL]. (2020-10)[2020-12-14]. https://www.fmprc.gov.cn/web/gjhdq_676201/gj_676203/fz_677316/1206_678212/1206x0_678214/.

[5] 商务部国际贸易经济合作研究院，中国驻摩洛哥大使馆经济商务参赞处，商务部对外投资和经济合作司．对外投资合作国别（地区）指南：摩洛哥（2019 年版）[EB/OL]. (2020-02-14)[2020-11-25]. https://www.yidaiyilu.gov.cn/wcm.files/upload/CMSydylgw/202002/202002140213019.pdf.

[6] 肖克．摩洛哥 [M]．北京：社会科学文献出版社，2008：11.

磷酸盐产品的出口是摩洛哥的主要外汇收入来源。此外，摩洛哥银、锌、铜等矿物的开采也具有重要地位。

### （四）能源资源

摩洛哥能源资源贫乏，目前，超过 95% 的基础能源依赖进口，18% 的电力从西班牙进口，每年需求增速达 6.5%。风能、太阳能资源较丰富。

摩洛哥积极发展可再生能源，制定可再生能源发展战略，计划到 2020 年前投资 217 亿美元，将可再生能源（太阳能、风能和水能）的总装机量提高到 800 万千瓦，占全部电力生产的 42%，到 2030 年将该比例进一步提高到 52%。目前在建的努奥光热电站项目是境内最大的工程项目，也是全球装机容量最大的在建光热电站。[1]

1996 年 12 月，经阿尔及利亚、摩洛哥至西班牙、葡萄牙的马格里布—欧洲天然气管道正式开通。管道全长 1 385 公里，初期每年可输送天然气 90 亿立方米，摩洛哥每年可获 10 亿立方米天然气。2005 年起，摩洛哥将该管道的过境天然气截留并用于发电，可满足全国 17% 的电力需求。2017 年 5 月，摩洛哥同尼日利亚签署了连接两国并最终抵达欧洲的天然气管道协议。[2]

[1] 中国驻摩洛哥大使馆．摩洛哥概况 [EB/OL]. (2019-12-01)[2021-01-04]. http://ma.china-embassy.org/chn/mlggk/.

[2] 中华人民共和国外交部．摩洛哥国家概况 [EB/OL]. (2020-10)[2020-12-14]. https://www.fmprc.gov.cn/web/gjhdq_676201/gj_676203/fz_677316/1206_678212/1206x0_678214/.

# 第二节 国家制度

## 一、国旗、国徽与国歌

摩洛哥国旗呈长方形，长宽比为3∶2，旗底为红色，中央有一颗由5根绿色线条交叉组成的空心五角星。

摩洛哥国徽即王徽，呈盾形；图案中间为由花冠组成的盾徽，盾面中间有一颗绿色的五角星，这是国旗的标志；五角星上方为光芒四射的金色太阳，照耀着下方的阿特拉斯山；盾徽上端是一顶王冠，象征摩洛哥是君主立宪制国家；天空、国王与御座蕴含其中，山前的红土代表沙漠及烈日，两侧各绘有一只雄狮，象征力量。

摩洛哥国歌为《摩洛哥颂》，由里奥·摩根于1956年作曲，阿里·萨卡利·侯赛尼于1970年填词。歌词译文如下。

自由的源泉，光明的源头，平安与主权在此聚首，平安与主权永不分离。生存国际间，美名永保守，在人们心中，在人们口中，你的拥护者，他们在昂首，身体和灵魂，能战胜一切，在口舌中，在血液中，光明火焰在你的风中。起来兄弟们，向高峰奋进，请告知世界，我们在守候。向国徽、向安拉、向国土和国王致敬。

## 二、国花、国树与货币

摩洛哥国花为康乃馨，国树为栓皮栎。栓皮栎的树皮称“栓皮”或“软木”，最常见的软木产品是酒瓶和药瓶口的软木塞。软木弹性大、无异味、无毒性、不易燃、经久耐用，而且比重轻、不透水、不透气、耐酸碱，对热、电、声有绝缘的性能，因而被视为绝热、防震、防湿、隔音的理想材料。

摩洛哥原使用摩洛哥法郎，与法国法郎等值。1959 年 10 月 17 日，摩洛哥迪拉姆发行，成为官方货币与现行通用货币。辅币单位为分，1 迪拉姆为 100 分。纸币面值有 20 迪拉姆、50 迪拉姆、100 迪拉姆、200 迪拉姆等四种，铸币面值有 10 分、20 分、50 分、1 迪拉姆、5 迪拉姆、10 迪拉姆等 6 种。迪拉姆由摩洛哥中央银行负责发行，财政部外管局负责外汇管制。汇率换算 1 美元约等于 8.9 迪拉姆，或 1 欧元约等于 10.9 迪拉姆。[1]

## 三、行政区划与主要城市

### （一）行政区划

摩洛哥全国现共分为丹吉尔–得土安–胡塞马大区、东部大区、非斯–梅克内斯大区、拉巴特–萨累–盖尼特拉大区、贝尼迈拉勒–海尼夫拉大区、大卡萨布兰卡–塞塔特大区、马拉喀什–萨菲大区、德拉–塔菲拉勒特大区、苏斯–马塞大区、盖勒敏河大区、阿尤恩–萨基亚–阿姆拉大区、达赫拉–黄金谷地大区 12 个大区，各大区概况如下。[2]

[1] 汇率实时变化，摩洛哥各银行的外汇结算价并不统一，上下稍有浮动，交易时以银行柜台成交价为准。该兑换价为 2021 年 1 月 4 日的外汇指导价。

[2] 资料来源于摩洛哥高等规划署官方网站。

### 1. 丹吉尔–得土安–胡塞马大区

丹吉尔–得土安–胡塞马大区位于摩洛哥最北部，北临直布罗陀海峡和地中海，与西班牙隔海相望，面积约 15 090 平方公里。下设胡塞马、沙万、法希安拉杰、拉伊什、沃赞、得土安 6 个省及丹吉尔–艾西拉、迈迪格–费尼迪克 2 个省级市。2018 年人口约 372.5 万，其中城市人口约 228.7 万，农村人口约 143.8 万。首府为丹吉尔，是全国旅游中心。里夫山脉地处其东部。该大区同时也是胡塞马国家公园和塔拉瑟姆塔讷国家公园所在地。得土安老城区被列入联合国教科文组织世界遗产名录。该大区共有 60 处海滩，是海滩数最多的大区。经济以农业为主，主要农作物有谷物、豆类和甘蔗，盛产橄榄油。畜牧业和渔业也是该大区重要收入来源，其中沙丁鱼、金枪鱼等水产资源丰富。有 4 个自由区，汽车制造业较为发达，拥有非洲最大的雷诺汽车生产车间。

### 2. 东部大区

东部大区位于摩洛哥最东部，其北部海岸线沿地中海，东部和南部毗邻阿尔及利亚，面积约 90 127 平方公里。下设拜尔坎、德利欧奇、菲吉格、盖尔西夫、杰拉达、纳祖尔、陶里尔特 7 个省及乌季达–安加得 1 个省级市。2018 年人口约 240.3 万，其中城市人口约 166.4 万，农村人口约 73.9 万。首府为乌季达。贸易与服务业、农业、渔业、沙滩旅游等行业较为发达，其中非正式部门就业劳动力约占该大区就业劳动力的 55.2%（2014 年），农业部门就业位列第二，畜牧业几乎是该大区内平原地区居民的唯一收入来源。

### 3．非斯–梅克内斯大区

非斯–梅克内斯大区位于摩洛哥东北部，面积约 40 075 平方公里。下设布勒曼、哈杰卜、伊夫兰、塞夫鲁、穆莱雅各布、塔扎、陶纳特 7 个省及非斯、梅克内斯 2 个省级市。2018 年人口约 434.8 万，其中城市人口约 272.3 万，农村人口约 162.5 万。首府为摩洛哥第四大城市非斯，拥有世界上现存最古老的大学——卡拉维因大学。非斯老城区、历史名城梅克内斯与瓦卢比利斯考古遗址被列入联合国教科文组织世界遗产名录。旅游产业较为发达，较为丰富的温泉和矿产资源使其成为保健爱好者的重要旅游目的地。

### 4．拉巴特–萨累–盖尼特拉大区

拉巴特–萨累–盖尼特拉大区位于摩洛哥西北部，西部毗邻大西洋，北部与丹吉尔–得土安–胡塞马大区接壤，南部与大卡萨布兰卡–塞塔特大区、贝尼迈拉勒–海尼夫拉大区接壤，东部与非斯–梅克内斯大区接壤，面积约 18 194 平方公里。下设盖尼特拉、海米萨特、西迪卡塞姆、西迪苏莱曼 4 个省及拉巴特、萨累、斯希拉特–特马拉 3 个省级市。2018 年人口约 477 万，是人口第二多的大区，其中城市人口约 340.6 万，农村人口约 136.4 万。首府为拉巴特，同时也是摩洛哥首都与全国政治、文化和交通中心，被列入联合国教科文组织世界遗产名录。该大区承担政治与外交职能，对国民经济发展的贡献位列全国第三。农业土地肥沃，畜牧农场众多，水资源、农业资源、林业资源丰富。

### 5．贝尼迈拉勒–海尼夫拉大区

贝尼迈拉勒–海尼夫拉大区位于摩洛哥北部，北部与非斯–梅克内斯大区、拉巴特–萨累–盖尼特拉大区接壤，西部与大卡萨布兰卡–塞塔特大区、马拉喀什–萨菲大区接壤，东部和南部与德拉–塔菲拉勒特大区接壤，面积约 36 258 平方公里。下设阿其拉、贝尼迈拉勒、弗基赫拜尼塞拉赫、海尼夫拉、胡里卜盖 5 个省。2018 年人口约 258.1 万，其中城市人口约 131.3 万，农村人口约 126.8 万。首府为贝尼迈拉勒。农业是经济发展支柱，主要农作物有谷物、橄榄、柑橘和石榴。磷酸盐蕴藏量较高，拥有摩洛哥磷酸盐总储量的 44%，位居全国第一。盛产糖用甜菜。该大区还积极发展纺织、皮革、木材、黏土、金属、石材、陶瓷和装饰艺术等产业。

### 6. 大卡萨布兰卡–塞塔特大区

大卡萨布兰卡–塞塔特大区位于摩洛哥西北部，西部毗邻大西洋，东北部与拉巴特–萨累–盖尼特拉大区接壤，东部与贝尼迈拉勒–海尼夫拉大区接壤，东南部与马拉喀什–萨菲大区接壤，面积约 20 166 平方公里。下设本苏莱曼、拜赖希德、杰迪代、梅久那、努瓦舍、塞塔特、西迪本努尔 7 个省及卡萨布兰卡、穆罕默迪耶 2 个省级市。2018 年人口约 721.8 万，是人口最多的大区，其中城市人口约 545.2 万，农村人口约 176.6 万。首府为卡萨布兰卡，是摩洛哥最大的城市与主要港口，也是商业金融中心。马扎甘葡萄牙城被列入联合国教科文组织世界文化遗产名录。该大区是摩洛哥工业中心，对国民经济发展的贡献位居全国首位（2013 年）。经济支柱为服务业和工业，西部地区以农业产出为主。

### 7. 马拉喀什–萨菲大区

马拉喀什–萨菲大区位于摩洛哥中部，北部与大卡萨布兰卡–塞塔特大区接壤，东部与贝尼迈拉勒–海尼夫拉大区、德拉–塔菲拉勒特大区接壤，南部与苏斯–马塞大区接壤，西部毗邻大西洋，面积约 39 167 平方公里。下设豪兹、希沙瓦、斯拉格奈堡、索维拉、赖哈姆纳、萨菲、尤素菲耶 7 个省及马拉喀什 1 个省级市。2018 年人口约 468.8 万，其中城市人口约 204.8 万，农村人口约 264 万。首府为马拉喀什，享有“南方的珍珠”等美誉。马拉喀什老城区与索维拉老城区被列入联合国教科文组织世界遗产名录。鱼类资源十分丰富，渔业发达，是该大区最重要的就业部门，出产的鱼肉罐头广泛出口到其他国家。

### 8．德拉–塔菲拉勒特大区

德拉–塔菲拉勒特大区位于摩洛哥东南部，横跨阿特拉斯山脉，西南部与苏斯–马塞大区接壤，西部与马拉喀什–萨菲大区接壤，西北部与贝尼迈拉勒–海尼夫拉大区接壤，北部与非斯–梅克内斯大区接壤，东北部与东部大区接壤，东南部与阿尔及利亚贝沙尔省接壤，南部与阿尔及利亚廷杜夫省接壤，面积约 88 836 平方公里。下设拉希迪耶、米德勒特、瓦尔扎扎特、廷吉尔、扎古拉 5 个省。2018 年人口约 167.3 万，其中城市人口约 59.5 万，农村人口约 107.8 万。首府为拉希迪耶。瓦尔扎扎特的阿伊特·本·哈杜筑垒村被列入联合国教科文组织世界遗产名录。主要经济活动为农业和畜牧业，盛产优质椰枣，拥有国内最大的枣椰树绿洲，苹果、制香用玫瑰产量也位居国内前列，但由于经济发展缓慢，加之近年来荒漠化加剧等不利影响，贫困率与失业率较高。

### 9．苏斯–马塞大区

苏斯–马塞大区位于摩洛哥中北部，北部与马拉喀什–萨菲大区接壤，东北部与德拉–塔菲拉勒特大区接壤，东部毗邻阿尔及利亚，东南部与阿尔及利亚廷杜夫省接壤，西南部与盖勒敏河大区接壤，西部毗邻大西洋，面积约 51 642 平方公里。下设希图卡–阿伊特巴哈、塔鲁丹特、塔塔、提兹尼特 4 个省及阿加迪尔–瓦塔南、因兹甘–阿伊特迈卢勒 2 个省级市。2018 年人口约 281.7 万，其中城市人口约 168.3 万，农村人口约 113.4 万。首府为阿加迪尔，以沙滩、海鲜与暖冬闻名。农业、旅游业、渔业、工业等部门较为发达，其中农业是主要经济支柱，灌溉系统发达，盛产蔬菜和柑橘。农业与渔业的丰富产出带动食品工业和化学工业发展。苏斯–马塞国家公园和图卜卡勒国家公园等旅游资源使该大区成为旅游胜地，最高峰图卜卡勒峰位于图卜卡勒国家公园内。

### 10. 盖勒敏河大区

盖勒敏河大区位于摩洛哥中南部，被由东向西延伸的德拉河一分为二，东北部与苏斯–马塞大区接壤，东部与阿尔及利亚的廷杜夫省接壤，东南部与毛里塔尼亚的提里斯–宰穆尔省接壤，南部与阿尤恩–萨基亚–阿姆拉大区接壤，西北部毗邻大西洋，沿岸有长片原始海滩，面积约 46 108 平方公里。下设阿萨–扎格、盖勒敏、西迪伊夫尼、坦坦 4 个省。2018 年人口约 44.2 万，其中城市人口约 29.8 万，农村人口约 14.4 万。首府为盖勒敏。地理位置优越，自然资源丰富，农业、渔业等发达，牧场面积广阔，鱼类资源种类多样，盛产坚果、仙人掌、棕榈树等作物，坦坦港口吞吐量位居全国第二，经济贡献水平位居全国首位。

### 11. 阿尤恩–萨基亚–阿姆拉大区

阿尤恩–萨基亚–阿姆拉大区位于摩洛哥中南部，北部与盖勒敏河大区接壤，南部与达赫拉–黄金谷地大区接壤，东部与毛里塔尼亚提里斯–宰穆尔省接壤，西部毗邻大西洋，面积约 140 018 平方公里。下设卜杜、斯马拉、阿尤恩、塔尔法亚4个省，其中卜杜省、塔尔法亚省位于大西洋沿岸。2018年人口约38.9万，其中城市人口约36.9万，农村人口约2万。首府为阿尤恩，亦是争议地区西撒哈拉的首府，也是西撒哈拉地区的第一大城市。设有马萨、卜杜、塔尔法亚3个港口，磷酸盐等矿物资源丰富，主要经济活动是畜牧业与渔业，工业化程度较低，以鱼类加工工业为主，第三产业部门占据主导地位。

#### 12．达赫拉-黄金谷地大区

达赫拉-黄金谷地大区位于摩洛哥南部，面积约50 880平方公里。下设奥塞尔德、黄金谷地2个省。2018年人口约16.5万，是人口最少的大区，其中城市人口约12.9万，农村人口约3.6万。首府为达赫拉，是以渔业著称的港口城市。鱼类资源丰富，渔业发达，旅游业兴盛，主要农作物有西红柿、香蕉、蜜瓜等，牧场面积广阔，畜牧业以骆驼、绵羊和山羊为主。

### （二）主要城市

摩洛哥主要城市包括拉巴特、卡萨布兰卡、非斯、马拉喀什等。

#### 1．拉巴特

拉巴特是摩洛哥的首都，始建于12世纪的穆瓦希德王朝，位于摩洛哥西北的布雷格雷格河口，临大西洋，与非斯、马拉喀什、梅克内斯并称摩洛哥四大皇城。面积2 100平方公里，人口约212万。为全国政治、金融、文化和交通中心，王宫、政府机关、外国机构、金融、商业机构、拉巴特大学、国家图书馆和许多科研机构均设于此。

拉巴特是一座古城，于公元10世纪得名，在阿拉伯语中意为“设防的居民”或“兵营”。12世纪，雅吉布·曼苏尔国王在此建筑城堡。17世纪起，随着大批摩尔人、熟练工匠、商人和航海家由西班牙迁徙至此，拉巴特得到迅速发展。1627—1666年，拉巴特实际上成为独立于中央政权的国家城市。1666年起，拉巴特成为在西马格里布建立起来的阿拉维国家的一部分。18—19世纪，拉巴特是摩洛哥在大西洋沿岸的唯一城市，与西班牙、英国、荷兰、丹麦和法国之间的贸易都要经过此地。19世纪成为摩洛哥中央政府统治的重要中心。1912年，法国殖民者攻占当时的首都非斯，并迁都于此，拉巴特成为法属保护国的行政首府。1956年独立后，正式成为首都。

拉巴特由两个紧连的姐妹城组成，即拉巴特新城和萨勒老城。现存老城为18世纪所建，新城于1912年摩洛哥成为法属保护国后兴建。新城集现代化艺术与古老的阿拉伯传统建筑艺术于一体，街道两旁绿树成荫，街心花园比比皆是，西式楼房和阿拉伯民族风格的精巧住宅掩映在花树丛中。老城萨勒则是典型的阿拉伯式城市，围以红色城墙，街巷狭窄弯曲，城内多古老的阿拉伯建筑和清真寺。市面繁荣，后街小巷是一些手工艺品作坊，居民的生活和生产方式依然保留浓厚的中世纪风采。市内有摩洛哥美术馆及梅迪纳古城的艺术博物馆，此外还有乌达亚城堡、摩洛哥艺术博物馆、考古博物馆和古物博物馆等。港口和城市周围为富庶农业区，腹地广阔，但河口泥沙逐年淤积，港口在地中海区的航运作用已不及以往。

拉巴特是全国陆路运输和纺织工业中心。铁路和公路南通卡萨布兰卡、马拉喀什、萨菲，北通丹吉尔，东通非斯、乌季达和邻国阿尔及利亚、突尼斯。城南设有国际机场，是西北非与欧洲和拉丁美洲之间的交通枢纽。

拉巴特气候终年温和，海滨风光旖旎，设有不少海滨浴场，是旅游、消夏的好地方。作为四大皇城之一，市内拥有众多名胜古迹，其中有反映摩洛哥悠久灿烂的古代文明的皇陵、哈桑清真寺、库图比亚塔、吉拉勒达塔、哈桑塔、拉巴特王宫和军事要塞遗址，还有保存完好的古城墙以及穆罕默德五世国王的陵墓。公元 1—5 世纪时期罗马人建筑的乌达亚城堡也是游人参观的名胜。

由于历史原因，拉巴特首先作为政治行政中心发展起来，工业相对欠发达。纺织工业和手工业以毛毯、地毯和皮革制品著称，有水果、鱼类加工等食品工业和制砖、石棉、陶瓷、木材与软木加工等多种手工和半手工小型企业。拉巴特地毯最为有名，色彩艳丽，极富民族特色。金融业、捕鱼业和旅游业较为发达。[1]

### 2．卡萨布兰卡（达尔贝达）

“卡萨布兰卡”来源于法语音译，意为“白房子”，由这里的白色建筑物得名，并闻名遐迩。“达尔贝达”是它来自阿拉伯语的名字。这是一个创新、交流社会型的城市，被视为结合摩洛哥所有其他城市风格的大都市。

卡萨布兰卡是摩洛哥第一大城市，位于摩洛哥西部，大西洋沿岸，东北距首都拉巴特 92 公里。是摩洛哥历史名城，也是最大的港口城市、经济中心和交通枢纽，非洲重要的金融中心，被誉为“摩洛哥之肺”“大西洋新娘”。市区和郊区总面积 1 650 平方公里，人口约 290 万。从海上眺望这座城市，上下是碧蓝无垠的天空和海水，中间夹着一条高高低低的白色轮廓线。好莱坞电影《卡萨布兰卡》更是让这座白色之城闻名世界。[2] 由于“卡萨布兰卡”实在响亮，知道城市现名达尔贝达的人反倒不多。

卡萨布兰卡的建筑兼有民族与西洋的风格。城市分为新旧两个部分。新城位于城西，是欧洲人移居此地后兴建的住宅区，街道以穆罕默德五世广场为中心向外辐射，与环形路相交，街道宽阔，建筑多为白色。联合国

[1] 肖克．摩洛哥 [M]．北京：社会科学文献出版社，2008：27-29.

[2] 值得说明的是，虽然《卡萨布兰卡》这部电影让这座城市闻名遐迩，但它却不是在这里拍摄的。

广场一带是商业和行政中心。旧城位于城东，是阿拉伯人和犹太人的聚居地，有古老的阿拉伯传统建筑。老城之外还有新建的新阿拉伯区。

卡萨布兰卡是摩洛哥经济、现代工商业、金融和外贸的中心，拥有全国 70% 的现代工业、1/3 的工业企业、55% 的生产企业和 60% 的手工业企业。电力消费量占全国的 35%，被誉为摩洛哥的经济首都。[1] 城郊为富庶农业区，内陆腹地宽广，富有磷灰石等矿产资源。工业区集中在城市东部，市区和郊区有 1 000 多座工厂，食品工业居全国首位，其他工业门类繁多，主要有纺织、服装等，其次为炼油、建材、水泥、化工、造纸、机械、车辆装配、造船、炼钢、金属加工、印刷、皮革加工及火力发电等。商业、金融业、银行业发达。

卡萨布兰卡是摩洛哥海、陆、空交通运输的重要枢纽和进出口商品的集散地。高速公路通拉巴特，铁路和公路网通国内主要城镇，连接全国各地。东郊和西南郊有两个大型国际机场，与五大洲均有贸易运输往来。穆罕默德五世机场是全国最大的国际机场，有 20 多条国际航线，年运送旅客达 400 多万人次。其中，摩洛哥航空公司的客运量达 236 万人次。卡萨布兰卡港是非洲最大的装卸作业港之一、世界最大的磷酸盐输出港。总面积为 605 公顷，码头长 6 公里，人工深水码头长 4 880 米，平均水深 12 米，约占全国港口吞吐量的 2/3。有磷酸盐、柑橘、谷物、杂货和石油专用码头，可容 10 万吨级油轮。出口磷酸盐、水果、鱼罐头、铅锌矿，输入粮食、钢材、机器等。有重要渔港，捕捞沙丁鱼、金枪鱼。

卡萨布兰卡是北非著名的旅游城市，旅馆、餐饮设施齐全，旅游业发达。平均海拔 50 米，气候温和，1 月平均气温 12℃，7 月平均气温 23℃，年平均降水量 400 毫米。城市临海，树木常青，气候宜人，风光秀丽。沿海

[1] 商务部国际贸易经济合作研究院，中国驻摩洛哥大使馆经济商务参赞处，商务部对外投资和经济合作司. 对外投资合作国别（地区）指南：摩洛哥（2019 年版）[EB/OL]. (2020-02-14)[2020-11-25]. https://www.yidaiyilu.gov.cn/wcm.files/upload/CMSydylgw/202002/202002140213019.pdf.

风光宜人，市内多文物古迹，有古王宫和多座清真寺、博物馆。如今其产业主要集中于服务业，特别是在信息技术服务方面，致力于发展其金融城、智慧城市的定位。[1] 主要旅游景点有：哈桑二世清真寺、穆罕默德五世广场、联合国广场、阿盟公园、穆罕默德的亚海滩、摩洛哥艺术博物馆、手工艺品市场、王宫和西迪布·斯迈拉陵墓等。梅迪耶区是传统的手工艺品市场，出售摩洛哥风格的手工艺品。[2]

哈桑二世清真寺位于卡萨布兰卡市内。该清真寺有 1/3 的面积建在海上，其余部分与陆地相连。从卡萨布兰卡的海滨大道上远远望去，哈桑二世清真寺就像一艘帆船泊在岸边，即将起锚，正迎着大西洋的波涛昂首向前。清真寺 172 米高的宣礼塔，就像是矗立在海洋里的灯塔。

### 3．非斯

非斯是摩洛哥北部的古城和伊斯兰宗教文化的中心，非斯省省会，为四大皇城中最古老的，是摩洛哥国土上最早建立的阿拉伯城市，也是伊斯兰教文化城市，国家北部工商业、交通中心。坐落在中阿特拉斯山北麓海拔 410 米的高地上，跨非斯河两岸，西距拉巴特 190 公里，居东、西、北部地区交通要冲。人口约 45 万。公元 9 世纪初，非斯成为摩洛哥第一个王朝——伊德里斯王朝的开国之都，距今已有 1 000 多年的历史。直到 20 世纪初，非斯都是摩洛哥历代王朝的都城。非斯还是伊斯兰世界的圣城之一和文化古城，素有“摩洛哥文明之都”和“学术首都”之称。

非斯意为“肥美的土地”。地处高地，气候温和。郊外丘陵环绕，山坡上橄榄树郁郁葱葱，越过丘陵便是一望无际的平原，小河沟渠纵横，流水淙淙，植被茂盛，终年常青，物产丰富，非斯因此而得名。

---

[1] 张玉友，孙德刚．“一带一路”国别研究报告：摩洛哥卷 [M]．北京：中国社会科学出版社，2020：305.

[2] 肖克．摩洛哥 [M]．北京：社会科学文献出版社，2008：31-34.

城市分古城、旧城和现代化新城三部分。古城右岸部分由伊斯兰教先知穆罕默德的后裔伊德里斯一世于789年始建，左岸由穆莱·伊德里斯二世于809年大规模扩建并定为首都。11世纪两部分合并，称“非斯–埃尔–巴里”，是摩洛哥经济、科学与文化的中心及宗教圣地。13世纪在古城西部另建新非斯，即今旧城，称“非斯–埃尔–杰季德”。14世纪成为伊斯兰教的学术和商业中心，许多学者、科学家、研究者及伊斯兰教法学家汇集此地，留下许多重要的阿拉伯–伊斯兰书籍。古城和旧城多阿拉伯式建筑，街道狭窄，作坊、商店鳞次栉比，传统市场繁荣。现代化新城则从1916年开始建于古城西南高地上。

非斯有古老的商业区和现代的商业中心，有传统的陶器、毛织品、丝织品和皮革制品等手工业，也有近几十年建立起来的纺织、面粉、木材和金属加工业。传统手工艺品和铜器、陶器、银器、丝绸、刺绣、皮革制品享誉国内外，食品、建材、机械、电器、家具等工业发展较快。

非斯是连接摩洛哥东部、西部和北部的重要交通枢纽。城内道路宽阔，有现代化的车站、工业区和建筑群。市内有铁路、公路通丹吉尔、拉巴特、卡萨布兰卡和乌季达。市东南有大型国际机场。城市风光独特，为旅游胜地。市内多清泉，保存有古塔、古宫殿、古城墙等。郊外低丘环绕，多果园和油橄榄树。建于公元859年的卡拉维因大学不仅是大学，还是北非最古老的清真寺，其历史比英国牛津大学还要早几百年，是世界上最古老的大学及最古老的伊斯兰高等学府，专门从事伊斯兰教的学习和研究，讲授《古兰经》、哲学、历史、文学、法律、数学、医学和天文学等学科。现在，卡拉维因大学由大学、清真寺和图书馆三部分组成，学生2 000多人。清真寺供人们祈祷和参观。图书馆早在中世纪就负盛名，珍藏着带有彩色画面的《古兰经》，以及大量手抄本和其他书籍几十万册，其中有8 000多册为珍贵的手抄本。[1]

[1] 肖克．摩洛哥[M]．北京：社会科学文献出版社，2008：35-37.

### 4．马拉喀什

位于摩洛哥西南部，坐落在大阿特拉斯山脉以西、坦西夫特河南部的豪兹平原中部，是全国第三大城市和南部的地区政治中心。马拉喀什是摩洛哥历史上重要的古都，四大皇城之一，有“南部首都”之称。北距首都拉巴特 320 公里，东距峰顶终年积雪的大阿特拉斯山 50 公里。

“马拉喀什”源于柏柏尔语，意为“神域”，于 1062 年由阿尔摩拉维德王朝建立。这里曾是摩洛哥数个王朝的都城，至今已有 900 多年的历史。

马拉喀什由古老的要塞城区和邻近的现代化城区组成，人口约 107 万。马拉喀什是摩洛哥南部的商业和工业中心，既有传统的皮革和地毯等手工业，也有纺织、食品加工和木材加工等现代工业。交通发达，有公路和铁路通往沿海和内地。国际机场可降落大型客货机。虽然地处沙漠边缘，但气候温和，林木葱郁，花果繁茂，宫殿林立，以众多的名胜古迹和幽静的园林驰名于世，被誉为“南方明珠”。东部阿特拉斯山的雪景、滑雪场和瀑布吸引着众多的游客。南部的大沙漠可使游人一览沙漠奇观。[1] 这里有摩洛哥最大的柏柏尔人露天市场，当地皮革业闻名遐迩。

城内有著名的库杜比亚清真寺、700 多年历史的阿盖达尔橄榄园、16 世纪萨阿德王朝时代的圆顶陵墓，以及 19 世纪的巴希亚王宫和达西赛义德博物馆。12—16 世纪，马拉喀什接连出现了一批著名历史人物，称为“七圣徒”，至今穆斯林仍将前往马拉喀什称为朝拜“七圣徒”。

市中心的非奈伊广场建于 800 年前，有长达 7 公里的用红砖砌成的古城。附近的杰马・埃勒・弗纳广场是游艺活动中心，其周围是最繁华的地区，有购物街、工艺品货摊，还有地方风味的小吃铺。这里可以见到各式各样的摩洛哥民间艺术，其中最引人入胜的是吞火等各种杂技节目。1985

[1] 肖克．摩洛哥 [M]．北京：社会科学文献出版社，2008：39-40.

年，这个古老而独具特色的广场被列入联合国教科文组织世界文化遗产名录。

## 四、政体与政府

摩洛哥宪法规定，摩洛哥是君主立宪制的伊斯兰国家。独立后，摩洛哥的国家机构由四部分组成：国家元首（国王）、行政机构（政府）、立法机构和司法机构。

### （一）国王

国王是国家元首、宗教领袖、武装部队最高统帅，集宗教和政治双重身份于一身，是全民族的最高代表和国家统一的象征，是民族独立和领土完整的保护者、国家永存的保证者、信仰的捍卫者，将确保尊重宪法。国王至高无上，王位世袭。国王的法定成年年龄为 16 岁，在国王未成年期间，由摄政委员会行使除修改宪法以外的国王职权；在国王满 20 岁前，摄政委员会作为咨询机构协助国王工作。摄政委员会主席由最高法院院长担任。

国王拥有最高权力，有权任命首相，并根据首相的提议任命内阁成员。国王主持内阁会议、地方行政官最高委员会及国家重建和计划最高委员会。国王可按宪法有关条款，依照王室诏令，解散议会两院或其中任何一院，有权主动或根据内阁成员的辞呈解散政府。国王颁布议会通过的宪法，签署法令，签署和批准条约，宣布紧急状态。国王是王国武装部队的总司令，任命文武官员。国王任命驻国外和国际组织的使节，接受外国和国际组织委派的大使和代表。国王行使赦免权。摩洛哥独立后的历任国王有：西迪·穆罕默德五世，1955 年 11 月 16 日（复位）至 1961 年 2 月 26 日在位；

穆莱·哈桑二世，1961 年 3 月 3 日至 1999 年 7 月 23 日在位；西迪·穆罕默德六世，1999 年 7 月 23 日至今在位。[1]

西迪·穆罕默德五世 1909 年 8 月 10 日生于拉巴特宫，于 1927 年 11 月 18 日继承王位，成为摩洛哥王国的素丹。20 世纪 30 年代，他积极从事民族独立的斗争。第二次世界大战后，摩洛哥民族解放运动高涨。他于 1947 年 4 月发表演说要求独立，又于 1950 年 10 月要求法国修改 1912 年签署的《非斯条约》，以改变法国对摩洛哥的“保护”制度。1952 年正式向法国提出独立要求，翌年被法国废黜，并被流放到科西嘉岛，后被移至马达加斯加。1955 年 11 月，因形势所迫，法国同意穆罕默德五世复位素丹。1956 年 3 月 2 日，摩洛哥获得独立；1957 年 8 月，定国名为摩洛哥王国，穆罕默德五世为国王。统治期间，他积极开展民主制度改革，并草拟一部宪法。穆罕默德五世于 1961 年 2 月病逝。

穆莱·哈桑二世是穆罕默德五世的长子，1929 年 7 月 9 日生于拉巴特宫。他从小接受严格的宫廷教育，能够流利背诵《古兰经》，精通法语。1941 年进入摩洛哥皇家学校读书，一面学习阿拉伯语言、文学、历史、宗教、法律和哲学，一面攻读法国中学开设的全部课程。1949 年在法国“贞德”号航母舰上服役。1951 年毕业于拉巴特高等学院法律系，获法学学士学位。1952 年从法国波尔多大学毕业，获法学博士学位。从孩提时代起，哈桑就随其父穆罕默德五世从事争取民族独立的斗争。1953 年 8 月 20 日，法国当局将穆罕默德五世、哈桑王储和王室成员流放到科西嘉岛，1954 年 1 月又送往马达加斯加。流亡期间，哈桑王储是穆罕默德五世的政治顾问。1955 年 11 月 16 日，哈桑随素丹穆罕默德五世和王室成员从流放地返回，担任皇家武装部队司令。1956 年 4 月摩洛哥独立后，哈桑遵从父命，缔造了皇家武装力量，并被指定为参谋长。1957 年 7 月 9 日被正式立为王储，此后常以王储的身份代父处理

[1] 肖克．摩洛哥 [M]．北京：社会科学文献出版社，2008：102-103.

朝政。1960 年 5 月至 1961 年 2 月，担任副首相兼任国防大臣。1961 年 3 月 3 日继位，称哈桑二世。1961 年和 1965 年曾两次兼任首相。1971 年又兼任国防大臣。

哈桑二世继位以后，致力于推进国家的现代化进程。他是第一个在中东地区实行君主立宪制、议会普选和联合组阁的国王。他逐步实行民主政治，建立了城市、公社和乡村议会，建立议会选举制。1962 年颁布宪法，确立了君主立宪制政体，为王国的统一和巩固国家的独立而不懈努力。1975 年开放党禁，恢复议会，允许各党竞选参政，在君主立宪制下实行多党制。1977 年，通过选举组成了由主要政党参加的议会和政府。在位期间挫败多起政变。率先实行经济开放，建立国家、私人、外资共存的混合经济体制，保障人民的小康生活。注重发展国家工业，建立工厂，修建广泛的交通网络以连接各主要城镇、港口及机场。他还非常注重教育、健康和住房事业，建立医院、学校、研究院和大学，建造廉租房，以解决低收入人群的住房问题。在卡萨布兰卡修建了摩洛哥最大的清真寺——哈桑二世清真寺。哈桑二世还是世界和平的重要支持者。在他的努力下，摩洛哥在重要的国际和地区组织中均发挥积极作用。他积极参与国际事务，奉行与西方国家维持友好关系的不结盟政策，支持第三世界的正义斗争，维护民族独立和国家主权。

哈桑二世是非洲和中东地区很有影响的政治家和外交家。他于 1960 年率领摩洛哥代表团出席第十五届联合国大会，于 1961 年作为王储与国王穆罕默德五世共同出席第一届非洲独立国家大会，即著名的卡萨布兰卡首脑会议。哈桑二世多次担任伊斯兰会议组织主席、阿拉伯政府首脑会议主席、非洲统一组织首脑会议主席、法国-非洲政府首脑会议主席、阿拉伯马格里布联盟首脑会议主席、解决黎巴嫩危机的三方委员会会议主席和阿拉伯马格里布联盟总理事会主席等职务。1974 年 10 月，在第七届阿拉伯国家首脑会议上，他首先承认巴勒斯坦解放组织是巴勒斯坦人民的唯一合法的代表。1977 年和 1978 年两次派兵协助扎伊尔击退入侵扎伊尔的雇佣军。1990 年 8

月海湾危机爆发，哈桑二世反对伊拉克入侵同为阿拉伯国家的科威特，并派兵参加反对伊拉克的多国部队。1992 年 1 月 31 日在联合国安理会成员国的国家和政府首脑会议上发表讲话。1996 年 3 月 13 日参加在埃及沙姆沙伊赫召开的“和平缔造者”政府首脑会议。

1999 年 7 月 23 日，哈桑二世因心脏病突发而去世，其长子西迪·穆罕默德即位，称穆罕默德六世。穆罕默德六世 1963 年 8 月 21 日生于拉巴特，4 岁开始在王宫接受教育。1973 年获初级教育证书，1981 年高中毕业，就读于穆罕默德五世大学。1985 年从穆罕默德五世大学法律和社会经济学院毕业，获法学学士学位，论文的题目是《非洲联盟与摩洛哥王国在国际关系中的策略》。1987 年获政治学高等研究一级证书。1988 年 7 月获公法高等研究证书。1993 年 10 月 29 日以优异的成绩，在法国尼斯索菲亚大学获得法学博士学位，论文的题目是《欧洲经济共同体与阿拉伯马格里布联盟的合作》。他精通阿拉伯语和法语，懂英语和西班牙语。1979 年被立为王储。同年 12 月在地中海社会-文化协会任职。1985 年 11 月 26 日被哈桑二世任命为皇家武装部队参谋处、局总协调官，成为军队的第二号人物。1994 年 7 月 12 日晋升为少将。

穆罕默德任王储时曾多次随同哈桑二世或单独出访和出席国际会议。1982 年 3 月被任命为第九届地中海运动会组织委员会主席。1983 年 3 月 10 日率代表团参加在新德里召开的不结盟国家首脑会议并发表讲话，阐述摩洛哥在阿拉伯、非洲和国际问题上的立场。1983 年 9 月 21 日，率摩洛哥代表团参加在亚的斯亚贝巴召开的关于撒哈拉问题的非统会议。1986 年 3 月 11—18 日访问沙特阿拉伯。1994 年 4 月 12 日在马拉喀什主持召开“关贸总协定”部长级会议。同年 5 月 4 日参加在日内瓦召开的纪念《联合国宪章》50 周年的成员国会议。1995 年 1 月 12 日主持在巴黎的“摩洛哥和欧洲关系”研究班。1996 年 12 月 10 日主持在纽约召开的摩洛哥-美国贸易和投资委员会典礼。1997 年 1 月 21—27 日代表哈桑二世参加联合国关于特别“国家首脑+5”大会。1991 年 11 月和 1993 年 2 月先后以王储身份访问中国和法国。[1]

穆罕默德六世坚持君主立宪、多党制、轮流执政、经济自由化等既定政策，同时深化政治改革，强调依法治国，加强国家民主化建设，对内试图解决贫困、就业等社会问题，对外采取较为缓和的伊斯兰国家政策；同时加大反恐力度，积极参与国际反恐合作。2011 年全面改革宪法。7 月 1 日，公投通过新宪法。11 月 25 日，摩洛哥举行众议院选举，伊斯兰政党正义与发展党获胜，该党总书记阿卜杜勒伊拉・班基兰被任命为首相。2012 年 1 月，摩洛哥新政府成立。2013 年 10 月，政府改组。2016 年 10 月，摩洛哥举行新宪法颁布后的第二次众议院选举，正义与发展党再次获胜，成为众议院第一大党，但总书记班基兰组阁未果。2017 年 3 月，穆罕默德六世解除班基兰职务，任命正义与发展党全国委员会主席、前外交大臣萨杜丁・欧斯曼尼出任新首相。4 月，摩洛哥新政府成立。2019 年 10 月，内阁重组，欧斯曼尼首相留任。目前，摩洛哥政局总体保持稳定。但由于区域发展不均衡、失业率较高，游行、罢工等事件仍有发生。[2]

## （二）政府

摩洛哥政府由首相与大臣组成。首相负责主持政府，管理行政，保证执法，实施法律赋予的行政权，对国王与议会负责，拥有提名和罢免大臣、解散议会等权力。首相由议会选举中获胜的政党产生，由国王任命；政府内阁成员根据首相建议，由国王任命。组阁完成后，首相应向议会两院发表施政纲领，阐明政府在经济、社会、文化、外交等方面的主要施政方针。议会两院对施政纲领进行讨论。首相有权提出法律议案，行使组织权力和

[1] 肖克．摩洛哥 [M]．北京：社会科学文献出版社，2008：92-96.

[2] 中华人民共和国外交部．摩洛哥国家概况 [EB/OL]. (2020-10)[2020-12-14]. https://www.fmprc.gov.cn/web/gjhdq_676201/gj_676203/fz_677316/1206_678212/1206x0_678214/.

协调各部委间的工作。首相行使行政权，首相签署的法令由负责执行的大臣副署。首相负责协调内阁各部的活动。首相可直接与议会联系，要求议会对其政策宣言给予信任支持或同意其内容。任何有关法律的议案，只有经内阁审议后，方能由首相向议会提交。首相主持内阁会议讨论有关问题，其中包括：涉及国家总政策的事项，宣布戒严，宣布战争，请求议会进行以使政府进一步履行其职责的信任投票，尚未向议会两院提交的草案、政令、计划草案、修改宪法的草案。[1] 值得注意的是，经过 2011 年选举与宪法改革，摩洛哥王室仍掌握国家的绝对权力，政府影响力有限，只能充当皇室决策的执行者角色。[2]

2016 年 10 月 7 日，摩洛哥进行自 2011 年修宪以来的第二次议会选举，执政的正义与发展党继续为议会第一大党，联合其他政党组阁。2017 年 4 月 5 日，经过近半年的党派分歧之争，六党联合的新内阁终于组成并接受国王任命。前正义与发展党全国委员会主席萨杜丁・欧斯曼尼任政府首脑。除政府首脑以外，共有 19 位大臣、6 位大臣级代表，以及 13 位国务秘书。2017 年 4 月，摩洛哥新政府成立，2019 年 10 月，摩洛哥内阁重组，欧斯曼尼留任首相。目前，摩洛哥政局总体保持稳定。本届政府为摩洛哥独立以来的第 33 届政府，共 24 人。

## 五、宪法与司法

### （一）宪法

摩洛哥独立以来已颁布 6 部宪法。1961 年，哈桑二世即位后，开始起

[1] 肖克．摩洛哥 [M]．北京：社会科学文献出版社，2008：105.

[2] 李杉．浅析北非剧变与摩洛哥政治改革 [J]．西亚非洲，2013（2）：134-149.

草宪法草案。1962 年 12 月 7 日，经全民公决通过第一部宪法，确立了君主立宪制，规定议会为一院制，由选举产生。此后，根据政治发展和宪政改革的需要，先后于 1970 年（第二部）、1972 年（第三部）、1980 年、1992 年（第四部）、1996 年（第五部）和 2011 年 6 次对宪法进行修改。现行第六部宪法于 2011 年 7 月 1 日公投通过。

宪法规定，摩洛哥是君主立宪制国家；国王是国家元首、宗教领袖与武装部队最高统帅；首相是政府首脑，由议会选举得票最多的政党产生，拥有提名和罢免大臣、解散议会等权力；议会拥有唯一立法权。1970 年宪法修正案规定，摩洛哥是独立的、领土完整的阿拉伯-伊斯兰国家，伊斯兰教为国教。摩洛哥实行王位世袭制，继承王位年龄最小为 18 岁，摄政委员会主席由国王近亲担任。1972 年，摩洛哥通过新宪法修正案，赋予议会更多政治权力。1980 年宪法修订了国王继位的法定年龄和摄政委员会主席人选，前者降低到 16 岁，后者改由最高法院院长担任。此次宪法修正进一步放宽了对议会的限制。1992 年的第四次宪法修正进一步扩大了议会权力，满足了部分反对派的民主诉求。1996 年，摩洛哥对宪法进行重大改革，开始实行两院制议会民主，在政党代表组成的众议院之外，增设地方政权、行业工会和工薪阶层组成的参议院，扩大议会代表性，增加立法权限。2011 年“阿拉伯之春”爆发后，穆罕默德六世进一步缩小王权，增加议会权力，扩大法院的独立权力。2011 年宪法主要修正条款包括：承认柏柏尔语具有同阿拉伯语同等的官方语言地位；首相是政府首脑和政府委员会主席，担任曾由国王担任的主持制定国家总体政策的政府委员会的职务；议会有权给予大赦，该权力不再由国王独占；规定司法系统独立于立法和行政部门；在“政治平等”基础上，进一步保障妇女与男子享有“公民和社会平等”；在言论、流通与结社自由的基础上，进一步赋予所有公民思想、艺术表达和创作的自由等。[1]

另设有宪法委员会，由 12 人组成，其中国王任命 6 人，在与议会各团体协商后，参议院和众议院的议长各自任命 3 人。任期 9 年，每 3 年改选 1/3。宪法委员会主席由国王从其任命的 6 名成员中选定。宪法委员会主席和委员会成员不能连任。宪法委员会履行由宪法条款或有关组织法条款所赋予的职能，即委员会除行使宪法和有关法律规定的职权外，还对选举议会成员和公投合法与否进行裁定。任何组织法规、议会两院的内部规章，均须经委员会确认与宪法精神相符后，方可颁布实施。宪法委员会的任何决定，不允许异议，各有关当局、行政部门和司法部门都必须遵照执行。[2]

### （二）司法

摩洛哥司法独立于立法与行政，由国王保障司法权的独立行使。2011 年新宪法颁布后，全国司法机构分 4 级：最高法院、主要大区上诉法院、各省初级法院和各省初级法院派驻地方的法官处。其他特殊法院包括地方法院、行政法院、特别司法法院、军事法院和商业法庭。全国设有最高司法权委员会，是全国最高司法权力机构，独立于立法和执法机关，由国王领导，成员包括司法大臣、最高法院第一院长等。法院院长和法官由国王任命。全国司法机构分为以下 8 种。

（1）最高法院。最高法院是最高司法机构和终审上诉法院，设于首都拉巴特。可对下列案件进行审理：驳回上诉法院的判决或各类法院最终判决的申诉；要求取消行政机关越权发布的决议的申诉；针对法官越权行为的申诉；下级法院的管辖权争议；在《刑事调查法》规定的范围内，要求

[1] 张玉友，孙德刚．“一带一路”国别研究报告：摩洛哥卷 [M]．北京：中国社会科学出版社，2020：141-142.

[2] 肖克．摩洛哥 [M]．北京：社会科学文献出版社，2008：108.

审查刑事或惩罚性判决的申诉；针对除最高法院以外的法院、法官的起诉；对判决廉洁性质疑的案件；出于公共安全考量的撤诉；罪犯引渡申请等。最高法院设办公厅、秘书室和检查总署秘书处，第一院长主持最高法院的司法和行政工作，由国王任命。国王还派驻最高法院第一检察长。下辖 6 个审判庭：民事法庭（第一法庭）、人权与遗产法庭、商业法庭、行政法庭、社会法庭与刑事法庭。各庭设庭长 1 人。各庭可审理所有类型案件。

（2）初级法院。全国共有 83 个初级法院。对除法律明确规定由其他法院管辖的一切案件进行初审，若是终审，则应依法保留被告上诉的权利。根据受理案件的种类，可分为：家庭法庭、小额法庭、民事法庭、商业法庭、不动产法庭、社会法庭与刑事法庭。除家庭法庭与小额法庭外，各庭可审理所有其他类型案件。

（3）上诉法院。全国共有 22 个上诉法院。负责对下级法院判决的上诉和法院院长的指令进行审议，对初级法院管辖权纠纷与刑事案件进行审理等。由若干审判庭组成，包括私人身份与遗产法庭、刑事法庭、民事法庭、不动产法庭、社会法庭、调查法庭、轻罪法庭等。各庭可审理所有类型案件。

（4）初级法院派驻地方的法官处。全国共有 70 个派驻地方的法官处。派驻法官处的裁决等同所属初级法院的裁决。

（5）行政法院。全国共有 7 个行政法院。对要求废除因有关当局越权作出的行政决定（法令、法规）的申诉、行政契约、合约的纠纷、法人行为造成损害的赔偿诉讼进行初步裁决；负责审核行政决定（法令、法规）是否合法。

（6）行政上诉法院。全国共有 2 个行政上诉法院。负责对行政法院判决的上诉和法院院长的指令进行审议。

（7）商业法庭。全国共有 8 个商业法庭。负责审理和裁定所有商业纠纷，包括商业合同的诉讼、商人之间的纠纷及同商务事务有关的诉讼、商业票据的诉讼、商业公司合伙人之间的纠纷、商业资产纠纷等，是保障投资者利益的机构。

（8）商业上诉法庭。全国共有 3 个商业上诉法庭。负责对商业法庭判决的上诉和法院院长的指令进行审议。

## 六、议会与政党

### （一）议会

摩洛哥议会是国家立法机关，实行两院制，由参议院与众议院组成。两院通过不同的选举方式产生。参议院议员 120 名，通过地方行政机构、各行业协会和薪俸阶层等各方代表组成的选民团间接选举产生，原则上任期 9 年，每 3 年改选 1/3；众议院议员 395 名，包括比例代表制不可转让的 305 个席位、为女性保留的 60 个席位及为 40 岁以下青年保留的 30 个席位，通过全国直接普选产生，任期 5 年。

议会最高领导机构为常设委员会，主持两院的议事活动，组建和领导各类工作机构。常设委员会由议长、副议长、财政行政官和秘书组成，成员按议会党团代表比例选举产生，体现不同议会党团间的力量对比关系。议会设专门常设委员会，委员会成员根据议会党团代表比例选举产生。除常设委员会外，可根据过往提议或两院中任何一院大多数议员的要求，在两院设立临时性调查委员会，按照议院的委托开展工作，或审查某些特定事项，然后向议院进行汇报，但不能调查可引起司法诉讼，或正在司法诉讼程序中的事件。该委员会有权制定议会议事规程。

## （二）政党

摩洛哥实行多党制，现有政党 35 个，均宣布拥护国王和伊斯兰教，在大政方针上与国王保持一致。2016 年 10 月立法选举后，共有 12 个政党在众议院获得席位。2018 年 1 月 15 日补缺选举后，个别政党议会席位出现轻微浮动。2019 年 10 月内阁重组后，议会政党中有 5 个参阁政党（正义与发展党、全国自由人士联盟、人民力量社会主义联盟、宪政联盟、人民运动）与 6 个在野的反对党（进步与社会主义党、真实性与现代党、独立党等）。[1]

（1）正义与发展党。前身为 1967 年成立的“人民民主宪政运动”，1998 年更用现名。主张以渐进方式变革社会，实行“轻度”伊斯兰主义，反对暴力与恐怖主义。系众议院第一大党，在 395 个议席中占 124 席。在政府内阁 23 个大臣席位中占 7 席，是获大臣席位最多的政党。

（2）全国自由人士联盟。1978 年成立，长期参政。2011 年 11 月众议院选举后一度成为反对党，2013 年 10 月加入上一届政府。系众议院第四大党，在 395 个议席中占 40 席。在政府内阁 23 个大臣席位中占 4 席。

（3）人民力量社会主义联盟。简称“社盟”，1975 年成立，代表中、小资产阶级及知识分子的利益，在知识分子、青年学生与工人中颇有影响力。在众议院 395 个议席中占 21 席。在政府内阁 23 个大臣席位中占 1 席。

（4）宪政联盟。1983 年成立，代表新兴资产阶级力量，主要由资本家、高级官员、知识分子及律师等组成。在众议院 395 个议席中占 19 席。在政府内阁 23 个大臣席位中占 1 席。

（5）人民运动。1957 年成立，无保留支持国王各项政策。在众议院 395 个议席中占 25 席。在政府内阁 23 个大臣席位中占 2 席。

（6）进步与社会主义党。1943 年成立，是目前北非地区最大的共产主

[1] 中华人民共和国外交部．摩洛哥国家概况 [EB/OL]. (2020-10)[2020-12-14]. https://www.fmprc.gov.cn/web/gjhdq_676201/gj_676203/fz_677316/1206_678212/1206x0_678214/.

义政党，也是阿拉伯国家中人数较多、有一定政治影响的共产主义政党。在众议院 395 个席位中占 13 席。2019 年政府内阁重组前有 2 个大臣席位，重组后退出内阁。

（7）真实性与现代党。2008 年成立，由 5 个小党派合并而成。系众议院第二大党，最大反对党，在 395 个议席中占 102 席。

（8）独立党。1943 年成立。是摩洛哥最早的民族主义政党，党内领导层多为大企业家、大农场主，在工商界、政界及人民群众中均具备较大影响，长期执政或参政。系众议院第三大党，在 395 个议席中占 44 席。

摩洛哥王室集团与各政党整体上保持稳定关系，这很大程度上得益于摩洛哥独特的政党治理模式。该模式具有“一个核心、两个基本点、四条路径”的鲜明特点：“一个核心”是维护君主立宪制的政权稳定；“两个基本点”是实现“权力共享”与“民主形象”构建；“四条路径”为“分而治之”、军事保障、政治多元化、合作与平衡。由此实现分权与集权、政权与王权、君权与民权的两两结合，既维护摩洛哥政权稳定和社会发展，又促进摩洛哥的渐进式改革，有效处理改革、发展与稳定三者的关系。[1]

另外，摩洛哥工会组织较多，多附属于政党，其政治主张与其所属政党相似。影响较大的全国性工会有 3 个：摩洛哥劳工联合会、摩洛哥劳工总联合会（独立党）、摩洛哥民主劳工联盟（社盟）。此外，还有摩洛哥劳动者力量（宪政联盟）、自由工人联合会（全国自由人士联盟）、人民工会联合会（人民运动）、全国人民联盟（人民运动）、人民联盟协会、摩洛哥全国劳工联合会等 6 个工会组织。其他组织包括摩洛哥全国妇女联合会、摩洛哥保卫儿童联盟、行业工会教育工作者联合会、全国教育工会、摩洛哥全国学生联合会、摩洛哥学生总联合会等。

[1] 张玉友，孙德刚. 摩洛哥政党治理的理念与实践 [J]. 阿拉伯世界研究，2017（5）：87-101.

# 第三节 社会生活

## 一、人口、语言与文字

自独立以来，摩洛哥人口增长速度比较快。2020 年，人口约 3 691.1 万，城市化率为 63.5%。[1] 人口自然增长率为 1.2%，女性占总人口的 50.4%。[2] 人口密度分布极不均衡，西北部人口稠密，东南部人口稀疏。在前撒哈拉半沙漠地区，每平方公里不足 1 人。

官方语言为阿拉伯语、法语和柏柏尔语 [3]，北部地区也有部分人群使用西班牙语。书面文字以阿拉伯语和法语为主，受殖民历史影响，政府文书多用法语书写，法语文本在摩洛哥的使用较为广泛，有时甚至比阿拉伯语文本的使用更为普遍。

## 二、民族与宗教

摩洛哥的人口主要由阿拉伯人与柏柏尔人构成，其中阿拉伯人约占 80%，柏柏尔人约占 20%，[4] 但民间一般认为柏柏尔人占总人口的比例至少达到 40%。[5]

阿拉伯人是摩洛哥的主要居民。公元 7 世纪，阿拉伯人开始迁入摩洛哥，在与柏柏尔人的长期通婚中，逐渐融为一体，形成现在的摩洛哥人。

[1] 资料来源于“世界实录”网站。

[2] 资料来源于“世界数据图册”网站。

[3] 2011 年 7 月 2 日，摩洛哥通过新宪法修改草案，确定柏柏尔语同阿拉伯语、法语并列为官方语言。

[4] 中国驻摩洛哥大使馆 . 摩洛哥概况 [EB/OL]. [2021-01-04]. http://ma.china-embassy.org/chn/mlggk/.

[5] 张玉友，孙德刚. “一带一路”国别研究报告：摩洛哥卷 [M]. 北京：中国社会科学出版社，2020：3.

柏柏尔人是摩洛哥的土著居民，主要生活在山区。柏柏尔人有三个主要的部族：桑哈贾族、马斯幕达族和扎纳塔族。桑哈贾族人数最多，是马格里布居民的重要部分。桑哈贾族分为两支，一支定居在沿海与沙漠之间，另一支则进入撒哈拉沙漠。马斯幕达族是摩洛哥最古老的柏柏尔部族，生活在阿特拉斯山脉西部和西北部的平原地区，主要从事农业。扎纳塔人则来自东部的塔菲拉勒和阿尔及利亚地区，从事游牧业，控制着塔扎走廊。[1]

伊斯兰教是摩洛哥的国教，99% 的居民信奉伊斯兰教，[2] 主要信奉逊尼派的马立克教法学派。伊斯兰教义对摩洛哥的社会生活和家庭生活影响极大。少数人口信奉基督教和犹太教。

## 三、旅游与交通

### （一）旅游

摩洛哥是文明古国、世界著名旅游胜地，也是非洲第一大旅游目的地国。摩洛哥环境优美，西部和北部临浩瀚的大西洋和地中海，海滩绵长，阳光明媚；中部群山环绕，大阿特拉斯山顶终年积雪；历史悠久，积淀着丰富的阿拉伯文化，一直可追溯到古罗马时期。非斯、梅克内斯等千年古城均留下了列入世界历史文化遗产的名胜古迹；殖民统治历史和紧邻欧洲的地利之便，使这里孕育出混合着阿拉伯、欧洲和非洲 3 种文化的独特风情，吸引着欧洲及世界各地的旅游者。

旅游业历来是摩洛哥重要的经济支柱，是仅次于出口和侨汇的第三大外汇来源和吸收就业的主要部门。目前，全国旅游业从业人口达 40 多万。

[1] 肖克. 摩洛哥 [M]. 北京：社会科学文献出版社，2008：17-18.

[2] 资料来源于“世界实录”网站。

根据世界经济论坛公布的2017年旅游业竞争力指标排行，摩洛哥位列第65位。2010年，摩洛哥提出旅游业发展“2020愿景”战略，计划将摩洛哥发展为世界前20的旅游目的地国，计划在2020年吸引超过2 000万名国际游客，旅游业收入占比上升到GDP的20%。[1]2018年，摩洛哥接待游客量突破1 200万人次，同比增长8%，全年旅游业总收入732亿迪拉姆（约合78.7亿美元），同比增长1.5%。2019年1—8月，摩洛哥接待游客共计926.6万人次，同比增长6.4%。主要旅游城市有：拉巴特、马拉喀什、卡萨布兰卡、非斯、阿加迪尔、丹吉尔等。[2]

### （二）交通

摩洛哥陆路交通较发达。在国内运输业中占主导地位，90%的客运和75%的货运通过陆路交通完成。

#### 1. 公路

摩洛哥道路状况良好，其公路网在非洲国家名列前茅。装备运输物流与水利部负责管理路网。据2015年年初的统计数据，摩洛哥公路总里程达57 334公里，其中高速公路1 511公里，沥青铺装路41 102公里（国家级公路9 813公里，大区间公路9 221公里，省级公路22 068公里），非沥青铺装路14 721公里。2016年年底，摩洛哥高速公路通车里程约1 800公里。根据政府规划，到2035年，高速公路通车里程将达到3 000公里。[3]此外还将修建3 400公里的高速公路和2 100公里的快速路，并对现有7 000公里道

[1] 张玉友，孙德刚．“一带一路”国别研究报告：摩洛哥卷[M]．北京：中国社会科学出版社，2020：10.

[2] 中华人民共和国外交部．摩洛哥国家概况[EB/OL]. (2020-10)[2020-12-14]. https://www.fmprc.gov.cn/web/gjhdq_676201/gj_676203/fz_677316/1206_678212/1206x0_678214/.

[3] 张玉友，孙德刚．“一带一路”国别研究报告：摩洛哥卷[M]．北京：中国社会科学出版社，2020：73.

路进行翻新，同时在乡村地区新建 30 000 公里道路。[1] 国家高速路公司专门负责运营高速公路，现有拉巴特—丹吉尔、拉巴特—卡萨布兰卡—塞达特、拉巴特—梅克内斯—非斯—乌季达，卡萨布兰卡—马拉喀什等多段高速公路。[2] 摩洛哥公路连接毛里塔尼亚和阿尔及利亚两个国家。

### 2．铁路

摩洛哥在铁路基础设施建设方面位居非洲前列，由国家铁路局负责铁路建设和运营。摩洛哥投入运营铁路线路总长 2 210 公里，其中电气化铁路里程为 1 284 公里，占比 58%；复线铁路里程为 600 公里，占比 27%；[3] 另有高速铁路 200 公里，磷酸盐运输线 765 公里。2003 年，摩洛哥与西班牙达成协议，两国共同修建一条穿过直布罗陀海峡的海底复线铁路，该工程是连接欧、非两大洲的首条铁路线，极大地完善了摩洛哥铁路基础设施。2017 年，摩洛哥铁路货物运输总量为 295.6 亿吨，同比增长 4.75%；客运人数达 39.5 亿人，同比增长 1.70%。[4] 摩洛哥政府计划在 2030 年建成两条高铁线路，分别是丹吉尔—卡萨布兰卡—阿加迪尔线和卡萨布兰卡—乌季达线，这两条高铁线路总长度约为 1 500 公里，造价总额将超过 1 000 亿迪拉姆（约合 125 亿美元）；到 2035 年建成 2 743 公里普通铁路，包含 20 个项目，预计投资额约为 174 亿美元。[5] 摩洛哥同法国合作修建的丹吉尔—盖尼特拉的高铁线路，时速 320 公里，该项目于 2011 年启动，2018 年 11 月竣工，系非洲第一个高铁项目。2018 年，摩洛哥铁路客运人数为 4 474 万人次，货运量为

[1] 张玉友，孙德刚．“一带一路”国别研究报告：摩洛哥卷 [M]．北京：中国社会科学出版社，2020：90-91.

[2] 商务部国际贸易经济合作研究院，中国驻摩洛哥大使馆经济商务参赞处，商务部对外投资和经济合作司．对外投资合作国别（地区）指南：摩洛哥（2019 年版）[EB/OL]. (2020-02-14)[2020-11-25]. https://www.yidaiyilu.gov.cn/wcm.files/upload/CMSydylgw/202002/202002140213019.pdf.

[3] 张玉友，孙德刚．“一带一路”国别研究报告：摩洛哥卷 [M]．北京：中国社会科学出版社，2020：76.

[4] 张玉友，孙德刚．“一带一路”国别研究报告：摩洛哥卷 [M]．北京：中国社会科学出版社，2020：128.

[5] 张玉友，孙德刚．“一带一路”国别研究报告：摩洛哥卷 [M]．北京：中国社会科学出版社，2020：91.

3 477 万吨，整体实现营业额 37 亿迪拉姆（约合 4 亿美元）。[1]

### 3．空运

摩洛哥全国共有机场 32 个，其中国际机场 16 个，如穆罕默德五世机场（卡萨布兰卡）、梅纳拉机场（马拉喀什）、马西拉机场（阿加迪尔）、伊本·白图泰机场（丹吉尔）以及拉巴特–萨累机场、非斯–萨伊斯机场、安加达斯机场（乌季达）等，[2] 均归摩洛哥国家机场管理局管理。另有国内机场 10 个，军用机场 6 个。[3] 此外还有一些供轻型飞机起降的小型机场。2005 年，摩洛哥与欧盟签署“天空开放”协议，航空市场对欧洲航空公司开放。2018 年，摩洛哥机场客运量为 2 253.4 万人次，增长 10.43%，其中，卡萨布兰卡机场运送游客 973.2 万人次。全年航班起降共计 18.9 万架次。2019 年，摩洛哥机场接待旅客数量达 2 506 万人。[4]

摩洛哥皇家航空公司是非洲主要航空公司之一，总部位于卡萨布兰卡，拥有客运飞机 58 架，货运班机 1 架，开通 75 条航线，航班目的地共有 105 个，其中 33 个在非洲大陆（不含摩洛哥城市），总航线 30 多万公里。2017 年，该公司客运量为 730 万人次。目前，摩洛哥皇家航空公司正在履行 2016—2025 年发展规划，拟通过增设新航线加强对非洲城市的覆盖率，飞

[1] 商务部国际贸易经济合作研究院，中国驻摩洛哥大使馆经济商务参赞处，商务部对外投资和经济合作司. 对外投资合作国别（地区）指南：摩洛哥（2019 年版）[EB/OL]. (2020-02-14)[2020-11-25]. https://www.yidaiyilu.gov.cn/wcm.files/upload/CMSydylgw/202002/202002140213019.pdf.

[2] 商务部国际贸易经济合作研究院，中国驻摩洛哥大使馆经济商务参赞处，商务部对外投资和经济合作司. 对外投资合作国别（地区）指南：摩洛哥（2019 年版）[EB/OL]. (2020-02-14)[2020-11-25]. https://www.yidaiyilu.gov.cn/wcm.files/upload/CMSydylgw/202002/202002140213019.pdf.

[3] 张玉友，孙德刚. “一带一路”国别研究报告：摩洛哥卷 [M]. 北京：中国社会科学出版社，2020：130.

[4] 中华人民共和国外交部. 摩洛哥国家概况 [EB/OL]. (2020-10)[2020-12-14]. https://www.fmprc.gov.cn/web/gjhdq_676201/gj_676203/fz_677316/1206_678212/1206x0_678214/.

机数量将于 2025 年扩充至 105 架，投资将达 37.89 亿美元。[1]

### 4．水运 [2]

摩洛哥共有 38 个港口，其中 13 个商业港，19 个渔港和 6 个游艇停泊港，主要港口有卡萨布兰卡港、萨菲港、丹吉尔地中海港以及纳祖尔港等。大约 98% 的商品贸易都依靠港口运输。2007 年后，摩洛哥货物吞吐量显著增加，主要是转运量增加带动整个摩洛哥货物吞吐量增加。[3]2018 年，摩洛哥全国港口货物运输量为 1.38 亿吨，同比上涨 1.9%；其中，进口量、出口量、转运量和沿海贸易分别占比 43%、27%、27% 和 3%。丹吉尔地中海港、朱尔夫莱斯费尔港和卡萨布兰卡港三大港口占总运量的 83%。

经过多年的快速发展，丹吉尔地中海港于 2017 年超过埃及的塞得港和南非的德班港，成为非洲第一大集装箱港，在全球 500 个集装箱港口中排第 45 位。丹吉尔地中海港一期已完工，丹吉尔地中海港二期于 2019 年 6 月底投入使用，该港集装箱处理能力提升至 900 万个标准箱，进一步巩固了其在全球贸易中作为区域物流中心的地位。摩洛哥政府计划到 2030 年，实现集装箱存放面积达 450 公顷，港口年货物运输量由 1.4 亿吨提高到 3.4 亿吨。[4]

---

[1] 商务部国际贸易经济合作研究院，中国驻摩洛哥大使馆经济商务参赞处，商务部对外投资和经济合作司．对外投资合作国别（地区）指南：摩洛哥（2019 年版）[EB/OL]. (2020-02-14)[2020-11-25]. https://www.yidaiyilu.gov.cn/wcm.files/upload/CMSydylgw/202002/202002140213019.pdf.

[2] 商务部国际贸易经济合作研究院，中国驻摩洛哥大使馆经济商务参赞处，商务部对外投资和经济合作司．对外投资合作国别（地区）指南：摩洛哥（2019 年版）[EB/OL]. (2020-02-14)[2020-11-25]. https://www.yidaiyilu.gov.cn/wcm.files/upload/CMSydylgw/202002/202002140213019.pdf.

[3] 张玉友，孙德刚．“一带一路”国别研究报告：摩洛哥卷 [M]．北京：中国社会科学出版社，2020：129.

[4] 张玉友，孙德刚．“一带一路”国别研究报告：摩洛哥卷 [M]．北京：中国社会科学出版社，2020：91.

## 四、医疗卫生与科技

摩洛哥提供的医疗服务分公立与私立两种，公立医院由综合医院和专科医院组成，全国有公立医院 143 所，包括综合医院 105 所、专科医院 38 所，私人医院 102 所，军医院 5 所，医疗中心和医疗诊所 1 360 个，地方医院 78 所，产院、计划生育中心 443 个，大学医务中心 2 所，共有病床 3 万张。每省设有卫生中心。根据联合国开发计划署 2019 年度人文发展报告，摩洛哥在 189 个国家和地区中排名第 121 位。截至 2019 年 10 月，摩洛哥公立医疗机构有专科医师 7 559 名，全科医师 3 857 名；基础卫生机构 2 112 家，其中 838 家分布在城市，1 274 家分布在农村；大型医院总数为 149 所，总床位 23 931 张；精神科医院 10 所，仅分布于大城市，床位 1 454 张；血液透析与肾脏疾病中心 113 所，配备 2 213 台透析机。私立医疗机构有专科医师 8 355 名，全科医师 5 190 名；大型医院总数为 359 所，床位 10 346 张；医疗咨询诊所 9 671 家；牙科诊所 3 643 家；药房 8 997 家；实验室 550 所；放射实验室 268 所。[1] 摩洛哥全国抗癌中心是非洲大陆唯一研究癌症的专门机构。

摩洛哥卫生体系基础较为薄弱，尽管近年来通过开展国际合作、学习发达国家经验等方式得到快速发展，但仍有待进一步改善。最贫困人群与农村人群的健康服务可及性较差，尤其是慢性疾病的健康服务可及性与需求之间存在较大差异。公立医疗机构缺少有效的激励与考核机制，医师工作积极性与效率较低，无法满足当地普通人民的需求。[2]2019 年惠誉解决方案的一项调研报告 [3] 指出，摩洛哥医疗卫生行业存在工作环境不佳、医疗护理人员工资待遇较低、腐败与贿赂现象等问题。

摩洛哥皇家科学院于 1980 年 4 月成立，由 30 名摩洛哥常任院士和 30 名

[1] 资料来源于摩洛哥健康部官方网站。

[2] 吴晓东. 摩洛哥卫生体系介绍 [J]. 中国卫生资源，2016，19（4）：358-360.

[3] 资料来源于 Fitch Solutions 网站文章《摩洛哥医疗改革是长期问题》。

外籍通讯院士组成。由国王领导，国王委派常务秘书主持日常工作。2001 年，摩洛哥成功发射第一颗科学卫星。2005 年，摩洛哥加入欧盟“伽利略”卫星导航计划，成为第一个加入该计划的非洲和阿拉伯国家，也是继中国、印度、以色列、乌克兰后第五个加入该计划的非欧盟国家。2017 年 11 月，摩洛哥地球观测卫星穆罕默德六世-A 号在法属圭亚那成功发射。[1]

摩洛哥信息与通信技术使用率位列非洲第四，拥有良好的有线和无线通信系统，有 5 条国际海底电缆和 3 个卫星地面站与国际卫星组织和阿拉伯卫星组织相连。通信枢纽是卡萨布兰卡和拉巴特。摩洛哥主要电信运营商为摩洛哥电信和地中海电信。截至 2017 年，摩洛哥每百万人拥有互联网服务器数 283 个，每百人拥有固定宽带数 3.86 部。[2]2019 年，摩洛哥互联网用户达 2 257 万，占全国人口的 62%，全国网络普及率 55%，在全球以及非洲的平均水平之上，高于南非（54%）、尼日利亚（50%）和埃及（49%）。全国社交网络用户数 1 700 万，占比 47%；手机上网用户 1 600 万，占比 44%，移动电话用户为 4 178 万，其中 340 万实现 4G 覆盖。经济学人智库发布“2019 互联网包容指标”，对全球主要国家网络连通程度、普及程度和硬件水平进行评估，摩洛哥排名全球第 62 位，非洲第 3 位。[3]

## 五、新闻、出版与传媒

独立后摩洛哥通过的第一部宪法规定，“宪法保障全体公民享有言论自

[1] 中华人民共和国外交部．摩洛哥国家概况 [EB/OL]. (2020-10)[2020-12-14]. https://www.fmprc.gov.cn/web/gjhdq_676201/gj_676203/fz_677316/1206_678212/1206x0_678214/.

[2] 张玉友，孙德刚．“一带一路”国别研究报告：摩洛哥卷 [M]．北京：中国社会科学出版社，2020：89.

[3] 商务部国际贸易经济合作研究院，中国驻摩洛哥大使馆经济商务参赞处，商务部对外投资和经济合作司．对外投资合作国别（地区）指南：摩洛哥（2019 年版）[EB/OL]. (2020-02-14)[2020-11-25]. https://www.yidaiyilu.gov.cn/wcm.files/upload/CMSydylgw/202002/202002140213019.pdf.

由、以各种方式表示意见的自由和集会自由”。1956 年 10 月，摩洛哥成立新闻部，由内政大臣兼管，下设秘书长。新闻部下设研究、计划和资料司，通信和新闻司及总事务司。新闻部负责制定和实施有关新闻方面的各项政策，反映政府的观点；向本国记者和外国记者发放记者证，帮助他们联系采访单位，为记者提供参加大型活动的各种便利。另外，新闻部还负责管理摩洛哥广播台、电视台和马格里布阿拉伯通讯社、摩洛哥电影中心、新闻学院、摩洛哥著作权局和广告公司。

近年来，摩洛哥图书的出版、报纸杂志的发行工作都有很大进展。摩洛哥政府强调阿拉伯化，阿拉伯文的图书、报纸杂志如雨后春笋般发展起来，数量大增。除少数官方报刊外，各党派出版的报刊林立也是摩洛哥新闻出版的一大特点。[1]

### （一）报纸杂志

独立初期，摩洛哥主要有法国殖民主义者创办的两种法文日报:《小摩洛哥人报》和《摩洛哥前哨报》；摩洛哥民族主义政党创办的三种法文报纸：摩洛哥独立党机关报《独立报》（周报）、摩洛哥独立民主党机关报《民主报》（周报）和摩洛哥劳动联合会机关报《先锋报》；一种阿拉伯文的摩洛哥独立党机关日报《旗帜报》。[2]

独立后，摩洛哥本国报纸发行逐步发展，据不完全统计，目前出版的报刊达 700 余种。按语言划分，阿拉伯文版 448 种，法文版 164 种，另有柏柏尔语报和西班牙语报。按出版周期划分，日报 26 家，周报 136 家，半月报 78 家，月报 254 家。按报纸来源划分，可分为独立报和党报。约 698 家属于独立性报纸，党报数量不超过 26 家。按覆盖地域划分，全国性报纸

[1] 肖克．摩洛哥 [M]．北京：社会科学文献出版社，2008：306.

[2] 肖克．摩洛哥 [M]．北京：社会科学文献出版社，2008：307.

456 家，地方性报纸 162 家。[1] 当地主流媒体对华态度比较友好。主要报纸及发行量如下。

（1）《旗帜报》。阿拉伯文日报，由摩洛哥独立党兴办的一种综合性报纸，是该党的机关报。创刊于 1946 年 9 月。在摩洛哥人民争取民族独立的斗争中，该报发挥过重要作用。在法属保护国时期，该报经常受到新闻审查。1952 年 12 月至 1955 年 11 月曾被迫停刊。摩洛哥独立后，该报主张国家经济独立，提出教育及行政管理阿拉伯化。发行量 5 万份。

（2）《舆论报》。法文日报，由摩洛哥独立党兴办，是该党的法文机关报。创刊于 1962 年，原名《非洲革命》，1965 年改为现名。主要内容来自马格里布阿拉伯通讯社、路透社和法新社。该报是摩洛哥发行量最大的报纸之一。每周日在报纸中插入两版西班牙文文章，为西班牙语读者服务。读者范围广泛，在法国和比利时移民中也有一部分受众。发行量 7 万份。

（3）《新闻报》。阿拉伯文日报，由摩洛哥新闻部出版。创刊于 1963 年 12 月 24 日，前身是《新时代报》。资金来源主要是国家资助和广告费。主要内容涉及国内官方及非官方的活动和国际时事，包括政治、社会和文化等方面的消息，如王室和政府官员的重要活动、官方公报、政府采取的一些行政措施，还刊登过中国的特稿。每周设有宗教、妇女、电影、体育和文化专版，并出体育副刊。读者中 2/3 是摩洛哥国内读者，1/3 是海外侨民。发行量约 3 万份。

（4）《撒哈拉和马格里布晨报》。法文日报，是由摩洛哥晚报股份有限公司（私营）出版发行的综合性报纸。创刊于 1971 年 11 月，在《小摩洛哥人》晨报停刊后创办。该报不隶属于任何政党，但它是亲政府派的报纸之一。经费来源为三部分，一是广告收入，二是出售报纸所得，三是来自摩洛哥对全国性日报的国家津贴。主要内容包括国内、国际、体育和社会

[1] 张玉友，孙德刚．“一带一路”国别研究报告：摩洛哥卷 [M]．北京：中国社会科学出版社，2020：491-492.

新闻。读者范围广泛，主要是职员、官员、商人、大学生及其他阶层人士。发行量 8.4 万份，是摩洛哥日报中发行量最大的一种报纸。

（5）《摩洛哥晚报》。法文晚报，是由摩洛哥晚报股份有限公司出版发行的综合性报纸。创刊于 1971 年 11 月，在《摩洛哥前哨报》晚报停刊后出版发行。读者范围广泛，有大学生、国家工作人员和职员等。发行量 5 万份。

（6）《今日宣言报》和《宣言报》。分别为阿拉伯文日报和法文日报，均为摩洛哥进步与社会党发行的综合性报纸，是该党的机关报。创刊于 1972 年，最初为周刊，1975 年改为日报。经费来源分为两部分：一是摩洛哥进步与社会党出资，二是出售报纸和刊登广告所得。办报宗旨是配合进步与社会党进行无产者事业、坚持爱国主义、发扬进步和民主思想、反帝国主义的斗争。前者读者主要是普通阶层人士。发行量 1.5 万份。后者主要面向社会中层及上层人士，包括政府官员、知识分子，以及政治、经济等领域的决策人物。发行量 2.5 万份。

（7）《马格里布报》和《民族宪章报》。分别为法文日报和阿拉伯文日报，均由摩洛哥全国自由人士联盟出资兴办，是该党的机关报。创刊于 1976 年。前者国际版的主要内容来自外国通讯社。注重客观报道。读者主要是知识分子阶层。发行量 1 万份。后者读者更为大众化。发行量 3 万份。

（8）《民族使命报》。阿拉伯文日报，为摩洛哥宪政联盟出于参加 1984 年议会选举的需要而兴办，后成为该党的机关报，并受到该党经济资助。创刊于 1983 年。发行量 2 万份。

（9）《社盟报》。阿拉伯文日报，由摩洛哥人民力量社会主义联盟发行。创刊于 1983 年。前身是该党的机关报《解放报》，1981 年遭到审查后，为配合 1984 年议会选举而酝酿出版。该报作为反对派的报纸，主要内容是宣传民族主义，主张国家的经济独立。读者主要是知识分子、大学生、人民力量社会主义联盟的支持者和其他基层人士。发行量近 6 万份。

（10）《撒哈拉报》。阿拉伯文日报，是摩洛哥晚报股份有限公司发行的

4种日报[1]之一。创刊于1989年1月。读者约15万人，主要是职员、高级官员、商人、学生和无业者。发行量3.3万份。[2]

### （二）通讯社

摩洛哥设有一个国家官方通讯社，即马格里布阿拉伯通讯社，简称马通社。成立于1959年11月18日，1977年9月28日宣布成为国家通讯社，以及摩洛哥对世界各国进行官方联系的正式新闻机构，并逐步产生国际性影响。座右铭为“新闻神圣，评论自由”。

马通社受新闻部监督。设正、副社长，下辖新闻、技术、消息、对外关系、行政和财政事务5个部门，再下设30个科室，其中17个为编辑科室，5个为技术科室。总部位于拉巴特，在全国9个城市设立地区分社，在马德里、巴黎、布鲁塞尔、伦敦、华盛顿、罗马、莫斯科、纽约、墨西哥、突尼斯、开罗、达喀尔、波恩、吉达和阿尔及尔开设15个国外分社，遍及非洲、欧洲、美洲和阿拉伯世界。现有记者247名。每天用阿拉伯文、法文、英文、西班牙文和柏柏尔文5种文字播报新闻。

马通社出版两种日刊:《马通社–时事》和《马通社–经济》，还有一种月刊《马通社–资料》，在国内的主要订户是报纸、广播电台、电视台、政府部门和驻摩洛哥各大使馆，在国外的主要订户是通讯社和大使馆。马通社是阿拉伯非洲通讯联盟和阿拉伯通讯联盟的成员，与阿拉伯国家各通讯社都建立了供稿关系，与法新社、美联社、塔斯社和新华社等签有新闻交换协定，与亚、非、拉60余个通讯社签有合作协定。[3]

[1] 除前文提到的《撒哈拉和马格里布晨报》(法文)、《摩洛哥晚报》(法文)外，还有《晨报》(西班牙文)。

[2] 孙宝玉．世界新闻出版大典 [M]．北京：中国档案出版社，1994：205-208.

[3] 肖克．摩洛哥 [M]．北京：社会科学文献出版社，2008：311.

## （三）广播电视

摩洛哥设有 14 家广播电台和 2 家电视台，其中摩洛哥广播电台与摩洛哥电视台为国家所有，摩洛哥电视二台为私人所有。

（1）摩洛哥广播电台。建于 1928 年 4 月 15 日，1959 年归国家掌握，由新闻部领导，国家统一下拨预算。在全国设有 9 个分台，采用阿、法、英、西班牙语及柏柏尔语的 3 种方言广播，节目包括文化、社会、教育、科技、体育、音乐等，每逢全国性节日或宗教节日会播出特别节目。总部位于拉巴特，设有卡萨布兰卡广播台、非斯广播台、马拉喀什广播台、瓦吉达广播台、阿加迪尔广播台、丹吉尔广播台等 9 个地区性电台。在摩洛哥可以直接收听西班牙广播。1962 年 3 月，政府在此基础上建立了国家广播电视系统，并取名国家广播电视公司，于 20 世纪 60 年代致力于扩大广播的普及范围。直到 1989 年以前一直是摩洛哥国内唯一的电视台。[1]

（2）地中海国际广播电台。建于 1980 年 7 月，是在国王哈桑二世的倡议下，由摩洛哥和法国合作成立的私营电台，面向整个马格里布地区及地中海南、北两岸国家。资金来自摩洛哥和法国的一些私人公司和银行。节目设置多样化，侧重于时事新闻，还有时事评说、通讯、每日专题和体育等栏目。以法语、阿拉伯语双语广播。总部位于丹吉尔，有近百名工作人员。其通讯网遍布马格里布国家、欧洲国家和美国首都华盛顿。

（3）摩洛哥电视台。又称摩洛哥电视一台。1960 年 6 月开始筹备，1962 年 3 月 3 日正式运营，1972 年开始播放彩色电视节目。该电视台是国家电视台，隶属于新闻部领导，是全国最主要的传播媒体。经费主要由政府提供。内部分广播和电视两大部门。总部位于拉巴特，有记者、技术人员和通讯员 1 500 人左右，在全国各大主要城市设有 64 个转播站。平均每天播

[1] 张玉友，孙德刚．“一带一路”国别研究报告：摩洛哥卷 [M]．北京：中国社会科学出版社，2020：496.

放 12 小时，一半以上的节目为自行制作，内容包括新闻、体育、文化、教育和宗教等。大部分节目用阿拉伯语播出，其余节目用法语播出。全国 84% 的人可收看电视。现归属国家广播电视公司管理。目前拥有 10 个电视频道，其中“一频道”影响力最大，此外还有体育、宗教、教育、电影、阿马齐格频道和一些地方性频道。[1]

（4）摩洛哥电视二台。1989 年 3 月 3 日正式开播，是当时非洲国家中第一家、也是唯一一家私营商业性电视台，其经济后盾是北非信托公司。1996 年，政府收购其 70% 的资本。用法语和阿拉伯语双语播出，其中法语节目约占 70%，阿拉伯语节目约占 30%，每天播出 14 小时。电视节目以文化娱乐为主，有动画、电影、电视连续剧、有奖智力竞赛、音乐欣赏、宗教节目、文艺演出、体育节目和时事新闻等栏目。与阿拉伯国家业务联系紧密，不断扩大国际交往。[2]

值得注意的是，摩洛哥电视业发展与电影业联系密切。起初，各电视台播送的节目完全依赖于外国节目和电影。1944 年，摩洛哥电影中心成立，直到 1956 年独立前，一直对电视节目有所影响。在后殖民时期的摩洛哥，对教育阿拉伯化的坚定追求使得人们重新发现了在阿拉伯世界产生的民间表演者、电影、戏剧和电视剧。在摩洛哥电影中心的本土化计划中，埃及是电影和其他电视节目的重要来源。今天，它仍负责电影行业的宣传和管理。政府将电视看作传播宗教道德、鼓励民众参与和传播教育文化的媒介。[3]

### （四）图书期刊

随着经济的发展，摩洛哥图书出版业也得到迅速发展。目前，除政府

[1] 张玉友，孙德刚. “一带一路”国别研究报告：摩洛哥卷 [M]. 北京：中国社会科学出版社，2020：497.

[2] 肖克. 摩洛哥 [M]. 北京：社会科学文献出版社，2008：312-314.

[3] 史杰克. 摩洛哥的风俗与文化 [M]. 胡文佳，译. 北京：民主与建设出版社，2018：69.

出版机构和印刷厂外，私人出版社和印刷厂也遍及全国。图书发行量不断增长。摩洛哥的主要出版公司有芬尼克出版公司和奥卡德出版公司。奥卡德出版公司设在拉巴特，其主要业务是出版百科全书、综合性图书、教科书。该出版公司是摩洛哥出版业的权威企业，在出版、印刷和销售方面提供完善的服务。芬尼克出版公司的经理部设在卡萨布兰卡，其主要业务是出版各类文学作品，包括小说、诗歌、戏剧和散文集等，还有电影剧本、旅游图书和社会科学类的图书。[1]

## 六、社会治安与福利保障

摩洛哥社会治安情况总体良好，但偷盗、抢劫案件仍时有发生。当地居民私自持有枪支属违法行为。恐怖主义和伊斯兰极端势力是影响摩洛哥社会安定的主要原因。[2]2003 年卡萨布兰卡爆炸案后，摩洛哥政府加大对恐怖组织的打击力度，持续严打恐怖主义和伊斯兰极端主义势力，已逐步形成摩洛哥特色的多元反极端主义政策，除 2007 年与 2011 年的两次恐怖袭击外，摩洛哥现已基本制止了极端分子在本土的恐怖行为。[3]2017 年，摩洛哥安全机关共捣毁 9 个恐怖组织，抓获 186 名嫌疑人。

摩洛哥设有医疗保险、社会保险、养老保险等，另有疾病与生育保险、家属补贴等。摩洛哥社会保障体系共包含 4 个独立的国家保障计划，分别为：面向公共部门的国家社会福利机构基金、面向私营部门非公职人员的全国社会保险基金、面向地方省份雇员和临时工的退休金集体管理基金、

[1] 肖克．摩洛哥 [M]．北京：社会科学文献出版社，2008：314.

[2] 商务部国际贸易经济合作研究院，中国驻摩洛哥大使馆经济商务参赞处，商务部对外投资和经济合作司．对外投资合作国别（地区）指南：摩洛哥（2019 年版）[EB/OL]. [2020-10-17]. http://www.mofcom.gov.cn/dl/gbdqzn/upload/moluoge.pdf.

[3] 张玉友．摩洛哥反极端主义政策评析 [J]．阿拉伯世界研究，2019（6）：16-30.

管理退伍老兵、民事及军事伤残养老金等非缴费养老金及其他特殊拨款的摩洛哥退休基金。摩洛哥提供的险种主要有儿童保险、工伤保险、失业保险、基础医疗保险、伤残保险、养老保险、生育补助、死亡津贴、遗属抚恤金等。

目前，摩洛哥社会保障体系仍较为薄弱。2018 年，摩洛哥经济社会环境委员会发布题为《摩洛哥社会保障：现实、结果与加强社会保障和帮扶的路径》的报告与意见。[1] 委员会指出，摩洛哥经济活动人口的 60% 未纳入养老金体系，46% 未被医保覆盖，除极少数有组织的私营部门的职工外，绝大多数经济活动人口均未享受工伤保险。委员会共提出 49 项建议，旨在切实保障基本人权，阐明有关社会保障领域的概念，提请注意当前社会保障体系的供应水平与居民实际需求之间的差距，强调发展社会保障体系的重要性，使社会保障政策同国际标准接轨。

摩洛哥政府于 2019 年 11 月推出《2020—2030 年社会保护整合战略》，将确保所有公民获得基本的医保服务，增加困难家庭收入，为困难人群提供高质量的社会福利。目前摩洛哥公共和私营部门社保覆盖率为 64%，政府高度重视针对低收入者、学生、自由职业者等不同人群的医疗救助计划，将逐步扩大社保和医保覆盖范围。[2]

## 七、娱乐休闲与体育运动

摩洛哥人喜欢运动和休闲活动，热衷滑雪、游泳、篮球、打猎、钓鱼、徒步旅行、高尔夫、田径等，在赛车运动、马术运动、板球、曲棍球、手

[1] 资料来源于摩洛哥经济社会环境委员会官方网站。

[2] 中华人民共和国驻摩洛哥王国大使馆经济商务处．摩洛哥 2019 年失业率下降至 9.2%[EB/OL]. (2020-05-05) [2021-01-10]. http://ma.mofcom.gov.cn/article/jmxw/202005/20200502961453.shtml.

球等运动项目上也有着较高的参与度。[1] 其中足球是最为热门，也是最受欢迎的体育运动，高尔夫则在统治精英中颇有地位。[2]1956 年独立后，摩洛哥政府开始发展体育事业，在中、小学开设体育课程，开展各项体育活动。1959 年，摩洛哥奥委会获国际奥委会承认。1960 年起，除 1976 年和 1980 年外，摩洛哥参加了其余各届奥运会的拳击、摔跤、柔道、田径和足球等项目的比赛，获得良好成绩。摩洛哥的足球和田径等项目具有较高水平，也是非洲足球强国之一，摩洛哥足球队为非洲有史以来第一支进军世界杯的队伍。田径运动发展很快，主要集中在中、长跑等项目。20 世纪 60 年代以来，摩洛哥田径运动员在各种国际比赛中取得卓越成绩。[3] 摩洛哥对本国传统体育项目的发展一直较为重视，以地方政府部门、民间体育协会、国家文化部门、联合国教科文组织为依托，由国王亲自主导传统体育发展项目计划的制定。2012 年开始，摩洛哥进行了一系列针对传统体育的扶持项目，如开展青年运动员选拔人才项目、女性体育运动扶持项目、民族传统文化继承项目等。2018 年，国家青年与体育部在伊夫兰开展了为期 3 天的第四届阿拉伯传统民族体育运动会。[4]

2010 年 10 月 25 日，摩洛哥国家青年与体育部颁布《体育运动发展白皮书》，将本国体育发展阶段自我定位为初期转型期，涉及体育运动发展、体育运动机构管理、体育训练中心、体育运动竞赛、商业体育、体育教育、体育协会、运动员培养等方面，成为摩洛哥体育职能部门改革的基本框架与体育政策设计制定时起草或修改的蓝本。该白皮书注重体育法、体育民主、体育规范、体育赛事透明度等方面，其次是体育俱乐部运营、体育人才培养机制、体育梯队建设、体育处罚条例，最后是关于学校体育的发展建议和发展规划；强调统筹城乡体育发展，主张不同地域体育发展平衡，

[1] 张玉友，孙德刚．“一带一路”国别研究报告：摩洛哥卷 [M]．北京：中国社会科学出版社，2020：662.

[2] 史杰克．摩洛哥的风俗与文化 [M]．胡文佳，译．北京：民主与建设出版社，2018：144-145.

[3] 肖克．摩洛哥 [M]．北京：社会科学文献出版社，2008：321-322.

[4] 张玉友，孙德刚．“一带一路”国别研究报告：摩洛哥卷 [M]．北京：中国社会科学出版社，2020：663.

进一步完善对不同社会群体的体育发展扶持政策，强调国家体育水平的发展对于提高公民社会认同感和爱国主义建设的积极作用。[1]

国家青年与体育部等部门为国民提供了一系列娱乐休闲场所，丰富国民生活。截至 2018 年，全国共设有女性俱乐部 392 家，青年宫 635 家，教育培训中心 1 539 家，职业培训中心 67 家，综合型社会体育中心 251 家，体育馆 163 个，电影院 30 家，合计观影人次约 138 万。全年有 114 043 人次参与夏令营，有 7 个青年代表团，合计 151 人派往日本、突尼斯、卡塔尔等国交流学习，并接待了来自上述国家的 9 个青年代表团，共计 239 人次。[2]

[1] 张玉友，孙德刚．“一带一路”国别研究报告：摩洛哥卷 [M]．北京：中国社会科学出版社，2020：675-677.

[2] 资料来源于摩洛哥高等规划署官方网站。

# 第二章 文化传统

## 第一节 历史沿革

摩洛哥文化的整体发展可分为6个历史阶段，即阿拉伯人进入摩洛哥之前、阿拉伯-伊斯兰文化初入摩洛哥、阿拉伯-伊斯兰文化于摩洛哥的扎根与昌盛、阿拉伯-伊斯兰文化同西方文化的碰撞、阿拉伯-伊斯兰文化“一元化”时期与文化“多元化”时期。

### 一、阿拉伯人进入摩洛哥之前（远古至7世纪）

该阶段包含摩洛哥的旧石器时代、新石器时代、青铜时代及腓尼基统治时期、柏柏尔统治时期、罗马统治时期与汪达尔统治时期等。摩洛哥先后经历了旧石器时代的阿舍利文化、莫斯特-阿特利文化、伊比利亚-毛鲁西亚文化、卡普萨文化与新石器时代文化和青铜时代文化。有史记载以后，除土著柏柏尔文化外，摩洛哥还受到腓尼基文化、罗马文化、汪达尔文化等的影响。古老而多元的历史赋予了摩洛哥厚重的文化沉淀，预示着摩洛哥多元民族与多元文化的发展方向。

## （一）史前时期（公元前 17 世纪前）

摩洛哥是人类最早居住的地区之一。考古学和人类学的研究表明，早在约 200 万至 100 万年前，摩洛哥沿大西洋海岸地区就出现了旧石器时代早期文化——阿舍利文化。大约在 50 万至 40 万年前，摩洛哥出现直立人人种——拉巴特人和卡萨布兰卡人。[1] 旧石器时代中期或后期伊始，即约公元前 3.5 万年，摩洛哥出现莫斯特–阿特利文化与智人人种——阿特利人。[2] 旧石器时代后期，即约公元前 1.3 万年，摩洛哥出现一种沿海文化，即由马格里布最早的种族——梅奇塔–阿比尔人创造的伊比利亚–毛鲁西亚文化。约公元前 9000 年末至公元前 8000 年，这种沿海文化逐渐走向消亡，取而代之的是卡普萨文化。[3]

公元前 8000 年，摩洛哥随卡普萨文化的形成而进入新石器时代。约公元前 6000 年至公元前 5500 年，在地中海沿海居住着伊比利亚–毛鲁西亚人，他们制造了几乎没有任何装饰的粗制陶器、炉石与极少的石器工具，标志着早期新石器时代文化出现。考古遗址表明，该时期包括摩洛哥在内的西北非地区是当时游牧部落大迁徙的场所，野牛驯化、农作物栽培、陶器制作等一一出现，人们开始从游牧生活逐渐过渡至定居的农业生活，并发明出新的储存、运输和烹饪食物的方法。后来，这里成为最早的定居农业发源地之一。[4]

公元前 5000 年，来自近东的移民同摩洛哥土著居民通婚，从中产生了摩洛哥的土著民族——柏柏尔人的祖先。农耕与海上贸易开始发展。

---

[1] 高农，乌脱金．摩洛哥：自然地理和经济地理概要 [M]．西北大学地理系翻译组，译．西安：陕西人民出版社，1977：72.

[2] 联合国教科文组织《非洲通史》国际科学委员会．非洲通史：第 1 卷 [M]．北京：中国对外翻译出版公司，1984：421-425.

[3] 李楠．摩洛哥历史研究 [D]．上海：上海外国语大学，2012.

[4] 肖克．摩洛哥 [M]．北京：社会科学文献出版社，2008：42-43.

## （二）青铜时代（公元前 17 世纪—公元前 9 世纪）

约公元前 1600 年，摩洛哥大阿特拉斯山的岩石上出现了柏柏尔牧民刻画的图案，包括短剑、长矛、方盾、斧头等，标志着摩洛哥进入青铜时代。这一时期，柏柏尔人主要从事狩猎与捕鱼，社会和政治组织的基本架构为家庭的延伸，通常以村或传统的放牧地为单位，以共同的先祖组成部落。时至今日，柏柏尔人仍然保留着自己的传统，特别是在农村和山区。柏柏尔人的语言没有标准形式，每个部族有自己的方言。柏柏尔人没有手稿和著作，其最主要的表达方式是音乐和舞蹈。

柏柏尔人是摩洛哥最早的土著居民。摩洛哥的柏柏尔人主要由两部分组成：一部分是公元前 20 世纪以前从亚洲大规模迁徙来的棕发柏柏尔人，即原始闪族人；另一部分则可能是在公元前 20 世纪从西班牙迁徙来的金发柏柏尔人。[1] 这些部落主要从事狩猎和畜牧业，也种植谷物。

## （三）腓尼基人统治时期（公元前 9 世纪—公元前 4 世纪）

最早与柏柏尔人接触的是腓尼基人。早在公元前 16 世纪，腓尼基人就在摩洛哥沿海地区建立商行。公元前 12 世纪，腓尼基人首次入侵摩洛哥沿海，从地中海东部来到摩洛哥大西洋沿岸定居，并建立贸易客栈。这些商业中心的一部分后来发展成得土安、丹吉尔、梅利利亚、拉巴特和摩加多尔等重要城市，留下了丰厚的文化遗产。到公元前 8 世纪，这些商业中心逐渐纳入迦太基王国的控制范围，后依附于布匿共和国。[2] 腓尼基人建立迦太基王国后，在大西洋沿岸殖民扩张，在摩洛哥种植大麦、小麦等农作物，饲养羊群与战马，引进葡萄栽培技术，生产铁镐等农具，促进了当地农耕

[1] 康崩．摩洛哥史 [M]．上海外国语学院法语系翻译组，译．上海：上海人民出版社，1975：13.

[2] 康崩．摩洛哥史 [M]．上海外国语学院法语系翻译组，译．上海：上海人民出版社，1975：14.

文化的发展和新文化的输入。[1]

公元前 800 年至公元前 600 年，摩洛哥进入有明确文献记载的历史阶段。腓尼基人的书信记录说明，早在公元前 500 年，索维拉岛上的居民就开始从事制陶活动。一些埃塞俄比亚人迁入摩洛哥，在北部形成定居部落，在南部形成游牧部落。公元前 6 世纪至公元前 5 世纪，摩洛哥沿海一带兴起城市，出现阶级社会，建立起最早的奴隶制国家。

公元前 5 世纪，迦太基人在大西洋沿岸进一步殖民。他们在摩洛哥从事捕鱼和渔业加工，生产沙丁鱼产品并对外出口，改变了当地居民的生产和生活。迦太基人种植小麦和大麦，畜养羊和战马，还可能引进了一些作物栽培技术。[2]

### （四）柏柏尔王国时期（公元前 4 世纪—公元 42 年）

公元前 4 世纪，柏柏尔人于摩洛哥北部建立毛里塔尼亚王国。其东部边界靠近今摩洛哥东部的穆卢耶河。公元前 3 世纪，在今天阿尔及利亚东北部与突尼斯接壤的部分，形成了两个柏柏尔人的王国：一个是马赛西里，其边界从穆卢耶河扩展到大约今康斯坦丁市；另一个是紧邻迦太基的马西里。这两个王国被罗马人统称为努米底亚。

为争夺西部地中海的霸权，从公元前 264 年至公元前 146 年，罗马人与迦太基人先后进行了三次“布匿战争”。公元前 146 年，布匿战争结束，迦太基灭亡，其领土沦为罗马的一个行省。罗马人进而将扩张的目标转向位于迦太基西部的摩洛哥。公元前 25 年，罗马皇帝奥古斯都立朱巴二世为毛里塔尼亚国王，居住在瓦卢比利斯。公元 23 年，朱巴二世之子托勒密乌斯继位。两位国王均为罗马人的傀儡。40 年，罗马人杀掉毛里塔尼亚国王，

[1] 肖克．摩洛哥 [M]．北京：社会科学文献出版社，2008：43-44.

[2] 肖克．摩洛哥 [M]．北京：社会科学文献出版社，2008：44-45.

镇压了山区柏柏尔人的起义，正式吞并了毛里塔尼亚。42 年，柏柏尔人的毛里塔尼亚王国灭亡，完全沦为罗马属地。[1]

## （五）罗马人统治时期（42—533 年）

罗马人以穆卢耶河为界，将柏柏尔人的毛里塔尼亚王国分为两个行省，东边是凯萨伦西斯，西边是廷吉塔纳，廷吉塔纳省的殖民地化程度较凯萨伦西斯省更深。摩洛哥成为罗马帝国的一部分。

此时的摩洛哥政治上由罗马皇帝直接统治，罗马派地方行政长官管理摩洛哥，并授予他们一定的民政权力和军事权力。经济上，奴隶制度在摩洛哥北部推行。罗马人对摩洛哥的农业发展产生了重要影响，在水利灌溉、亚热带作物种植等方面起到重要的促进作用，推动了当地农耕文化的进一步发展。罗马人还在摩洛哥修建道路，促进了当地贸易的发展。随着罗马人的征服，还出现了一些大型城市，如位于现摩洛哥非斯–梅克内斯大区的瓦卢比利斯考古遗址，原是公元前 25 年在摩洛哥建立的第一座罗马城市，1997 年被联合国教科文组织纳入世界文化遗产名录。

罗马人残酷的剥削和压迫引发了柏柏尔人接连不断的反抗活动。罗马帝国既无力根除柏柏尔人的反抗，也无法持久控制，其统治摇摇欲坠。在罗马人统治时期，基督教开始在摩洛哥传播。基督教起初由海员和商人传入，于公元 3 世纪由沿海逐渐传入摩洛哥内地。[2]

## （六）汪达尔人统治时期（429—646 年）

“汪达尔”一词的原意是“流浪者”。汪达尔人大体上可分为阿斯林人

[1] 肖克．摩洛哥 [M]．北京：社会科学文献出版社，2008：45-46.

[2] 肖克．摩洛哥 [M]．北京：社会科学文献出版社，2008：46-47.

和西林人。公元前2世纪上半叶，汪达尔人从波罗的海沿岸迁徙到今波兰西南部的西里西亚地区。在此后的很长时间内，他们都是周边强大民族的附庸，时而追随西哥特人，时而为马考曼人卖命。[1] 公元4世纪末，汪达尔人经高卢（今法国）迁至西班牙。429年，汪达尔人和西哥特人从西班牙渡过直布罗陀海峡，入侵摩洛哥北部的休达和索维拉。439年，汪达尔人摧毁了罗马帝国在北非的统治，夺取了迦太基城，建立起汪达尔王国。随后他们继续在北非扩张领土，同时征服了西西里岛西部、撒丁岛、科西嘉岛和巴利阿里群岛等西地中海岛屿。其统治者竭力消灭摩洛哥的基督教传统，同时支持犹太人，给予其宗教言论自由。455年，汪达尔王盖萨里克乘罗马混乱之机，率舰队渡海攻陷罗马城，纵兵焚掠两星期，罗马城遭到严重破坏。自此，汪达尔王国一跃成为地中海地区的强国，在其统治下，北非城市衰落。汪达尔贵族没收了罗马大地主的土地，成为封建大地主。盖萨里克统治时期，汪达尔人信仰基督教的阿里乌派，对罗马教会进行迫害，没收教会财产。胡内里克统治时期，对罗马教会的迫害进一步加剧。

汪达尔王国末期，柏柏尔人又逐渐崛起，并占领了努米底亚南部和毛里塔尼亚等地。胡内里克之子希尔德里克对外屈服于拜占庭，对内镇压柏柏尔人，最终被军队推翻。533年，拜占庭帝国查士丁尼一世出兵北非。534年，汪达尔王国的最后一位国王盖利默被俘，汪达尔王国灭亡。[2] 拜占庭帝国建立起新的统治。拜占庭帝国虽然控制着城市和交通要道，但并未征服广大农村与山区，而此前就一直生活在山区和沙漠中的柏柏尔人在这些地区建立了诸多小王国。[3]

---

[1] 康崩．摩洛哥史 [M]．上海外国语学院法语系翻译组，译．上海：上海人民出版社，1975：16.

[2] 李楠．摩洛哥历史研究 [D]．上海：上海外国语大学，2012.

[3] 肖克．摩洛哥 [M]．北京：社会科学文献出版社，2008：47.

## 二、阿拉伯-伊斯兰文化的初入（683—788年）

7世纪时，阿拉伯人为传播伊斯兰教，开始全面扩张，在大马士革建立倭马亚王朝（661—750年），开始对柏柏尔人的征服。670年，阿拉伯军队在乌克巴·伊本·纳菲的指挥下第一次入侵北非沿海地区，683年进入今摩洛哥。709年，倭马亚王朝的北非行政长官穆萨·伊本·努赛尔率领穆斯林大军进入马格里布西部，攻下丹吉尔。711年，哈里发瓦利德一世委派柏柏尔人首领塔里克·伊本·齐亚德率军穿过直布罗陀海峡，进兵伊比利亚半岛，攻打西班牙，最终占领了西哥特人在西班牙的王国。

在阿拉伯人征服北非以前，游牧的柏柏尔人信仰原始宗教，定居的柏柏尔人信仰基督教。阿拉伯人迁入后，逐渐与土著民族柏柏尔人融合，伊斯兰教开始传入摩洛哥，不少柏柏尔人都在较短时间内皈依伊斯兰教。倭马亚王朝第五任哈里发阿卜杜·麦立克推行阿拉伯化政策，阿拉伯语开始被柏柏尔人接受和学习，并在各部落之间通行。摩洛哥各方面都受到阿拉伯文化的影响。

阿拉伯人迁入后，摩洛哥社会发生巨大的变化，古罗马式的奴隶统治制度开始瓦解，阿拉伯人和柏柏尔人的部落贵族成为大地主。这一时期的经济发展也较快，从近东干旱地区迁移来的阿拉伯人在摩洛哥种植水稻、甘蔗等灌溉作物和耐旱的硬质小麦，推动了农耕文化与商业文化的进一步发展。这一时期，摩洛哥农业兴旺，商业和对外贸易活跃。8—10世纪，摩洛哥境内的经济和文化得到高度发展，手工业和商业发展繁荣，出现了最初的阿拉伯城市，如后来成为摩洛哥古代王国首都的非斯。[1]

[1] 肖克．摩洛哥 [M]．北京：社会科学文献出版社，2008：47-48.

## 三、阿拉伯-伊斯兰文化的扎根与昌盛（8—15世纪）

公元740年，柏柏尔人在宗教改革家和哈瓦利吉派虔诚教徒胡塞拉·本·瓦达阿[1]及梅萨拉·迈特盖里等人的领导下，大规模开展宗教运动，反抗位于巴格达的阿拉伯中央政权，并最终脱离倭马亚王朝和阿拔斯王朝（750—1258年）的统治，在部落联邦与苏菲道堂的基础上，先后建立了以非斯为首都的伊德里斯王朝、以马拉喀什为首都的穆拉比特王朝、以拉巴特为首都的穆瓦希德王朝和马林王朝。这四个王朝推行较为纯粹的伊斯兰政策，促进了摩洛哥各地区的发展，使伊斯兰教和阿拉伯语得到推广，对阿拉伯-伊斯兰文化在摩洛哥的生根与发展起到了重要作用。后三个王朝均由柏柏尔人建立。11—14世纪，封建制度在摩洛哥得以发展。

### （一）伊德里斯王朝（788—1055年）

伊德里斯王朝由据说为第四任正统哈里发阿里的嫡系后裔、什叶派伊玛目哈桑的曾孙、被誉为“摩洛哥创始人”的伊德里斯·本·阿卜杜拉创立，是摩洛哥第一个阿拉伯王朝，也是第一个伊斯兰什叶派王朝。

伊斯兰教什叶派一直反对倭马亚王朝和阿拔斯王朝的哈里发。785年，伊德里斯因在麦地那参加阿里派暴动遭到镇压，逃到马格里布，定居瓦来拉。由于被认为是伊斯兰教先知穆罕默德的直系后代，他得到柏柏尔部落的同情与有力支持，被拥立为伊玛目。伊德里斯开展强有力的伊斯兰教宣传，众多信奉基督教或犹太教的柏柏尔人改信伊斯兰教。在他的带领下，柏柏尔人渡过穆卢耶河，占领了东起特莱姆森、西至萨累河的广大地区。788年，他带领北非西部的阿拉伯人建立了伊德里斯王朝，定都瓦来拉。该

[1] 李楠．摩洛哥历史研究 [D]．上海：上海外国语大学，2012.

王朝统治摩洛哥近200年。

792年，伊德里斯被阿拔斯王朝哈里发哈伦·拉希德派出的特使沙马赫毒死，其12岁的儿子继位，史称伊德里斯二世。808年，伊德里斯二世选址扎纳塔部落境内的一个山谷，在非斯河左岸修筑了带有浓厚伊斯兰建筑风格的新都——非斯，并将其发展成一座宏伟繁华的阿拉伯城市，成为传播伊斯兰教及其文化的中心。同时，希贾兹、安达卢西亚和突尼斯等地的阿拉伯人和犹太人也迁入伊德里斯王国各地定居，使得非斯成为来自安达卢西亚和凯鲁万的阿拉伯学者、商人和贵族的聚居区，摩洛哥的阿拉伯化进程得以加速。[1] 伊德里斯二世在柏柏尔部落酋长的辅佐下，励精图治，建立了第一个中央集权政府，发展农业和商业，实行宗教宽容政策，不干涉逊尼派穆斯林的宗教活动，允许基督徒与犹太教徒在缴纳规定税赋的前提下各行其是，倡导穆斯林与基督徒互相尊重，和谐共处。[2] 这一时期，王朝疆域进一步扩大到今天的阿尔及利亚，国力强盛，社会稳定。

828年，伊德里斯二世去世，统治阶层开始内讧，王朝走向衰弱。其长子穆罕默德·本·伊德里斯任第三任国王，兴建清真寺与宗教学校，奖掖伊斯兰学术文化，推动伊斯兰文化的传播与研究，将特莱姆森和首都非斯发展成为伊斯兰学术文化中心。848年，伊德里斯二世的孙子叶海亚一世继位。在他执政期间，非斯城再次繁荣，成为当时伊斯兰世界的大城市之一。859年，叶海亚一世在非斯城内兴建了卡拉维因清真寺和安达卢西亚清真寺，前者发展成为马格里布地区著名的伊斯兰高等学府和世界上最古老的大学——卡拉维因大学，既是当时的伊斯兰文化研究中心，传授伊斯兰教法、苏菲学等宗教课程，又是科学研究中心，讲授数学、化学、天文学等自然科学，培养了大批穆斯林学者。

836年，穆罕默德·本·伊德里斯实行封建分封制，将王朝分成8个小

[1] 李楠．摩洛哥历史研究 [D]．上海：上海外国语大学，2012.

[2] 中国伊斯兰百科全书编委会．中国伊斯兰百科全书 [M]．成都：四川辞书出版社，1994：652.

王国。后来，王室为争权而发生内讧，王朝衰微，并于932年被纳入后倭马亚王朝（756—1492年）的势力范围。917年，法蒂玛王朝（909—1171年）征服了伊德里斯王朝的北部和东部。974年，后倭马亚王朝哈里发哈基姆二世趁伊德里斯王朝内乱之机，率兵将其推翻。[1]1055年，伊德里斯王朝灭亡。[2]

### （二）穆拉比特王朝（1061—1147年）

阿拉伯人征服埃及和马格里布后，北非地区呈现出社会发展不平衡的现象。比起埃及，马格里布地区在政治、经济、文化和阿拉伯化等各个方面均处于落后地位，战乱、起义、纷争构成了马格里布地区这300年的历史。11世纪，马格里布逐渐从纷乱走向统一。柏柏尔人的桑哈贾部落在征服了沙漠及其南部的许多地区后，在西北非建立了从分裂走向统一过程中出现的第一个王朝——穆拉比特王朝。

穆拉比特王朝由逊尼派马立克学派著名领袖、伊斯兰神学家阿卜杜拉·本·亚辛创立。1036年，亚辛应桑哈贾部落联盟首领叶海亚·本·易卜拉欣的邀请，来到西撒哈拉，在柏柏尔人中传播伊斯兰教。亚辛有着非凡的组织能力，在柏柏尔人中宣扬纯朴和纪律，却遭到桑哈贾人的冷遇。亚辛在塞内加尔河口的一座岛上建立了一座带有军事组织性质的清真寺，实行严格的马立克教派教规和严酷的棍棒纪律。受到训练的学生被称为“穆拉比特”，意为“寺院战士”。亚辛还组建起武装政治集团。1042年，亚辛率领这支武装力量，开始自南向北扩展，并控制了撒哈拉的三角地带，其范围北至苏斯地区，西到南毛里塔尼亚，东至廷巴克图。他以逊尼派伊斯兰教的名义开展改革运动，以削弱扎纳塔人的势力。随后，亚辛的势力经塔菲拉勒地区进入

[1] 李楠. 摩洛哥历史研究 [D]. 上海：上海外国语大学，2012.

[2] 肖克. 摩洛哥 [M]. 北京：社会科学文献出版社，2008：48-50.

摩洛哥，创建了穆拉比特王朝。在该王朝的鼎盛时期，其势力范围包括现今的摩洛哥、西撒哈拉、毛里塔尼亚、直布罗陀、阿尔及利亚的特莱姆森，南面囊括塞内加尔和马里的大部分领土，北面则包括西班牙和葡萄牙的大部分领土。[1]

亚辛死后，优素福·伊本·塔什芬被拥立为领袖，成为穆拉比特王朝的第一任国王。他1062年兴建马拉喀什城，1070年定都于此。随后，他继续向摩洛哥北部扩张势力，1068年占领非斯，1078年夺取丹吉尔。1080年向东扩张到阿尔及利亚，1082年征服摩洛哥全境，实现了摩洛哥有史以来的首次统一。1086年登陆西班牙，战胜基督教的卡斯蒂利亚国王阿丰索六世。在他的统治下，安达卢西亚文明传入马格里布。1090年攻入格林纳达，以塞维利亚为陪都。12世纪初，优素福·伊本·塔什芬去世，为他年轻的儿子阿里留下一个地跨欧非两洲的庞大帝国，其边界南至西非的塞内加尔河，北抵西班牙的埃布罗河，西临大西洋，东达突尼斯，同时囊括了西班牙南半部。王朝一定程度上受到西班牙文化的熏陶。

穆拉比特人虽崛起于落后的沙漠地区，却进入了较为发达的马格里布沿海地区，尤其是西班牙，受到定居农业和都市文明的熏陶，成为新建国家的统治集团，聚集了许多杰出学者和艺术家。穆拉比特王朝时期，许多建筑师与手工业者从西班牙来到北非谋生。穆拉比特人在马拉喀什、非斯、阿尔及尔和特莱姆斯等城市建起规模宏大的清真寺，其风格也深受科尔多瓦和格林纳达建筑的影响。社会经济生活方面，穆拉比特人注重农业，在非斯修建水渠，灌溉田园。为适应商贸发展的需要，穆拉比特人在摩洛哥的马拉喀什和西班牙的科尔多瓦等地设立了大规模铸币厂，纯金铸造的第纳尔在当时的国际贸易流通中享有很高的声誉。

优素福·伊本·塔什芬之后，穆拉比特王朝从鼎盛急剧走向衰微。穆

[1] 李楠. 摩洛哥历史研究 [D]. 上海：上海外国语大学，2012.

拉比特人本以反对腐败、主张纯朴廉洁为号召，在人民的支持下崛起，但在掌握政权之后，统治集团却横征暴敛，穷奢极欲，走向腐败。王朝最终于 1147 年灭亡。[1]

### （三）穆瓦希德王朝（1130—1269 年）

穆瓦希德王朝是由柏柏尔人的另一支——阿尔摩哈德人，根据什叶派教义建立的伊斯兰教王朝。

12 世纪初，大阿特拉斯山区的伊斯兰教神学家穆罕默德·伊本·图迈尔特创立了阿尔摩哈德派。他热心伊斯兰学术事业，宣扬原始伊斯兰教。伊斯兰教的宗教用语是阿拉伯语，他却用柏柏尔语传教，使之易于取得当地人民的支持。1121 年，图迈尔特被马斯穆达等部落拥立为首领和苏斯地区的政教领袖，并在贝尼迈拉勒建立第一座清真寺，作为运动的领导中心。

1130 年，图迈尔特去世，其信徒阿卜杜·穆敏·本·阿里继位。为与穆拉比特王朝抗衡，穆敏建立了一支由法国人和西班牙人训练的舰队和陆军。1139—1146 年，他率军征服了马格里布中部地区，并先后攻占特莱姆森、非斯、休达、丹吉尔、艾格马特、萨菲和马拉喀什等地。1147 年，穆敏推翻了穆拉比特王朝，建立穆瓦希德王朝。穆敏用 15 年的时间征服阿尔及利亚、突尼斯和的黎波里，统一了北非。穆瓦希德王朝的版图一度囊括了埃及以西的整个北非和西班牙的全部穆斯林地区。

1163 年，穆敏去世，其子艾布·雅各布·优素福和孙子艾布·优素福·雅各布·曼苏尔相继掌权，期间国势强盛，经济繁荣。艾布·雅各布·优素福和艾布·优素福·雅各布·曼苏尔在位期间广建清真寺与宗教学校，尤以马拉喀什的清真大寺和塞维利亚的伊斯兰大学负有盛名。他们

[1] 肖克．摩洛哥 [M]．北京：社会科学文献出版社，2008：50-51.

传播逊尼派艾什尔里派学说，并遵循罕伯里教法学派，伊斯兰学术文化得到进一步发展。王朝赞助和奖励学术研究，倡导对希腊哲学和科学著作的翻译，马拉喀什、科尔多瓦、塞维利亚在统治者奖掖学术政策的推动下，成为王朝的伊斯兰文化中心。东西学者云集，著书立说、哲学与科学研究蔚然成风。宫廷招贤纳士，著名医学家、哲学家伊本·图菲利和伊本·鲁世德均在朝廷任大臣和御医，并在学术上取得卓越成就。

13 世纪初，穆瓦希德王朝国势变衰。1269 年，柏柏尔扎纳塔部落的马林人攻占马拉喀什，结束了穆瓦希德王朝的统治。[1] 穆瓦希德王朝时期，摩洛哥成为非洲和南欧间贸易的重要通道，城市手工业得以发展。穆瓦希德王朝在摩洛哥中世纪的历史上占有重要地位。[2]

### （四）马林王朝（1269—1554 年）

第三个柏柏尔人的王朝是由来自塔菲拉勒和阿尔及利亚地区之间的游牧民族马林人建立的马林王朝。马林人原是扎纳塔部落的一个族群。1058 年，马林部落被希拉勒入侵者赶到马格里布南部地区，后在阿特拉斯山另一侧的撒哈拉沙漠边沿定居。1213 年，穆瓦希德王朝把马格里布东部边疆的大片土地划归他们。马林人在反对西班牙军队的阿拉尔科斯战役中取得胜利，由此迅速崛起。

1245—1269 年，扎纳塔人的领袖艾布·叶海亚征服了穆瓦希德王朝的东部、北部和塔菲拉勒，于 1248 年攻占非斯城并定都于此。当时王朝已占有摩洛哥东部、北部地区和塔菲拉勒的大片领土。他的弟弟艾布·优素福·雅各布继位后，又征服了穆瓦希德王朝的西部地区，并于 1269 年夺取马拉喀什，结束了穆瓦希德王朝的统治，正式建立起马林王朝，定都拉巴

[1] 李楠．摩洛哥历史研究 [D]．上海：上海外国语大学，2012.

[2] 肖克．摩洛哥 [M]．北京：社会科学文献出版社，2008：51-53.

特，成为王朝的真正奠基者。马林王朝的目标是建立同穆瓦希德王朝一样的伊斯兰帝国，奉行苏菲道路的同时，注重复兴马立克教法学派，并建立多所宗教学校。[1]

马林王朝时期，摩洛哥的经济与文化都得到十足的发展，其经济影响超出西地中海的范围，成为东西方的贸易中心。欧洲、西苏丹及其他非洲国家之间的贸易都要经过摩洛哥。这一时期，非斯在摩洛哥的经济生活中发挥巨大作用，其规模超过马拉喀什，是主要的商业贸易中心，集中了大部分行销全国的进口商品。非斯的工匠制造兵器，生产大量的陶器、布匹和绳子。非斯还是摩洛哥最大的文化中心，许多学者到此讲解《古兰经》、科学、法律、诗歌和地理。

游牧经济也在这一时期得到发展。早在穆瓦希德王朝统治时期，阿拉伯游牧民就已开始进入摩洛哥。到马林王朝统治时，阿拉伯游牧民的活动范围不断扩大，阿拉伯语成为通行语言；农耕者的土地缩小，耕地、果园和森林被移民占为牧场。游牧经济的发展对摩洛哥之后数百年的社会结构演变造成很大影响。马林王朝还建立了犹太人定居点，犹太人开始聚集在摩洛哥。同时，不断有移民从安达卢西亚迁入，带来精美的建筑、艺术、手工艺和文学风格，并与当地穆斯林和谐共生。

马林王朝的领土不断扩大，于 1276 年占领摩洛哥全境。1213—1464 年间，马林王朝历经 27 代君主，执政 251 年。1471 年开始，马林人的旁支瓦塔斯人当政，仍称马林王朝，历经 5 代君主，执政 85 年。14 世纪至 15 世纪初，封建主内讧、宫廷政变和部落纠纷导致马林王朝的中央政权逐渐削弱，国家处于封建割据状态。[2]1549 年，萨阿德王朝的军队攻占非斯。1554 年，马林王朝最后一位君主艾布・哈松死于战场。其子率部逃往西班牙，

[1] الحسن السائح. الحضارة الإسلامية في المغرب[M]. المغرب: دار الثقافة. 2008: 255.

[2] 肖克．摩洛哥 [M]．北京：社会科学文献出版社，2008：53-55.

于途中横渡海峡时遇难，马林王朝遂亡。[1]

## 四、阿拉伯–伊斯兰文化同西方文化的碰撞（15—19 世纪）

### （一）封建割据和欧洲殖民列强的入侵

14—15 世纪，摩洛哥在形式上仍保持统一，但由于统治者内部的矛盾和斗争，中央政权逐渐被削弱，国内分裂成一些独立的封建领地。15 世纪末至 16 世纪上半叶，国内政局十分复杂，这给了西方列强可乘之机。欧洲列强利用马林王朝等摩洛哥政权的内部纷争，开始侵占摩洛哥领土。首先入侵的是早期殖民国家葡萄牙和西班牙。

15—17 世纪，葡萄牙占据了摩洛哥西部沿岸，西班牙占据了北部沿岸的一些据点，英国则占据了丹吉尔。由于政治上的分裂，港口被欧洲列强所占领，加之地中海的海上贸易受到封锁，摩洛哥的城市发展受到影响，许多城市陷于衰落，甚至遭到毁坏。面对欧洲列强的入侵，摩洛哥各部落人民进行了反对外国侵略者的斗争，但传统的阿拉伯–伊斯兰文化，特别是在 19 世纪之后，仍持续受到西方文化的冲击。

### （二）萨阿德王朝（1520—1660 年）

萨阿德人自称穆罕默德的后裔，其祖先是 12 世纪定居在摩洛哥南部德拉山谷的阿拉伯人，后来迁徙到非斯。15 世纪后半期，萨阿德人开展反抗葡萄牙人入侵的斗争。1509 年，萨阿德运动的领导人艾布·阿卜杜拉·卡伊姆比·阿姆拉拉着手组建自己的武装力量，领导反对殖民统治和马林王

[1] 李楠．摩洛哥历史研究 [D]．上海：上海外国语大学，2012.

朝的斗争。1517 年，其子艾哈迈德·阿拉杰继位，继续领导反对葡萄牙人的斗争。1554 年，萨阿德人推翻马林王朝，穆罕默德·谢赫正式称素丹，定都马拉喀什，建立萨阿德王朝。

1578 年，萨阿德王朝的军队为捍卫民族独立，同葡萄牙军队在凯比尔堡发动战役。艾布·阿拔斯·艾哈迈德·曼苏尔率领军队参加战斗，夺取胜利果实，被立为素丹，王号曼苏尔。艾哈迈德·曼苏尔统治期间，摩洛哥出现和平繁荣的景象，萨阿德王朝迎来全盛时期。为解决长期存在的政治和经济危机，曼苏尔采取一系列行之有效的措施，不断加强中央集权，努力完善行政机构，大力推行伊斯兰教法，积极倡导伊斯兰文化，鼓励农业、牧业和商业发展。[1]

政治上，曼苏尔创立中央行政机构，即隶属于中央的部落联盟，制定了一套行之有效的管理制度，一直沿用至法国建立殖民统治以前。军事上，为确保中央政权，曼苏尔重建了一支强大的武装力量——部落军事联盟，制定义务兵役制。军人在服役期间享有特权，可分得土地，免征赋税。他依靠这支部队来制止部落的叛乱，维持国内政局的长期稳定，抵抗外来侵略，收复葡萄牙人侵占的沿海地区，粉碎西班牙人的侵略图谋。对外扩张上，继著名的汤迪比战役后，1591 年 3 月，曼苏尔又率兵穿越撒哈拉大沙漠，征服桑海帝国，开辟了从非洲内陆通向地中海的骆驼商道，控制了黄金商路，带回大量黄金充盈国库。由于摩洛哥商人大多从事黄金贸易，所以曼苏尔又被称为“金曼苏尔”。对外关系上，曼苏尔致力于改善与欧洲国家的关系，欧洲国家的使节纷纷来到马拉喀什发展贸易。1589 年，曼苏尔从西班牙的手中收复阿尔西拉。

曼苏尔在位期间，萨阿德王朝到达鼎盛。曼苏尔去世后，萨阿德王朝开始走向衰落。1660 年，萨阿德王朝灭亡。[2]

[1] 李楠．摩洛哥历史研究 [D]．上海：上海外国语大学，2012.

[2] 肖克．摩洛哥 [M]．北京：社会科学文献出版社，2008：55-57.

### （三）阿拉维王朝（1660—1830年）

阿拉维人自称穆罕默德的后裔。现任摩洛哥国王穆罕默德六世是该王朝的第22位君主。15世纪初，阿拉维人移居摩洛哥南部的塔菲拉勒绿洲地区，由游牧生活转向定居生活，从事农业、牧业和商业，建立清真寺和宗教学校，传播伊斯兰文化。阿拉维人信奉逊尼派教义，遵奉马立克教法学派。17世纪上半叶，阿拉维人趁萨阿德王朝内乱衰亡之际悄然崛起，组建自己的军队，不断扩张其势力范围。1660年，阿拉维人首领穆莱·谢里夫被宗教首领拥立为素丹。

1664年，穆莱·谢里夫逝世，其子穆莱·拉希德继承王位，以推翻萨阿德王朝统治、捍卫伊斯兰教为口号，率军发动战争，1667年攻占非斯，并以此为首都，号称“穆斯林长官”，建立了阿拉维王朝。他先后占领丹吉尔和萨累，并于1668年攻占马拉喀什，最终消灭了萨阿德王朝的残部。1670年，拉希德远征苏斯，夺取塔鲁丹特，摧毁穆拉比特教团的势力，将土耳其人赶出乌季达，为阿拉维王朝的巩固奠定了基础。[1]

1672年，穆莱·拉希德的异母兄弟、继承人穆莱·伊斯梅尔继位。伊斯梅尔执政期间，王朝复兴，经济繁荣，文化昌盛，社会安定，摩洛哥再次成为强大的国家。1727年3月22日，伊斯梅尔逝世，摩洛哥国内政治陷入混乱。1757年，穆罕默德·本·阿卜杜拉继位，史称穆罕默德三世。执政期间平定内乱，王朝政治暂时稳定，经济有所复苏，社会恢复了安定局面。

1797年，穆罕默德·本·阿卜杜拉之子苏莱曼·本·穆罕默德继位。苏莱曼采取闭关锁国政策，中断了与欧洲国家的一切商贸和外交关系。

阿卜杜·拉赫曼·希沙姆（1822—1859年在位）执政期间，王室内讧，

[1] 李楠. 摩洛哥历史研究 [D]. 上海：上海外国语大学，2012.

地方势力割据，加之法国等殖民主义国家的侵入和掠夺，致使统治者政令不出，王朝基本衰亡。1860 年，西班牙通过西摩战争侵占得土安。1912 年，《非斯条约》签订，素丹屈从于法国的殖民统治，沦为其附庸。[1]

### （四）西方列强争夺摩洛哥（1830—1912 年）

摩洛哥位于非洲西北端，扼大西洋通地中海的门户，素有“西方锁钥”之称，具有重要的战略地位。大西洋航道开辟之后，摩洛哥成为西方殖民者对亚非拉国家进行侵略扩张的必经之地。19 世纪初，欧洲工业革命的发展需要大量原材料，殖民者开始更加猖狂地掠夺殖民地及其资源，夺取广阔的商品市场和原料产地成为西方列强的重要外交政策。

19 世纪中叶，摩洛哥处于封建割据、政治分裂和经济落后的状态。政治上，国家仍保持形式独立，素丹是国家首脑，权力受限于中央国务会议。由于部分省份不承认素丹的统治，国家危机四伏。经济上，土地所有制的基本形式为国有、宗教机构所有、军队所有、公社所有，一小部分土地归个人所有。商品经济发展缓慢，以城市手工业行会的商业活动为主。大多数摩洛哥人过着部落组织的定居或游牧生活。直到 19 世纪末，在对外经济联系加强和一系列改革的影响下，摩洛哥的国内商品市场得以逐步建立，但这同时也给了西方列强侵入的可乘之机。进入 20 世纪，摩洛哥是北非唯一保持独立的国家。随着帝国主义列强瓜分世界的竞争愈演愈烈，摩洛哥成为法国、西班牙、英国、德国等欧洲列强竞相角逐的重要地区。[2]

1912 年，法国强迫素丹穆莱·哈菲德签订《非斯条约》，即《法兰西摩洛哥保护制条约》，除丹吉尔和西班牙控制的地区外，摩洛哥承认法国的“保护”，正式成为法国的保护国。法国政府在摩洛哥强制进行文化与意

---

[1] 李楠．摩洛哥历史研究 [D]．上海：上海外国语大学，2012.

[2] 肖克．摩洛哥 [M]．北京：社会科学文献出版社，2008：60-66.

识形态输入，在行政、经济、新闻、军事等国家重要行业和领域实行法国化政策；移植法式教育，将阿拉伯语与伊斯兰文化视为文化冲突，开办各类法语学校及法语-柏柏尔语学校，关闭各类传统学校及伊斯兰经学院，组织女基督徒教授当地女性西方价值观与习俗。[1] 由此，摩洛哥的传统阿拉伯-伊斯兰文化日渐衰退，民族身份认同与归属感逐渐缺失。但与此同时，法国的占领也在客观上促进了摩洛哥现代化之路的开启。

### （五）反抗殖民统治、争取民族独立（1912—1956年）

在法国保护国统治的40余年间，摩洛哥人民奋起反抗殖民统治。1920年，里夫山区爆发由阿卜杜·凯里姆领导的反抗殖民者的大规模农民起义。1921年9月，里夫部落联邦共和国建立，为现代摩洛哥的民族解放运动增添了光辉的一页。

20世纪20年代，摩洛哥民族主义运动兴起，民族主义组织出现。1934年，摩洛哥第一个政党“摩洛哥行动委员会”正式成立，并成为民族解放运动的先锋，标志着民族解放运动进入由民族资产阶级领导的新阶段。1934年11月，摩洛哥行动委员会向法国殖民当局提交《摩洛哥改革方案》，对摩洛哥政治、司法、社会、经济和财政等存在的各种问题提出批评、要求和建议，标志着摩洛哥民族主义的正式诞生。1937年5月，法国殖民当局宣布该组织为非法，并加以取缔。其后，民族主义者另组“实现马格里布愿望党”。随着殖民主义现代工业的兴建，摩洛哥出现无产阶级，摩洛哥行动委员会开始吸收工人加入其组织。1940年，民族党在遭大规模镇压后恢复活动。1944年，民族党改名为独立党，其成员扩大到农民、工人、手工业者、商人、政府职员、大中学校教师和宗教界爱国人士，成为一个广泛

[1] بشرى زكاغ. تدبير الشأن الثقافي في المغرب خلال مرحلة الاستعمار[J]. عمران .65-47 :(5) 17 ,2016

的民族主义联盟。它还提出自己的政治纲领，即实现摩洛哥的独立和统一，建立一个保障各阶层权利的民主政府。1月11日，该党发表“独立宣言”，明确提出民族独立和国家主权的问题，要求承认摩洛哥的独立和领土完整，建立以穆罕默德五世为国王的君主立宪国家。这标志着摩洛哥民族解放运动提高到新的水平。

第二次世界大战期间，摩洛哥人民积极投身反法西斯斗争，反法西斯战争也促进摩洛哥民族解放运动的成长和壮大。穆罕默德五世支持法国及其盟国的军队，有大约30万摩洛哥人在法国军队服役，参加反法西斯的战斗。1943年11月，法国共产党摩洛哥支部成为独立政党——摩洛哥共产党。1946年，独立民主党成立。独立党和人民运动党明确提出废除“保护制度”，争取摩洛哥独立、民族统一和民主宪法，建立纯粹的民族政府的要求。摩洛哥共产党提出废除“保护”条约，发动争取民族独立的群众运动，宣布摩洛哥独立和实行君主立宪。民族主义政党和共产党的相继诞生，为战后摩洛哥争取民族独立的运动奠定了坚实的基础。

第二次世界大战后，国际形势发生变化。法国的政治和军事力量开始衰弱，殖民地国家的民族独立运动高涨，包括法国在内的殖民主义国家岌岌可危。阿拉伯国家联盟的成立和北非各国人民争取解放运动的进一步兴起，推动了摩洛哥人民争取民族解放和国家独立的斗争蓬勃发展。1947年4月9日，素丹穆罕默德五世在丹吉尔发表了要求独立的历史性演说，公开表示摩洛哥复兴和反抗外国占领的决心。1947年9月，独立党向联合国提交了一份备忘录，要求立即结束法国的统治，摩洛哥应在素丹穆罕默德五世的主持下建立一个君主立宪的独立国家。素丹穆罕默德五世也多次致函法国总统，要求修改使摩洛哥沦为保护国的《非斯条约》，代之以新协定。

20世纪50年代，摩洛哥国内局势日趋紧张。1950年10月，素丹穆罕默德五世向法国总统提出备忘录，再次要求改变“保护”制度。1951年年初，殖民当局开始以强硬手段应对民族独立运动。同年11月，摩洛哥人民举行反对法国总督的大示威，示威活动从卡萨布兰卡扩大到拉巴特及其他地区。1951年年底，摩洛哥有2.5万人在《斯德哥尔摩和平宣言》上签字。1952年5月底，又有上万人在要求五大国缔结和平公约的宣言上签字。1953年，穆罕默德五世拒绝在法国炮制的“改革草案”上签字。8月20日，法国废黜穆罕默德五世。同年，法国人囚禁了独立运动的一些领导人。这些举动更激起摩洛哥人民的反抗浪潮，他们要求恢复穆罕默德五世的地位，并释放被囚禁的摩洛哥人。

1954—1955年，摩洛哥人民的民族解放运动空前高涨。1954年8月20日，摩洛哥劳工运动史上最大规模的一次罢工爆发，拉巴特和里奥地港也爆发起义。1955年1月，摩洛哥民族主义者建立民族解放军，占领阿特拉斯山区，开展反对法国殖民者的武装斗争。7月，卡萨布兰卡人民发动起义，要求恢复穆罕默德五世的王位。8月，许多地方又举行反法大示威和总罢市。随后，摩洛哥中部地区和北部里夫地区爆发农民武装起义，成为武装斗争的中心地区。摩洛哥人民的反抗运动及阿尔及利亚情况的恶化，迫使法国殖民当局采取缓和的措施。1955年8月22—29日，法国殖民当局和摩洛哥民族主义政党及各界代表举行艾克斯莱班会谈。1955年11月，法国不得不做出让步，将穆罕默德五世释放并同意恢复其王位。11月16日，素丹穆罕默德五世及其家人返回摩洛哥，以国王的名义组成了一个代表摩洛哥人的政府。这届政府包括独立党、民主独立党等及其他独立派人士。12月7日，新政府成立，提出了一系列主张：通过与法国的谈判，废除《非斯条约》，实现国家的独立，收复西属摩洛哥和丹吉尔，实现国家的统一；废除特权，建立君主立宪政体，恢复公众自由。1956年2月15日，摩洛哥与法国就独立问题开始谈判；3月2日，《非斯条约》废除，法国政府与摩洛哥国王签署“独立宣言”，法国承认摩洛哥的独立和领土完整。1956年4月22日，摩洛哥成为联合国成员国。10月29日，国际会议一致同意废除丹吉尔的特殊国际地位，丹吉尔归还摩洛哥。1956 年 11 月，国民咨询议会成立。11 月 12 日，第一届议会召开。11 月 18 日，摩洛哥正式独立。1957 年 8 月 14 日，定国名为摩洛哥王国，素丹改称国王。穆罕默德五世国王是阿拉维王朝的第 20 位君主。[1]

## 五、阿拉伯-伊斯兰文化“一元化”时期（1956 年至 20 世纪 80 年代末）

摩洛哥独立后至今经历了 3 个时期：穆罕默德五世国王时期、哈桑二世国王时期和穆罕默德六世国王时期。穆罕默德五世是摩洛哥独立后的第一位国王，在位时间 5 年。1961 年 3 月 3 日，其长子哈桑・本・穆罕默德・本・优素福王储继位，称哈桑二世。哈桑二世国王的统治长达 30 多年，期间摩洛哥先后经历全面建设、巩固王权和稳定政局、全面调整与整顿、以政治民主化达到社会安定等四个发展阶段，发生巨大变化。[2]

1956 年获得独立后，摩洛哥政府大力开展“去法语化”与“阿拉伯化”运动，推广和普及标准阿拉伯语，先后颁布《教育改革法案》与《教育文化法案》，强调在社会生活各领域以阿拉伯语取代法语，以期实现新国家的政治统一与文化重建。需要指出的是，此项运动具有“一元化”性质，即排斥所有影响阿拉伯-伊斯兰文化纯粹性的异质文化。20 世纪 60 年代初，旨在复兴柏柏尔文化、争取柏柏尔语的官方语言地位的柏柏尔文化运动形成，但该运动长期处于低迷状态。

[1] 肖克．摩洛哥 [M]．北京：社会科学文献出版社，2008：71-80.

[2] 肖克．摩洛哥 [M]．北京：社会科学文献出版社，2008：81-89.

## 六、文化“多元化”时期（20 世纪 90 年代至今）

1994 年 8 月 20 日，哈桑二世国王在议会讲话中承认柏柏尔文化是摩洛哥文化的重要组成部分，这被视为政府接纳柏柏尔文化的开端。与此同时，柏柏尔文化运动不断发展壮大，在摩洛哥社会产生深刻影响，柏柏尔语在教育、媒体等领域的参与度得到提高。

1999 年 7 月 23 日，哈桑二世国王的长子西迪·穆罕默德王储继位，称穆罕默德六世。穆罕默德六世于 7 月 30 日正式登基。在继位后的首次演说中，他表示继承先父的遗志，依法治国，坚持君主立宪制、多党制、各党派轮流执政和经济自由等政策。穆罕默德六世执政以来，注重发展经济，通过增加公共项目的投资、扩大对外开放、改善外商投资环境、鼓励私人投资、加快通信等领域的私有化、减轻企业的纳税负担、压缩政府开支、增加农业投入等一系列措施，解决贫困、失业等社会问题，稳定了国内政局。穆罕默德六世还积极开展全方位外交，为解决西撒哈拉问题和国内经济建设创造良好环境。

进入 21 世纪后，柏柏尔文化运动取得实质性进展。2001 年 10 月，穆罕默德六世在讲话中正式承认柏柏尔语是全体摩洛哥人的共同财富，同时宣布成立皇家柏柏尔文化学院，旨在保护和发展柏柏尔文化。2011 年 7 月，摩洛哥新宪法规定柏柏尔语为官方语言之一，同阿拉伯语并列，摩洛哥也成为首个正式承认语言多元化的阿拉伯国家，朝多元文化发展的方向更进一步。

# 第二节 风土人情

## 一、饮食

阿拉伯人在7世纪晚期来到摩洛哥，通过跨撒哈拉和地中海的贸易带来了新的食谱和来自中国、印度、马来西亚及西非的香料。奥斯曼土耳其帝国时期，煎烤的烹饪方式得到普及。摩洛哥人还向葡萄牙和西班牙人学习烹饪新菜，于15世纪从新大陆获得玉米等粮食作物。法国在殖民统治期间带来糕点、冰激凌、糖果，以及混合烤制食物和生菜沙拉等饮食习惯，还引进了农业新技术提高作物产量，扩大了葡萄园种植范围。文化的多元特色使得摩洛哥的菜品较丰富齐全，但现存的大多数烹饪方法、菜系和饮食习惯仍保留此前柏柏尔文化的鲜明特征。[1] 具体来看，摩洛哥南方菜含有不少撒哈拉以南的非洲元素，较单纯质朴；北方菜受欧洲影响较大，强调精细与美观；丹吉尔附近的菜富含西班牙风味；山区（尤其是柏柏尔人聚居区）的菜则更为传统。[2] 摩洛哥人热情好客，喜好在家里招待客人。在乡村，人们经常邀请熟人和陌生人到家里共享午餐或晚餐。

摩洛哥人喜食牛、羊、鸡肉。每逢传统的宰牲节，家家户户都要设羊宴以示庆贺。主要菜肴有：蒸粗麦粉（又称“库斯库斯”)、炖菜塔吉锅、酥饼帕斯蒂利亚、哈里拉汤，还有烤全羊、羊肉串等。蒸粗麦粉被公认为摩洛哥的国菜，它最早是柏柏尔人的食物，后来发展为整个马格里布地区人们的日常膳食；[3] 原料是从小麦、大麦、豆芽、玉米、小米、碎橡子等的粗粒中加工而来的谷物，将谷物细碎末蒸熟后加上牛羊肉汤和其他各种作

[1] 史杰克. 摩洛哥的风俗与文化 [M]. 胡文佳，译. 北京：民主与建设出版社，2018：93.

[2] 穆文，张辉栩. 日落之邦：摩洛哥 [M]. 上海：上海锦绣文章出版社，2010：104.

[3] 史杰克. 摩洛哥的风俗与文化 [M]. 胡文佳，译. 北京：民主与建设出版社，2018：96.

料调制而成，味道鲜美；[1] 还可配上不同种类的肉和芜菁、鹰嘴豆、洋葱等蔬菜，制成炖菜塔吉锅。大酥饼帕斯蒂利亚是摩洛哥最昂贵且最具异国情调的食物之一，外面是一层极薄而酥脆的面皮，上撒一层糖粉，内部包有辣鸽子肉或辣鸡肉、美味的洋葱酱烹柠檬鸡蛋、烤甜杏仁、蔬菜等；每张大饼直径 2 尺、厚 2 寸，可供七八个人同桌而食。斋月哈里拉汤是一种糊糊汤，里面有肉丁、大米、鹰嘴豆、面粉及各种香料；味道可口，能润肠，增食欲。[2] 摩洛哥人还擅用粗大麦、面粉、小麦、高粱和小米烘烤制成各种面包，通常呈扁平、圆形或长条状。[3] 其他常见菜肴还有苦味绿橄榄、鸡蛋、洋葱辅以香料和奶油柠檬制成的鸡肉盘，以及用橄榄油、洋葱、黑胡椒、盐、藏红花和大蒜制成的炖鸡肉和炖羊肉。[4]

摩洛哥人一日三餐。早餐通常清淡，有面包、黄油、橄榄油、黑橄榄配盐、果冻等食物，其中面包最为常见，可以抹黄油进食，也可以蘸上橄榄油和茶、果汁一同食用。同大多数地中海国家一样，午餐十分神圣，和家人共同享用，较为丰盛。晚餐则通常为便餐，常见饮食包括沙拉、煎蛋卷和肉类。常见零食为干果和坚果，小吃并不常见。摩洛哥没有人手一份的“标准”菜单，也没有固定的上菜顺序，日常饮食很大程度上取决于个人口味、家庭习惯和经济水平。[5]

摩洛哥最受欢迎和最实惠的饮料是“国饮”薄荷茶，又名“摩洛哥威士忌”，此外还有葡萄酒、咖啡、牛奶和各种水果饮料。作为饮食文化的一部分，摩洛哥已有 2 000 年的饮茶历史，自从茶叶传入北非，摩洛哥人就开始普遍饮茶。摩洛哥人一日三餐都喝茶，且喜饮中国的绿茶，但均在煮后加入薄荷和糖。在亲朋相聚、婚丧嫁娶、宗教活动与官方宴会等场合，摩洛哥

---

[1] 海杜卡，吴茴萱．异乡人 [J]．朔方，2015（10）：132-135.

[2] 肖克．摩洛哥 [M]．北京：社会科学文献出版社，2008：19-20.

[3] 史杰克．摩洛哥的风俗与文化 [M]．胡文佳，译．北京：民主与建设出版社，2018：95.

[4] 史杰克．摩洛哥的风俗与文化 [M]．胡文佳，译．北京：民主与建设出版社，2018：98.

[5] 史杰克．摩洛哥的风俗与文化 [M]．胡文佳，译．北京：民主与建设出版社，2018：99-101.

人均以薄荷茶飨客，这已成为一种民族礼节，表达了主人对来客的尊重与美好祝愿。薄荷茶的煮饮方法十分讲究，有一套专用茶具，包括阿拉伯式银合金煮茶壶，配有高尖、红帽的壶盖和 4 只壶脚（一般居民则用搪瓷茶壶，小玻璃杯数只）。煮茶的方法是取绿茶 25 克左右入壶，冲进温开水后，摇晃几下，立即将水倒掉，谓之“洗茶”，此谓“一道茶”。之后再加入水、白糖和鲜薄荷，把茶壶放在炉上熬煮，几分钟后，将茶水倒进杯中，此谓“二道茶”。当地人认为泡沫越多的茶质量越好。饮“三道茶”时，如果茶的味道不浓，则再加一些干茶，如法调饮。茶渣用来喂食牛羊或骆驼。[1]

摩洛哥人也喜饮酒。地中海的气候适宜种植葡萄。最初，在摩洛哥生活的犹太人从葡萄、椰枣、蜂房花、石榴和葡萄干中酿造酒精饮料，他们最喜爱的一种酒是在大阿特拉斯山脉的特鲁埃地区生产的无花果白兰地。1912 年签署保护国协议后，法国在摩洛哥各地，特别是在非斯、拉巴特和梅克内斯周围建立了更多的葡萄园，用于酿造葡萄酒。[2]

## 二、服饰

摩洛哥人的服饰分为两类：一类是传统服饰，另一类是受西方文化影响的现代流行服饰。

在城市和农村，多数人仍穿着传统的民族服装，主要为摩洛哥风格的传统长袍。摩洛哥最具代表性的传统服饰有吉拉巴长袍、卡夫坦与贝勒阿鞋。男人一般穿一件长到脚面的、带帽的白色长袍，长袍有多种用途，既作大衣和外套，又可作睡衣和毯子；头戴一顶有黑色流苏、四寸高的硬壳红绒帽；脚上穿一双由白色或黄色生羊皮制成的尖头拖鞋；头上还经常戴

[1] 肖克．摩洛哥 [M]．北京：社会科学文献出版社，2008：19-20.

[2] 史杰克．摩洛哥的风俗与文化 [M]．胡文佳，译．北京：民主与建设出版社，2018：102.

着一块厚头巾，天热时用于隔热防晒，天冷时用来御寒防风。吉拉巴最初是一款仅由摩洛哥男人穿着的流行服装，20 世纪中叶出现女性版本，并成为女性时尚的一部分。男版吉拉巴袖子紧贴手臂，附有兜帽，能够保护身体免受沙子、阳光、湿气等影响；女版吉拉巴则附有宽松的长袖，同样也有一个兜帽，两侧有大口袋，拉链位于前面，易于穿脱。[1] 吉拉巴在外出工作、祷告等多种场合皆可穿着，数任国王均曾身着正式的吉拉巴出席重大宗教或官方活动。卡夫坦相对而言更像是女性专属，是当代女性参加婚庆典礼等活动的必备礼服。贝勒阿是摩洛哥最古老的鞋子，分为非斯贝勒阿与柏柏尔贝勒阿，前者鞋头尖细，后者则为圆弧形，多穿着于婚庆典礼等大型活动。男性传统服饰的另一个重要组成部分是头巾和周围附有一圈带图案条带的小针织帽。头巾和红色毡帽在商人中很流行，而普通百姓和乡村居民则大多佩戴圆形的针织帽，不戴头巾。[2] 女性传统服装还包括丝绸或棉布长袍，通常配有金色腰带和边缘装饰的条带。[3]

随着时代的变迁，摩洛哥服饰在式样和色彩方面都发生了很大的变化。年轻人受西方文化影响，喜爱穿流行服饰，成年男女则多穿摩洛哥风格的长袍，女士穿着的摩洛哥式传统长袍和头巾色彩艳丽。

摩洛哥妇女很少戴面纱，只有少数妇女保持这种习惯。这些妇女裹黑色或素色面纱，只露出两只眼睛。离婚或孀居的妇女着光顶斗篷，以示她们可接受求婚，不必经过家长出面。在室内或在某些场合中则穿长袖长衫。[4]

[1] 史杰克．摩洛哥的风俗与文化 [M]．胡文佳，译．北京：民主与建设出版社，2018：105.

[2] 史杰克．摩洛哥的风俗与文化 [M]．胡文佳，译．北京：民主与建设出版社，2018：106.

[3] 史杰克．摩洛哥的风俗与文化 [M]．胡文佳，译．北京：民主与建设出版社，2018：107.

[4] 肖克．摩洛哥 [M]．北京：社会科学文献出版社，2008：19.

## 三、典礼

摩洛哥典礼包含仪式、规范或约定的一套正式流程。在典礼上，每个人都表现出对社交礼仪的尊重，载歌载舞，互相祈祷。

孩子出生后的第七天，摩洛哥人会举办庆生会，并用羊羔大餐庆祝，以此表达对家庭新成员的欢迎。男婴常行割礼，标志其进入当地社区的文化与宗教；女婴割礼在摩洛哥较少。

在个人的成长阶段，传统的古兰经教育是其生活发展的重要组成部分。学习者完成对《古兰经》的背诵后会有为期一周的庆祝活动，同家人、老师与朋友一道，在所在的社区背诵祈祷词与赞美诗，骄傲的父母为大家准备羊羔等美味菜肴。与此同时，现代化的教育模式也在摩洛哥蔚然成风，部分摩洛哥人会用宴会与歌舞庆祝子女大学毕业。

婚礼是摩洛哥最重要的仪式之一，象征个人过渡到成年。婚礼体现出新婚夫妇及家属对生活的美好期望，奢华的婚礼不在少数。传统仪式持续七天，现多缩短为三天。第一天从名为“小母鸡”的仪式开始，新娘的家庭成员、亲戚、邻居、朋友参加盛宴，载歌载舞，以“指甲花”仪式结束，人们将红色的指甲花染料涂抹在新郎及出席婚礼的每个人的手上和脚上，寓意保护夫妻不受邪恶的伤害；第二天的仪式被称为“大指甲花”，同样从新娘父母家开始，除唱歌跳舞外，新娘和新郎都会被涂上大量的红色染料；第三天，仪式从新娘家开始，以在新郎家举行的“进门之夜”作结，新娘会大张旗鼓地前往新郎家中。[1] 此外，由于西方文化的影响以及受教育程度和家庭背景等方面的差异，越来越多的年轻一代开始选择更随和的婚姻庆祝方式，避免传统的奢华婚宴。摩洛哥人的传统订婚仪式也非常隆重，每年夏收之后的 8 月是男女订婚或结婚的黄金季。每年 9 月，摩洛哥人都在伊

[1] 史杰克．摩洛哥的风俗与文化 [M]．胡文佳，译．北京：民主与建设出版社，2018：118-119.

米奇尔地区举办相亲活动，青年男女身着盛装，欢聚一堂。

葬礼象征生命周期的结束，是人的“过渡”仪式，一般简单而快速，通常在逝者被宣布临床死亡后的第一个日落前举办。作为伊斯兰传统，人们会在清真寺进行神圣的仪式，以纪念逝者的灵魂，并祝愿所有死去的穆斯林灵魂得到永恒的安息。尸体按仪式要求得到净化后，包裹在裹尸布里。殉道者的尸体通常不清洗，通常也不会被包裹在裹尸布里，而是葬在殉道之地，作为其事业的见证。[1] 埋葬逝者的仪式由家庭与社区进行。送葬队经过时，人们会背诵祈祷词，同情者加入哀悼者的队伍并诵经祈祷。逝者的男性亲属将尸体朝麦加方向放进坟墓。

此外，属家庭活动范畴的大型庆祝活动还有纪念家庭成员从麦加朝圣归来之日。朝觐是伊斯兰信仰的五功之一，穆斯林一生如条件允许，应至少前往麦加克尔白朝拜一次。旧时，从摩洛哥穿越地中海到沙特，路途遥远，沿路坎坷，还可能遇到海盗与劫匪的伏击。因此，一名家庭成员成功从这艰难而必需的旅途中凯旋，是值得家人与亲朋好友共同庆祝与感恩的盛事。通常，家人会提供食物、饮料，配以音乐，为归来的朝圣者祷告。

## 四、节庆

摩洛哥的节庆假日丰富，独具一格，根植于宗教价值观、国家活动、民间传说及流行文化。宰牲节、开斋节、圣纪节是摩洛哥最为盛大且特别的宗教节庆活动，也是伊斯兰教三大宗教节日。宰牲节于伊斯兰历每年十二月十日举行。穆斯林聚集在大清真寺或公共场所举行会礼。经济条件允许的家庭通常奉行宰牲礼仪，宰牲后的肉分为 3 份，分别留作自用、赠送

[1] 史杰克. 摩洛哥的风俗与文化 [M]. 胡文佳，译. 北京：民主与建设出版社，2018：135.

亲友及施舍穷人。开斋节的举办日期每年不尽相同，穆斯林在伊斯兰历九月进行斋戒，斋月最后一日若见新月，则次日为开斋节；若未见新月，则继续封斋，节期顺延，但一般不超过3天。穆斯林穿上盛装，前往清真寺参加会礼与庆祝活动，恭贺斋戒的成功履行，并互赠祝福与礼品。经济条件允许的家庭应给予穷人一定的施舍。圣纪节于伊斯兰历每年三月十二日举行，以纪念穆罕默德的诞生。在萨拉举办秉烛夜行活动，人们身着传统服饰，手持蜡烛穿梭于城内，队伍中的男青年手托微型宣礼塔跳舞，形成一道独特的风景线。

对于柏柏尔人而言，每年9月在艾特・哈迪部落举行的穆塞姆节是最著名的大型聚会与庆祝活动之一，旨在纪念大阿特拉斯山脉的一位守护神，以及一段如同罗密欧与朱丽叶般的爱情悲剧。现在的穆塞姆节又称“新娘节”，不同部落的男男女女在此见面。人们普遍认为，在这个节日里，所有的婚姻都会受到守护神的祝福，获得圆满与幸福。

除传统宗教与文化节日外，摩洛哥还有4个重要的世俗节日。第一个是每年11月18日的摩洛哥地理日，该节日表达对民族英雄儿女为将摩洛哥从法国殖民统治中解放出来而付出的牺牲的敬意。第二个为国王登基日，节日时间随国王登基时间的不同而有所变化，现节日时间在每年的7月30日。第三个为每年11月6日的绿色进军节，旨在纪念1975年11月6日众多摩洛哥人自愿响应国王号召，前往西撒哈拉地区，要求在西班牙殖民统治结束后恢复对该地区的领土主权。第四个为每年8月14日的回归日，又称“收复西撒哈拉纪念日”，旨在纪念1979年8月14日摩洛哥宣布同西撒哈拉地区的统一。

此外，现代化的摩洛哥也出现了一系列具有多元色彩的文化节日，如始于1994年的非斯国际神圣音乐节，土耳其苏菲派音乐、安达卢西亚音乐、贝特朗斯音乐、凯尔特圣歌、基督教福音音乐，以及印度斯坦圣歌等齐聚一堂，世界各地的传统文化相互交流与对话，旨在拉近各国人民之间的关系，加强彼此的情感纽带，推动建立尊重道德与各民族价值观的和平文化。

值得一提的是，摩洛哥独立后，殖民主义留下的意识形态遗产仍然存在，法国文化仍风靡全国。为重塑摩洛哥文化认同，1963 年，哈桑二世国王创立哈桑讲座，于每年斋月期间举办，邀请来自全国各地不同教派与思想流派的学者就伊斯兰有关问题发表主旨演讲，旨在利用盛大的官方宗教仪式，强调国王的宗教领袖地位，促进伊斯兰教的摩洛哥化，并通过宗教权威对伊斯兰教教义、教法等重大问题进行诠释，提高民众的宗教认知水平，凝聚社会共识。[1]

## 五、艺术

摩洛哥艺术作品受到柏柏尔、阿拉伯、犹太、古罗马和欧洲（尤其是西班牙和法国）文化的影响，体现在石头、金银、织物、皮革和毛皮、木材、陶器、陶瓷、铁和黄铜制作的传统手工艺品中。[2] 传统装饰艺术包括石头、织物、泥土、陶瓷、石膏、木头和瓷砖图案等形式。匠人艺术作为一种历史久远的传统艺术，产出形态各异的银饰和金饰。编织是摩洛哥最古老的传统工艺之一。织工用羊毛、丝绸和棉花产出长袍、桌布、毯子、茶具盖布等产品，用藤条制成不同形状和大小的编织篮子，精心设计用于墙壁装饰和覆盖地板的东方地毯，用棉花和丝绸制成坐垫和床、枕头、椅子等家具的垫子等，用本国饲养的绵羊和山羊的皮毛制成行李箱、背包、腰带、钱包、乐器、鞋子等数千种皮革和毛皮制品。[3] 木工也是艺术设计和装

[1] 丁隆，马丽娜．摩洛哥伊斯兰教本土化及启示 [J]．中国穆斯林，2020（1）：49-52.

[2] 史杰克．摩洛哥的风俗与文化 [M]．胡文佳，译．北京：民主与建设出版社，2018：72.

[3] 史杰克．摩洛哥的风俗与文化 [M]．胡文佳，译．北京：民主与建设出版社，2018：76-77.

饰的另一个重要组成部分，大多使用生长在当地森林中的松树、橄榄和胡桃等硬木制作家具、保险箱或防盗箱，绘有图案的木头也很受欢迎。陶工用黏土和焦土打造锅、壶和各种形状、大小的花瓶，用于家庭、装饰和音乐用途。金属则用于制作保护用的、艺术性的和装饰用的栅格和灯具、烛台、小桌子、椅子等家用物品。[1] 陶罐经过柏柏尔艺术家华丽的装饰上色，在来往的游客中间非常受欢迎。当代绘画是摩洛哥较有特点的艺术形式，画家通过捕捉人们关于诸如创新理念、个人和共同愿望、价值体系、家庭关系、社会生活、历史、政治、贸易、职业等方面的观念，主要使用自然环境中的人类形态、树木、街景、动物等主题，创作西方式的抽象作品。[2]

此外，摩洛哥多民族的文化特点在其舞蹈和音乐上也表现得淋漓尽致。占主导地位的阿拉伯文化给摩洛哥音乐注入了甜美流畅的阿拉伯音调。当地各式各样的音乐，如柏柏尔人的乡村音乐、宗教礼乐、带有摇滚风格的音乐、带有阿尔及利亚特色的音乐，以及撒哈拉以南地区带有忧郁神秘感的音乐都表明了摩洛哥是一个多元文化、多种文明交融的国家。[3]

## 六、民居建筑

摩洛哥的建筑艺术颇具特色，是文化多样性的结果，柏柏尔、阿拉伯、犹太、欧洲等建筑观念均有所体现，同时也受气候、宗教仪式、地区历史和当地建筑材料的影响。[4] 摩洛哥当代住房正经历持续扩大的动态演变，以

[1] 史杰克．摩洛哥的风俗与文化 [M]．胡文佳，译．北京：民主与建设出版社，2018：77.

[2] 史杰克．摩洛哥的风俗与文化 [M]．胡文佳，译．北京：民主与建设出版社，2018：78-79.

[3] 张玉友，孙德刚．“一带一路”国别研究报告：摩洛哥卷 [M]．北京：中国社会科学出版社，2020：13.

[4] 史杰克．摩洛哥的风俗与文化 [M]．胡文佳，译．北京：民主与建设出版社，2018：82.

适应当地和国际风格、品味与技术的融合。[1] 大城市随处可见中世纪的建筑元素，生动展示出多彩的文化遗产、风格和品味，政治、种族和宗教特征，以及各文化传统之间的融合与互动。[2] 杂合艺术传统是摩洛哥建筑和住宅的重要组成部分。传统建筑装饰主要以马赛克和壁画的形式出现。马赛克是一种通过排列不同颜色构成图案的表面装饰形式。壁画则是一种装饰性的艺术，用于构成墙壁或天花板的一部分。[3] 此外，马蹄形拱门也是摩洛哥建筑的独特之处，可用作任何规模建筑的门、窗镶边或作为装饰的一部分。[4]

传统的摩洛哥房屋与中国的四合院相似，但墙壁更高，且临街没有窗户。一般屋门用优质木料雕花油漆而成，地板用陶瓷或大理石碎块拼成各种图案，四面墙围也是用陶瓷片镶嵌的五彩图案，天花板用雕花细木组合的图案或用石膏粘、砌而成，极其讲究和精致。

农村住宅式样种类较多。南部地区居民的住宅多用砖砌而建，其他地区的住宅则大都用木头和石块建造。这些住宅一般都有一间大房间，同时用作厨房、起居室、卧室和粮仓。有些村民至今仍然遵循游牧民的生活方式，住在帐篷里。[5] 而一些大城市在本土特色与民族文化的基础上，可清晰观察到浓厚的西式风格，例如卡萨布兰卡等城市的布局主要分为两部分：一是新城，为欧洲移民兴建于此的住宅区；二是旧城，为阿拉伯人与犹太人聚居区。欧洲移民、新一代的技术官僚与大城市的年轻人倾向于西式住宅，住在新城；工匠、做小生意的人与部分中下层平民则同棚户区或更古老、更传统的建筑风格联系在一起，居住在旧城。

阿特拉斯山脉内部及沙漠的南部边缘以柏柏尔人住宅为主，保留了堡垒状的建筑形式，通常为抵御敌人攻击而造，本质为封建城堡或相互关联

[1] 史杰克．摩洛哥的风俗与文化 [M]．胡文佳，译．北京：民主与建设出版社，2018：91.

[2] 史杰克．摩洛哥的风俗与文化 [M]．胡文佳，译．北京：民主与建设出版社，2018：82.

[3] 史杰克．摩洛哥的风俗与文化 [M]．胡文佳，译．北京：民主与建设出版社，2018：72.

[4] 史杰克．摩洛哥的风俗与文化 [M]．胡文佳，译．北京：民主与建设出版社，2018：74.

[5] 肖克．摩洛哥 [M]．北京：社会科学文献出版社，2008：22.

的村庄要寨。一些建于20世纪20年代之前的房子彼此相距约300米，无窗，有碉楼与碉堡，有的房屋有若干向外张开的开口，通常为架设火炮而设。尽管现在的居民一般不会遇到危险，这些柏柏尔堡垒大多已人去屋空，但这种防御堡垒的建筑概念仍在延续，部分柏柏尔房屋周围多刺的梨树与不友好的家犬即是证明。此外，在同撒哈拉接壤的偏僻山区草原上，还有柏柏尔游牧部落蹲伏状的山羊毛帐篷的痕迹。

## 七、相见礼仪

摩洛哥人讲究礼仪，注重礼貌。当众高声阔谈、发怒或激动，都被视为无教养的表现。与客人相见时，一般惯用拥抱礼，握手礼也日益普及。熟悉的朋友见面，握手后还要相互贴面，表示亲密友好。与人握手后不能搓手或洗手，这些行为被看作极不礼貌的。握手后应触摸自己胸部或额头，以示尊敬。摩洛哥女子与客人相见时，往往施屈膝礼。请客吃饭时，客人不应用左手吃饭，且应只取食面前的东西，并接受所提供的一切食物。

摩洛哥人接待贵宾的最高礼遇有两种，一是堆起冒尖的一大盆椰枣，二是盛一小碗鲜牛奶放在托盘里。当外国元首来访，检阅完仪仗队后，摩洛哥人就要捧出这两样东西。宾客要吃两颗椰枣，呷两口牛奶或一饮而尽。此外，摩洛哥人也视茶为迎宾待客的佳品。[1]

[1] 肖克．摩洛哥 [M]．北京：社会科学文献出版社，2008：23.

## 八、国民性格

在多元文化背景下，摩洛哥人具备独特的道德与价值理念，形成了富有鲜明色彩的国民性格，尤以真诚、友善与热情闻名。传统上，摩洛哥人习于群居，最好的例证便是宗教与家族兄弟情谊的多样性与普遍性。拥抱、亲吻及长时间握手等行礼都是摩洛哥人表达火热情感的方式。

摩洛哥人注重社会交往与人际关系，强调尊重、慷慨、荣誉、分享与款待。一般来说，家庭与社区利益高于个人，社会集团在符合伊斯兰教标准的前提下以多种途径进行活动。热情好客是社会交往的中心环节，无论民族背景为何，人们都会与各自的亲朋好友举行各类聚会活动。[1]

# 第三节 文化流派和名人

## 一、文化流派

自公元 7 世纪阿拉伯人进入摩洛哥以来，阿拉伯–伊斯兰文化在摩洛哥逐渐传播与发展，成为主流文化。尽管近代以来，摩洛哥相继被葡萄牙、西班牙、法国等列强殖民统治，并被强制输入西方文化，但阿拉伯–伊斯兰文化传统总体上得到了延续。

今日的摩洛哥全国近 99% 的人口是逊尼派穆斯林，在教义学层面，主要信奉艾什尔里学派。该学派以维护伊斯兰教基本信仰为宗旨，采用调和折中的方法，以哲学阐释教义，使哲学为信仰服务。在教法学派层面，摩

[1] 肖克．摩洛哥 [M]．北京：社会科学文献出版社，2008：22-23.

洛哥穆斯林主要追随逊尼派四大教法学派中的马立克派。此外，摩洛哥承认苏菲主义在大众信仰层面的重要地位。截至 2019 年，摩洛哥全国共有 7 090 处苏菲道堂或圣殿，[1] 苏菲力量在思想与政治领域发挥了重要的作用。

进入 21 世纪以来，穆罕默德六世国王通过一系列制度安排，实现了宗教领域的改革，将宗教机构、宗教话语、伊玛目、宗教教育等以“统一战线”的形式融合于宗教基金与伊斯兰事务部，由国王统一领导，成功重塑了温和伊斯兰话语，在国内建立了统一的伊斯兰“中道”思想，同时提倡多元文化。[2]

需要指出的是，尽管自阿拉伯人进入摩洛哥以来，众多土著柏柏尔人的文化与信仰体系已同阿拉伯–伊斯兰文化与历史相互交融，但仍有部分当地习俗的残余，赋予了摩洛哥文化独特的本土特征，表现之一即以阿拉伯城市居民为主的地区同以柏柏尔农村居民为主的地区在伊斯兰习俗方面存在一定差异。在城市中，伊斯兰教的宗教仪式遵循更为严格的伊斯兰传统，而在柏柏尔文化主导的乡村地区，伊斯兰文化同本土习俗交织重叠，形成了混合的多元文化。其中既有伊斯兰传统特征，也有柏柏尔人在前伊斯兰时期的习俗特征。

## 二、文化名人

### （一）伊本・白图泰

伊本・白图泰（1304—1377）是中世纪最著名的世界四大旅行家之一，

[1] 资料来源于摩洛哥宗教基金与伊斯兰事务部官方网站。

[2] 张玉友．摩洛哥反极端主义政策评析 [J]．阿拉伯世界研究，2019（6）：16-30.

中世纪阿拉伯-伊斯兰世界最伟大的旅行家。全名穆罕默德·伊本·阿卜杜拉·伊本·白图泰。1304年生于丹吉尔的一个柏柏尔人家庭，信奉伊斯兰教。14世纪30—50年代，他曾先后四次前往麦加朝圣，还向东横穿北非，周游埃及、叙利亚和阿拉伯半岛诸国，游历了整个伊斯兰世界。在这之后，他又到过伊朗、土耳其和中亚等地。他在印度定居8年，担任两年法官，后前往马尔代夫、斯里兰卡和东南亚等地。1347年，在元顺帝在位期间，他到达中国的泉州、广州和杭州等地，对城乡、物产、法制和社会生活做过描述和议论。阿拉伯人至今把我国的泉州称为“橄榄城”，便是始于伊本·白图泰之口。1349年，他回到摩洛哥后，北渡直布罗陀海峡，到西班牙旅行，还去了西非的马里、尼日尔等国。1354年返回摩洛哥，定居非斯，在摩洛哥国王手下当侍从。

20岁左右时前往麦加朝圣的经历开启了伊本·白图泰长达29年的陆海旅行生涯。他一生三次远游，足迹遍及亚、非、欧三大洲，途经44个国家的国土，行程达12万公里，考察了40多个国家和地区的政治、经济、文化、宗教及风土人情。1355年，伊本·白图泰口述旅行见闻，由摩洛哥国王秘书伊本·诸赞笔录成书，题名为《异国风光与旅途奇观》。该书记录了途经国家和地区的政治、经济、文化、宗教及风土人情，是考察14世纪上半叶亚、非、欧三大洲历史的百科全书，同时也见证了海上丝绸之路的发展，为促进东西方文化的交流互鉴以及人类文明史体系的构建做出了无法磨灭的历史贡献。原本后被巴黎国家图书馆收藏，另有多种手抄本散藏于世界各国的图书馆。19世纪中叶起，游记的阿拉伯文版和西方文字译本陆续问世。1377年，伊本·白图泰在马拉喀什去世。[1]

[1] 肖克. 摩洛哥[M]. 北京：社会科学文献出版社，2008：91.

### （二）穆罕默德·本·阿卜杜·凯里姆·哈塔比

穆罕默德·本·阿卜杜·凯里姆·哈塔比（1882—1963）是摩洛哥民族英雄，20 世纪初摩洛哥北部柏柏尔人反抗法国和西班牙殖民统治的领导者，里夫共和国的创始人。凯里姆生于里夫山区的阿加迪尔，其父是里夫山区最大的部落酋长。1905 年，他来到非斯城的卡拉维因大学攻读伊斯兰教律与阿拉伯文化，萌生了民族主义思想，对欧洲殖民统治者感到强烈不满，深觉唤起人民觉醒的必要性。他时常撰写文章，揭露殖民者的滔天罪行，号召摩洛哥人奋起反抗。1908 年毕业后，在西班牙殖民当局的民族事务局任秘书。1915 年在梅利利亚城担任伊斯兰教法法官，兼任《里夫电讯报》编辑，因反对西班牙殖民统治而遭逮捕。1918 年获释后继续任法官。1919 年辞职回乡，协助其父反对西班牙殖民统治。1920 年，其父遭暗杀身亡，西班牙殖民军乘机进攻里夫山区，凯里姆承担起领导里夫人民反抗侵略军的重担。1925 年 9 月，法国与西班牙调集 30 万大军进攻里夫山区。次年 5 月，凯里姆被法军俘虏并被流放到留尼汪岛。1947 年，在转移至法国途中逃往埃及。1948 年任北非解放委员会领导人，继续从事争取摩洛哥独立的事业。1956 年摩洛哥独立后，政府为表彰其为反殖民统治做出的贡献与光辉业绩，于 1958 年授予其摩洛哥民族英雄的光荣称号，并请他回国定居。但他表示只要国土上还有法国人和西班牙人，他就决不回国。1963 年 2 月，在开罗病逝。[1]

### （三）阿卜杜·麦吉德·本·加伦

阿卜杜·麦吉德·本·加伦（1919—1981）是摩洛哥当代作家、文学

[1] 肖克．摩洛哥 [M]．北京：社会科学文献出版社，2008：92.

家。生于卡萨布兰卡，童年时代随经商的父亲生活于英国曼彻斯特，10 岁后才回到非斯，后又去埃及学习，1945 年于开罗大学文学院毕业。他曾积极参加反法爱国斗争。摩洛哥独立后，曾任《旗帜报》主编，后入外交界，任摩洛哥驻巴基斯坦大使、外交部顾问等职。他最初以诗歌跻身文坛，是著名的浪漫派代表诗人之一，出版有诗集《蓓蕾》。后转入小说创作，1948 年发表其第一部短篇小说集《血谷》，后又出版短篇小说集《在阿特拉斯山下的战斗》，主要内容是反映法国殖民主义者带给摩洛哥人民的苦难，以及人民的反抗斗争。1972 年发表短篇小说集《若不是人……》，题材更为广泛，不仅描绘现实生活的众生群像，还旁及哲学、历史乃至民间故事，在借鉴西方小说的基础上，手法也更加新颖。其代表作是发表于 1957 年的自传体长篇小说《童年》，这也是摩洛哥现代文学史上第一部长篇小说。小说以回忆的形式，以作家在英国曼彻斯特与赴埃及留学前在本国的经历为题材，较真实地反映了当时两种文化和生活方式的差异，颇似埃及名作家塔哈·侯赛因的《日子》，一方面展示了两种互相矛盾的文明和文化环境在主人公身上的碰撞，另一方面在一定程度上反映了当时摩洛哥社会落后、愚昧的一面，揭示了世界性经济危机背景下摩洛哥出现如火如荼的民族解放运动的原因，[1] 并激励人们为改变这种状况而斗争。其文字颇具诗意，且具有一定的浪漫主义情调。[2]

### （四）阿卜杜·凯里姆·加拉布

阿卜杜·凯里姆·加拉布（1919—2017）是摩洛哥当代著名小说家、文学评论家、记者、史学家，在小说方面成就突出，享誉阿拉伯文坛。生于非斯，早年就读于卡拉维因大学，后与阿卜杜·麦吉德·本·加伦一道赴

[1] 王晶．摩洛哥的小说艺术 [N]．中华读书报，2018-08-22（9）.

[2] 仲跻昆．阿拉伯文学史：第 4 卷 [M]．北京：北京大学出版社，2020：150-151.

埃及留学，毕业于开罗大学文学院。其从学生时代起即积极参与爱国运动，并因此数次被捕入狱。曾任《马格里布使命》杂志主编，1960年被选为独立党执委会委员；1961—1981年任《旗帜报》社长；1964年当选摩洛哥全国记者协会主席，1969年被选为摩洛哥作家协会主席。[1] 主要作品有长篇小说《七道门》（1965年）、《我们埋葬过去》（1966年）、《阿里师傅》（1971年）等，这三部小说均以1930—1956年期间摩洛哥人民的反法爱国斗争为主题，生动反映了摩洛哥独立前的政治风云与社会风貌。《我们埋葬过去》以作者的故乡非斯为背景，通过描写一个中产阶级大家庭两代人在殖民统治下，对待革命的不同态度和命运，揭示新与旧、进步与保守、民族主义与殖民主义之间错综复杂的矛盾，歌颂摩洛哥人民反抗殖民统治争取民族独立的斗争。[2] 而2006年发布的小说《我们没有埋葬过去》，则是对《我们埋葬过去》的回应，也标志着其小说在写作方面的进一步升华。加拉布充分意识到国家变革的重要性，期盼一个跳脱落后过去的崭新的摩洛哥的出现，也期盼一个更加公正且有尊严的未来。这样的目标只有通过重读历史，不再重复过去的错误，不再错失良机方能实现。

### （五）穆罕默德·阿比德·贾比里

穆罕默德·阿比德·贾比里（1935—2010）是摩洛哥当代著名思想家、哲学家、批评家，被认为是当代阿拉伯世界主要思想人物之一。贾比里围绕阿拉伯–伊斯兰哲学思想史、阿拉伯思维批评、阿拉伯复兴与现代性等主题发表了大量著述，认为阿拉伯人应继承并发扬以“鲁世德主义”为代表的阿拉伯古代先贤理性与批评的伟大传统，在此基础上进行与时俱进、发挥时代作用的革新。基于此，贾比里承担起以实现“阿拉伯思维”的整体

[1] 仲跻昆．阿拉伯文学史：第4卷[M]．北京：北京大学出版社，2020：151.

[2] 王晶．摩洛哥的小说艺术[N]．中华读书报，2018-08-22（9）.

革新为目标的“遗产批评”与“思维批评”。[1]2006年，在世界哲学日庆祝活动中，联合国教科文组织授予贾比里“伊本·西那勋章”，以表彰其在当代阿拉伯思想建设中的重要贡献。2008年，被授予“伊本·鲁世德自由思想奖”。

### （六）塔哈·阿卜杜·拉赫曼

塔哈·阿卜杜·拉赫曼（1944—）是摩洛哥当代著名哲学家，也是阿拉伯-伊斯兰世界主要哲学家与思想家之一。其哲学观在拓宽苏菲体验的基础上结合了理性分析与语言阐释，力求建立基于伊斯兰教和阿拉伯传统价值观与原则的道德及现代化的人道主义。主要著作有《宗教事务与理性革新》（1989年）、《道德疑问》（2000年）、《现代精神》（2006年）等。2019年，被法国《新文学杂志》评为世界上最具影响力的35位思想家之一。

### （七）塔哈·本·杰伦

塔哈·本·杰伦（1944—）是摩洛哥裔法语作家，属用法语创作的第二代摩洛哥作家，定居巴黎，出版多部诗歌、长篇小说和短篇小说集，其笔下的故事、人物均以阿拉伯，特别是摩洛哥为背景。作品具有鲜明的民间和传奇色彩，“人性”一直是其最大的关注点。[2]出生于古城非斯，幼时在街区的古兰经学校读书，6岁时进入双语学校，11岁时跟随父母移居丹吉尔，19岁中学毕业后前往拉巴特在穆罕默德五世大学攻读哲学。大学期间发表第一部诗集。20世纪60年代曾参加学生反抗警察的暴力行动，被迫进入军营，后放弃政治活动，潜心写作。1971年，由于摩洛哥在哲学教学

---

[1] 李世峻．穆罕默德·阿比德·贾比里的“遗产观”研究 [D]．北京：北京外国语大学，2016.

[2] 王晶．摩洛哥21世纪阿拉伯语长篇小说发展概况 [J]．阿拉伯研究论丛，2015（2）：279-288.

方面开始阿拉伯化，本・杰伦无法继续担任哲学教职，遂前往巴黎攻读心理学，1972 年开始为《世界报》撰文。1975 年获社会精神病学博士学位。1985 年出版小说《沙之子》并一举成名，1987 年出版长篇小说《神圣的夜晚》并获法国龚古尔文学奖，这是北非法语作家首次获此殊荣。他还撰写了多部教育学方面的著作，如《向女儿解释种族主义》《向孩子们解释伊斯兰》等。2001 年出版小说《那片致盲的黑暗》，以细腻的笔调叙述了男主人公在摩洛哥南部沙漠地区一座地下集中营的全无光线的狭小地牢内艰难度过的长达 20 年的骇人听闻的日子。2004 年，该小说英译本荣获 IMPAC 都柏林文学奖。2008 年被选为龚古尔文学奖评委。本・杰伦善于以欧洲的眼光来打量、审视和批判摩洛哥的历史、现实和文化，以双重的审慎和激越，表达一个人道主义作家的态度，同时也显示出其自身文化身份的矛盾性。其独特之处在于巧妙地把对摩洛哥历史和现实的展示放到了更高的层次，以人的坚韧存在和人性的本质，呈现摩洛哥复杂文化中的生命力。[1] 作为当代最重要的法语作家之一，其创作深得欧洲文学滋养，使得其短篇小说既有浓烈的地域色彩，又在构思和立意上极具现代性。[2]

## 三、柏柏尔人历史与文化

柏柏尔人（Berbers）是生活在撒哈拉深处、操闪含语系柏柏尔语族语言的一个独特的游牧民族，主要分布在今天的埃及、阿尔及利亚、利比亚、摩洛哥、毛里塔尼亚、马里等国家。关于柏柏尔人的起源，时至今日在学术界还没有形成明确的论断，但是较为普遍的看法是，柏柏尔人的祖先分成两支：其一来自欧洲（主要指西班牙），其二来自撒哈拉沙漠。随着历史

[1] 王晶．摩洛哥 21 世纪阿拉伯语长篇小说发展概况 [J]．阿拉伯研究论丛，2015（2）：279-288.

[2] 杰伦．初恋总是诀恋 [M]．马宁，译．北京：人民文学出版社，2011：封里．

的发展变化，人们对柏柏尔人的称谓也因时代的不同而不断变化：埃及以西的居民被古代埃及人统称为“利布人”，后被称作“利比亚人”。公元前3世纪，伴随着努米底亚王国和毛里塔尼亚王国的兴起，柏柏尔人又被称作“努米底亚人”和“毛里塔尼亚人”。罗马帝国统治时期被称为“阿非利加人”。公元7世纪阿拉伯人进入北非后，则被称为“Barbaros”，意为“蛮族”“化外人”或“异教徒”，从而演化为“Berbers”。今天，柏柏尔人在不同的地区又有不同的名称，例如：摩洛哥的“里夫人”“塔马齐格特人”和“施卢赫人”、阿尔及利亚的“卡比尔人”和“沙维亚人”、利比亚的“乔夫拉人”、马里的“图阿雷格人”等。由此可见，柏柏尔人并不是单一的民族，而是众多在文化、政治和经济生活上相似的部落族人的统称。

柏柏尔人在历史上曾多次遭到外族入侵和殖民统治。腓尼基人、希腊人、罗马人、汪达尔人、阿兰人、拜占庭人、奥斯曼土耳其人、法国人、西班牙人都曾给柏柏尔人造成一定影响。但是，对柏柏尔人影响最大的外族无疑是阿拉伯人。他们使柏柏尔人皈依伊斯兰教并接受阿拉伯文化。伊斯兰教几乎渗透到柏柏尔人社会的各个方面，取代了大多数柏柏尔人部落的宗教信仰，为之形成了新的社会标准和政治教条。尽管如此，在接受伊斯兰教和阿拉伯文化的过程中，柏柏尔人仍然保留了本民族的许多古代宗教残余，如对岩石、高地、树木等物进行祭祀，并把它们看作“守护神”。许多部落还有自己的圣徒。部分柏柏尔人的清真寺建筑亦与阿拉伯人有所不同，尖塔不是圆形的，而是四角形或六角形的。

柏柏尔人既受阿拉伯人的影响，也与阿拉伯人不断展开斗争。在这一过程中，他们建立了两个强大王朝——穆拉比特王朝和穆瓦希德王朝，势力范围南到毛里塔尼亚，北达西班牙，东抵利比亚。在此之后，柏柏尔人还在突尼斯建立了哈夫斯王朝（1229—1574年），在阿尔及利亚建立了齐亚尼德王朝（1236—1556年），在摩洛哥建立了马林王朝。随着阿拉伯人的大批迁入，柏柏尔人大都被同化，未被同化的则进入山区和沙漠，继续保留自己的语言和风俗习惯。

北非国家赢得独立之后，柏柏尔人的阿拉伯化进程进一步加快，但他们的文化及其特殊性常常遭到忽视。近年来，柏柏尔人在部分阿拉伯国家的状况有所改善。

# 第三章　教育历史

教育作为长期存在的社会现象，其发展与变革始终与社会历史发展的进程相适应。摩洛哥的教育，尤其是高等教育的改革与发展，同非洲其他国家相比，在同时期内既存在相似性，又表现出其独有的阶段性特征和历史发展轨迹。

摩洛哥教育在发展的初期，由于受阿拉伯–伊斯兰文化的影响，表现出明显的宗教性特征。摩洛哥沦为法国的保护国后，由于宗主国教育体制的输入，摩洛哥的近代教育也开始发展，表现出很强的移植性特征。摩洛哥从 1956 年独立后至 20 世纪末，政府为摆脱法国殖民教育的影响，恢复摩洛哥人的阿拉伯–伊斯兰民族身份，兴起了一场教育阿拉伯化运动，表现出阿拉伯化特征。摩洛哥政府在普通教育和职业教育方面一直努力进行改革，尽管在 20 世纪 90 年代和 21 世纪初遇到了经济方面的挑战，但仍持续努力，以改善整个教育环境。特别是进入 21 世纪以来，在全球教育改革及教育国际化的影响下，摩洛哥教育也相应进行了深入的改革，并逐渐走向国际化，21 世纪的摩洛哥教育表现出国际化特征。

# 第一节 发展阶段

从宏观上看，摩洛哥教育的整体发展可分为五个发展阶段，即 15 世纪以前的伊斯兰教育阶段，15—19 世纪的现代教育启蒙阶段，1912—1956 年法属保护国时期的殖民教育阶段，1956 年独立后至 20 世纪末的国民教育改革阶段，进入 21 世纪以来的现代教育发展阶段。摩洛哥的教育发展与社会发展紧密相连。

## 一、15 世纪以前的教育

摩洛哥最早的居民是柏柏尔人。公元 4 世纪，在摩洛哥出现了由柏柏尔人建立的王国，后来罗马人入侵，柏柏尔人的王国覆灭，摩洛哥成为罗马的属地。公元 670 年左右，随着阿拉伯人来到摩洛哥，阿拉伯-伊斯兰文化逐渐渗透到土著柏柏尔部落的生活中。随着伊斯兰教的传播，摩洛哥的语言、文字、教育理念、生活方式等各方面都深受影响。

这一时期并没有现代形式的学校或专门用于教学的固定场所，教育主要来源于家庭或部族。为了传播伊斯兰教，阿拉伯人在摩洛哥大量兴建清真寺。清真寺最初主要用于向广大的穆斯林传授《古兰经》教义和圣训，后来也逐渐发展为穆斯林学习阿拉伯语、阿拉伯文化、法律和哲学的场所。清真寺不仅是宗教场所，也是教育的主要场所，这几乎是所有阿拉伯国家都保留的传统。现代摩洛哥仍有不少传统的教育形式在清真寺进行。

因此，位于摩洛哥北部非斯古城著名的卡拉维因清真寺，在当时的地中海地区成为传播伊斯兰教和伊斯兰文化的中心，被认为是摩洛哥乃至世界上最早的大学。

伊斯兰教规定必须用阿拉伯语诵读《古兰经》，因此标准阿拉伯语成为所有清真寺的教学语言，阿拉伯语也逐步演变成摩洛哥的官方语言。当时在清真寺内教授的课程基本都是伊斯兰教的相关内容。

## 二、15—19 世纪的现代教育启蒙

15 世纪之前，摩洛哥一直严格实施纯粹的宗教教育。15—19 世纪，伴随西方殖民的侵入，摩洛哥的民族文化受到重击，在教育方面也发生重大改变，教育事业的发展受西方文化的影响越来越深，开始出现半世俗化的教育体制。摩洛哥于 19 世纪进入近代教育阶段。这一时期，摩洛哥的世俗教育主要存在两种模式：一是西方殖民者创办的西式教育，一是摩洛哥本国创建的本土世俗化教育。

19 世纪，犹太人兴办的教育处于重要地位，成为摩洛哥近代世俗化教育的雏形。1862 年，犹太人在摩洛哥的北部城市得土安建立了第一所学校。随后其他主要城市，如丹吉尔、非斯、卡萨布兰卡等地也纷纷建立了法语和希伯来语学校。这类学校的学制为六年，学生完成规定的学业，经考核合格后，颁发法国的小学毕业证，如果学生想继续升学，可以凭证书到马拉喀什或卡萨布兰卡等城市完成中等教育，优秀的毕业生可以申请到法国接受高等教育。学校教授的主要课程有历史、科学和法语等，宗教性质的教学内容被取消。

虽然犹太人在摩洛哥南部城市和农村地区建立学校的主要目的在于教化当地居民，继而服务于政治，且这类教育主要集中于初等及中等水平的教育，未涉及高等教育，但是，对于当时的教育状况来说，这种教育摆脱了摩洛哥的纯粹宗教教育的传统，与社会生产、生活的关系更为紧密，教育真正成为社会和经济发展的主要推动力，加快了教育世俗化的进程。

随着 19 世纪欧洲工业革命的开始，法、英、西、德等西方列强开始了

疯狂的争夺，力图控制地理条件优越、物产丰富的摩洛哥。面对内忧外患，摩洛哥当权者进行了一系列的改革。在文化教育方面，穆莱·哈桑一世兴办民族教育事业，于1888年建立了第一所高等工程师学校，主要培养国家急需的军事和工程类专业人才，而非以往传统宗教教育培养的宗教人士。改革虽然最后失败，但这所高等院校的创建标志着摩洛哥本土世俗化高等教育的开端。[1]

## 三、1912—1956年法属保护国时期的教育

1912年，摩洛哥正式成为法国的保护国。一方面，法国在海外的殖民扩张者认为其肩负着“开化使命”，要把先进的现代文化带给其他“落后”民族，而这一使命的重点，就是思想意识的“改造”，即落实在教育文化领域。另一方面，为适应新的统治形式的需要，维护法国当局在摩洛哥的长期统治和社会的安定，法国政府颁布了一系列教育政策，并在摩洛哥民族知识分子不断抵抗斗争的压力下，对教育政策进行适时的调整。在法国的长期统治下，摩洛哥本土的传统伊斯兰教育逐渐被削弱，法国也将其现代教育体制移植到摩洛哥。法国对传统伊斯兰教育的改造标志着摩洛哥近代教育的开始。

整体上，法国政府当时的举措主要表现在两个方面：一是联合政策，二是同化政策。法国驻摩洛哥第一任总督利奥戴一贯主张在摩洛哥主要实施联合政策，他认为殖民地和宗主国在很多方面存在差异，要充分尊重殖民地的民族特性和文化，维护摩洛哥传统的体制和习俗。因此，在其任期内，摩洛哥传统教育和伊斯兰教育虽然有所削弱，但是仍然得以保留。

[1] 彭树智．阿拉伯国家简史 [M]．修订版．福州：福建人民出版社，1999：252-253.

摩洛哥作为法国的保护国，其本质是向法国提供最大化的服务，因此，这一时期的教育有以下几个方面的特征。

一是控制学生入学人数和求学阶层。能够上学的穆斯林儿童只占学龄儿童总数的极小一部分，这部分学生大多在古兰经学校或伊斯兰教背景的私塾就读，总体上不受保护国政府的监督。同时，法国只允许极少数的摩洛哥人进入欧洲人开办的学校，只有少部分上层社会精英才能接受中高等教育，绝大部分没有进一步深造的机会。这样做是因为保护国政府的官员对大众性的学校教育存有诸多疑虑，担心受过教育的无产阶级会成为不满情绪的根源，并最终为反殖民主义的反对派提供力量。在这一时期，女性几乎完全被排除在这一高度限制性的体制之外，最多只能去一些技术培训类的学校。

二是将法语和法式文化贯彻到社会生活的各个方面。在学校，法国政府要求将法语作为唯一的教学语言，阿拉伯语仅作为“外语”来教授。在当时的摩洛哥社会想谋得职位，掌握法语是必不可少的。法国“保护”当局在摩洛哥所实施的这种同化语言政策对摩洛哥高等教育领域产生了深远的影响。直至现在，法语还是摩洛哥的官方语言之一，在社会生活中，小到餐馆的菜单，大到国家法律文本，都有法语版本。在教育领域，特别是在自然科学、工程学、医学等多个学科，通行教材仍然使用法语，语言政策问题依然是摩洛哥教育体制内长期存在的困难。

三是干预教育中的课程内容。法国政府严格控制课程内容的选择，最大程度上灌输西方价值观和法国的宗主“保护”观，大力开设对法国政府有利的课程，同时限制对经济发展有帮助的技术、理工课程，并且限制摩洛哥的学术研究活动。教育，特别是高等教育，在这一时期成为政治控制的工具。

从具体时间来看，摩洛哥的教育发展与世界的发展和社会政治的变化紧密相连。第二次世界大战结束后，一方面因为法国在二战中受到重创，无暇顾及海外殖民地，对殖民地的控制力大不如前；另一方面因为各国民族民主运动进一步发展，要求国家独立、反对殖民统治的呼声越来越高，法国政府不得不做出让步，在教育方面做出相应的调整。

因此，摩洛哥作为法属保护国时期的教育，也可以根据法国政府的不同举措而划分为两个阶段：第一阶段是 1912—1945 年，第二阶段是 1945—1956 年摩洛哥独立时期。

在第一阶段，法国政府出于政治、经济利益多方面的考虑，对摩洛哥教育采取既扶持又打压的政策。具体表现在推行限制政策，采取分化措施，学校首先招收和录取犹太或欧洲学生，然后才考虑本地学生，同时在授课内容、课时方面均区别对待，欧洲学生的课时数比摩洛哥学生多一倍。此外，采取限制摩洛哥教育普及，以及限制高层次人才的培养的政策，以避免其摆脱法国殖民统治和对法国的依赖，也避免摩洛哥人独立意识的觉醒。1944 年，在摩洛哥人中总共仅培养 3 名医生，6 名工程师，60 名农技师。1945 年，摩洛哥学龄儿童的入学率不超过 2.7%。[1]

在第二阶段，法国政府逐渐提高摩洛哥学生的入学率，使其在 1954 年达到 11%；提高教工中摩洛哥教师比例；放宽摩洛哥人进入欧洲人开办的学校的条件；允许开设私立学校招收摩洛哥学生。这些条件的放宽都为摩洛哥实现独立创造了有利条件，为之后的民族民主运动提供了基础。

在沦为法属保护国的 44 年间，摩洛哥的教育发生急剧变化。虽然法国政府是出于政治经济利益等因素的考虑才在摩洛哥推行教育改革，并且在摩洛哥独立前夕，也只有不到 1 700 名摩洛哥本地人接受了中学以上的教育，在摩洛哥兴办的高校里仅培养出 41 名律师、25 名医生和 28 名药剂师，[2] 但是法国的教育体系和教育理念，对摩洛哥现代教育的发展乃至整个社会都产生了深远的影响。总而言之，在法属保护国期间，摩洛哥教育整体上

[1] 淘荣杰．摩洛哥的现代教育 [J]．阿拉伯世界．1998（4）：61-64．

[2] 姜洋．摩洛哥高等教育发展研究 [D]．金华：浙江师范大学，2014．

呈现出两种矛盾的状态。

第一个矛盾是阿拉伯-伊斯兰传统教育被压制，法式教育和世俗化教育得以发展的矛盾。在成为法国的保护国之前，摩洛哥的传统伊斯兰教育已经比较普及，上有卡拉维因大学因其悠久的历史和开设的伊斯兰神学课程，吸引了来自西亚、非洲等地区的众多学者，下有遍布各地的大小清真寺将伊斯兰思想传播给普通民众。但团结的宗教力量会对法国的殖民统治造成很大的威胁，卡拉维因大学的穆斯林师生就曾多次组织抗议活动，影响摩洛哥普通民众对法国的态度，为避免冲突和不必要的麻烦，法国保护当局大力推进世俗化教育，尽力阻止摩洛哥人接受阿拉伯文化，限定阿拉伯语在学校的教学，推动法语化教学，宣扬法国文化。在学校里，阿拉伯语是作为“外语”进行讲授的，而且课时非常少，伊斯兰文化课程几乎不会在法国当局设置的学校中出现。此外，法国保护当局还帮助当地的柏柏尔原住民建立学校，推动柏柏尔文化，以减少摩洛哥的阿拉伯化和东方阿拉伯国家的影响，尽力使摩洛哥青年失去自身的民族性。

第二个矛盾是中高等教育被犹太人、欧洲居民、摩洛哥贵族和富人所垄断，摩洛哥普通人受教育水平极低，受教育条件有限的矛盾。在摩洛哥独立前的十来年中，虽然学校的注册人数明显增加，但是这主要局限在几个大城市，对法国当局利益较小的沙漠地区和里夫山区则不在其考虑范围之内。因此，普通摩洛哥人受到的教育极其有限，入学率本就不高，加之生计问题等原因带来的极高退学率、失学率，文盲率和半文盲率居高不下。在这样的条件下，能够完成中等学业的，基本上都是欧洲人、犹太人和贵族子弟，也只有这些人才能在毕业后继续高等教育，甚至进入欧洲的学校继续深造。

## 四、1956 年独立后至 20 世纪末的国民教育

1956 年，法国和西班牙先后承认摩洛哥独立，保护当局将政权还给了摩洛哥人。此时接管政权的各级领导几乎都是由法国学校培养的精英。国家政治体制是民族联盟，除传统形式的王室领导外，精英群体基本控制了摩洛哥社会。

摩洛哥政府在这一时期实行的教育改革可以分为三个阶段：第一个阶段是独立初期，第二个阶段是 20 世纪 60—70 年代；第三个阶段是 20 世纪 80—90 年代。

在独立初期，为了彻底摆脱法国的殖民影响，摩洛哥政府开始实施社会各领域的改革，在教育领域提出“普及”“统一”“阿拉伯化”和“摩洛哥化”的口号，[1] 受到了广大人民群众的欢迎和支持，民间的教育热情空前高涨。面对要求实施义务教育的强大压力，政府迅速研究解决办法，并采取临时措施，加紧实施初级教育，在数量上大跳步，以解燃眉之急。当时最常见的办法是两班轮流上课或每班超额招生。此外，政府还采用速成法，对所有具有一定文化水准的人进行师范培训，以满足公立学校的师资需求。接着，摩洛哥政府就发展本国教育提出普及义务教育；让大量精通阿拉伯语的人投身教育事业，实现教育上的阿拉伯语化；确立世俗教育的地位，将传统教育放到次要位置，以此统一全国的教育模式。1957 年，皇家教育改革委员会设立，专门执行政府的教育计划，解决教育发展中的实际问题。

20 世纪 60—70 年代，摩洛哥的教育发展出现倒退。由于独立初期政府在教育问题上采取大跨越式发展，与整体社会形势发生脱节，教育体系水平低、师资差、管理混乱，实际上成为一个挑选少数人、淘汰大多数人的过程。据统计，小学学龄儿童的净入学率在 1971 年只有 36.86%，辍学率达

[1] 陶荣杰. 摩洛哥的现代教育 [J]. 阿拉伯世界，1998（4）: 61-64.

63.14%；在1975年的小学学龄儿童中，女性的净入学率只有30.48%，辍学率达69.52%；小学注册生约为11.7万人，其中近半数被迫退学或遭开除，只有9%的学生能完成初期教育。在少数升入中学的学生中，只有30%能顺利毕业，36%需重修，34%中途退学。只有10%的初中生能读到高中。[1]

对于20世纪60—70年代教育出现的滑坡，政府推出“教育普及”和“民主化”等方针口号，但政府在教育方面的投入无法适应人口增长的需要，教育继续成为少数人的特权。继“教育普及”和“民主化”之后，是“教育一体化”和“机会均等”。政府试图建立“阶层教育”体系，让沙漠地区和城市中的社会底层民众进入伊斯兰私塾和不正规的低级学堂，中等阶层进入公立或私立正规学校，而资产阶级和贵族则进入法国留学生机构或高等学府，最终成为国家的领导精英。[2]

到20世纪80—90年代，摩洛哥教育进入较快的发展阶段。国际货币基金组织和世界银行等国际机构开始介入和影响摩洛哥的教育改革进程。这一阶段，改革的重心更多转向扫盲和扩大受教育规模，以及通过调整摩洛哥各级教育的结构，以降低教育资源的浪费，改善教育系统。教育改革的目标包括改善教育质量、降低教育成本和提高教育系统效率，使教育适应经济发展的需要。其核心是提高教育系统的效率。[3]

在这一时期，摩洛哥教育实现了两个飞跃。一是学校数量增多，学生人数激增，同时随着免费初等教育的实行，女童学生的数量和入学率大幅提升，同时失学率、文盲率大幅下降。摩洛哥小学的总入学率从1971年的48.4%上升为1999年的86.7%，小学教育的完成率由1971年的26.2%上升为1999年的55.2%，同期女学生的占比也由33.9%上升为44.0%；中等教育总入学率从1971年的11.3%上升为1999年的36.8%，同期女学生的占比

[1] 陶荣杰．摩洛哥的现代教育 [J]．阿拉伯世界，1998（4）：61-64.

[2] 陶荣杰．摩洛哥的现代教育 [J]．阿拉伯世界，1998（4）：61-64.

[3] 於荣，孔祥茹．摩洛哥教育改革的动向与挑战 [J]．比较教育研究，2012，12.

由 28.3% 上升为 43.4%。二是摩洛哥教师的比例大幅提升，实现了教师的摩洛哥化。同时，高等教育的教职人员数由 1971 年的 620 人升至 1999 年的 16 242 人，因前期教师数量不足而导致的教育问题得到极大缓解。

## 五、进入 21 世纪以来的教育

为了迎接 21 世纪的新挑战，有效解决摩洛哥教育中存在的各种问题，时任国王哈桑二世于 1999 年 2 月设立教育与培训改革特别委员会，设计摩洛哥教育改革的新方案，准备对摩洛哥教育进行全面改革。摩洛哥政府于 1999 年 10 月颁布由该委员会制定的《国家教育与培训章程》，决定从 2000 年开始，实施为期 10 年的教育改革。但后期发现，教育改革所取得的成果并不明显，为此，摩洛哥政府在 2008 年颁布《国家教育紧急计划》，以促进实现《国家教育与培训章程》所定的目标。

《国家教育与培训章程》的主要内容包括：延长义务教育年限，普及基础教育；扫除青壮年文盲；鼓励民办教育；大力发展国际化教育；促进教师培训，加强教师能力。

2000 年以来，摩洛哥政府加大教育投入，保持教育公共支出占 GDP 的 5.3% 左右，大力推进初等义务教育，扫除文盲，实现教育公平，特别是加大教育比较薄弱的沙漠和里夫山区的教育力度。《国家教育与培训章程》要求对 7—13 岁的儿童实施义务教育，《国家教育紧急计划》将义务教育年限延长到 15 岁，以提高学生的入学率，保障教育普及，减少文盲。[1] 在坚持不懈的努力下，2000 年小学总入学率为 92.1%，其中女学生占比 44.8%，

[1] 数据显示，在 1999 年之前，摩洛哥实行的是六年义务教育，从 2000 年开始实行九年义务教育。小学入学年龄为 6—12 岁。

2015年小学总入学率达到114.7%[1]，其中女学生百分比为47.4%；2000年小学教育完成率为58%，2015年达到102.9%；2000年小学儿童辍学率为24.1%，而到了2015年则仅为1.1%；2000年中学教育总入学率为38.4%，其中女学生占比43.7%，到了2012年则达到69.1%，其中女学生占比45.0%。

在高等教育方面，摩洛哥政府积极促进高等教育的国际化进程，鼓励高等院校与其他国家的高校建立跨校协作。由于历史原因，摩洛哥高等教育更容易与法国接轨。同时，摩洛哥高校也参照欧洲高等教育的发展蓝图，积极推进与欧洲高校的学历和文凭互认体系，并鼓励各种国际交流活动。

除了积极与欧洲高校进行互动之外，进入21世纪以来，摩洛哥也开始推动与其他国家的高等教育合作，目前，中国在摩洛哥开设了3所孔子学院，并在摩洛哥多地开设孔子课堂教授中文，摩洛哥也成为首个开设3所孔子学院的阿拉伯国家。不仅如此，21世纪以来，摩洛哥积极推动阿拉伯语在本国的发展，加强与东部阿拉伯国家的团结协作，在中小学课程设置中，增加阿拉伯语的课时，强调摩洛哥人的阿拉伯性。

在摩洛哥教育的发展中，“阿拉伯派”和“摩洛哥派”两派的对立问题最为突出。阿拉伯派主张教育应为处在金字塔底部的广大人民群众服务，摩洛哥派则坚持教育应为处于金字塔顶端的少数人服务。两者对于教育的态度和立场截然不同：阿拉伯派面向大众，强调教育的阿拉伯–伊斯兰属性；摩洛哥派则站在少数人的立场上，反对阿拉伯派，主张保持西式教育的特点，他们认为阿拉伯化的教育水平低下，只能从事普及教育工作，所以要求私立学校和伊斯兰传统学校承担起这方面的责任。摩洛哥派的教育主张实际是要保持保护国时期的教育形态，继续精英教育。这是摩洛哥独立后教育战线上两种思想、两大派别之间的矛盾与斗争。这场斗争持续至今，始终没有完全解决。

[1] 由于超龄入学、低龄入学，以及留级现象的存在，小学总入学率和小学教育完成率都可以超过100%。

# 第二节 现行体制

摩洛哥政府非常重视教育，把教育作为国家发展的根基。独立后的摩洛哥为摆脱法国殖民教育的影响，在教育领域开展了一系列的改革，强调教育普及，教材统一，教师摩洛哥化和教学阿拉伯化。摩洛哥政府视教育为公民享有的一项基本权利，而非少数人所独有的特权。

## 一、整体状况

摩洛哥在 2019 年人类发展指数中排名第 120 位，[1] 但摩洛哥政府每年在教育上的投资可谓不小，近 20 年来，公共教育支出一直保持占 GDP 的 5.14%—5.3%。公共教育经费由公共教育的经常性开支和资本支出组成，包括政府用于教育机构（包括公共和私人）、教育管理的开支及对私人实体（学生 / 家庭和其他私人实体）的补贴，而埃及在同领域的支出仅为 GDP 的 0.7%。[2] 为提高国民教育水平，摩洛哥采取一系列措施，多次改革教育体制，延长义务教育的年限，提升入学率，降低失学率和文盲率，对高等教育加大投入和补贴。

由于摩洛哥大力推进教育事业，全国文盲率已从 1960 年的 87% 降至 2015 年的 25.4%。现有高校 64 所，中学 1 168 所，小学 4 350 所。6 岁儿童入学率为 95%，7—12 岁儿童入学率为 94.5%，12—14 岁少年入学率为 73%。小学在校学生 410 万，教师 13.28 万；中学在校学生 180 万，教师 8.68 万名；大学在校学生 28.6 万，教师 9 773 名。公立中、小学教师已全部摩洛哥

[1] 资料来源于“世界数据图册”网站。

[2] 资料来源于“世界数据图册”网站。

化，大学教师有 97% 为摩洛哥人。[1]

20 多年来，摩洛哥教育在整体上取得了很大进展，摩洛哥成年人（15 岁及以上）识字率由 41.6%（1994 年）上升到 73.8%（2018 年），青年识字率由 58.4%（1994 年）上升到 95% 以上（2015 年）。[2] 这主要得益于摩洛哥在 20 世纪末开始实行的一系列针对教育的改革措施。

1999 年，摩洛哥政府颁布《国家教育与培训章程》，决定从 2000 年开始，实施为期 10 年的教育改革。同时，穆罕默德六世国王也在 1999 年登基后，设立“教育十年”计划。虽然在扩大义务教育机会、改善基础教育体系方面取得了实质性的进展，但部分问题，特别是各级学校的高辍学率和留级率、基本学习成果水平低、离校生的情况与劳动力市场的需求不匹配等仍然存在，后期观察发现，教育改革所取得的成果并不明显。为了应对这一危机，摩洛哥政府在 2008 年颁布《国家教育紧急计划》，以巩固已经取得的成果，促进实现《国家教育与培训章程》所定的目标，并着手进行新的调整，同时确保《国家教育与培训章程》的内容得到最佳实施。与此同时，摩洛哥又在 2005 年 5 月提出《国家人类发展倡议》，共包括三个阶段的计划（2005—2010 年、2011—2018 年、2019—2023 年），以期继续改善人民的各方面生活水平，其中涵盖大量促进教育发展、消除文盲等方面的内容。

目前摩洛哥著名的高等学府有穆罕默德五世大学、卡萨布兰卡哈桑二世大学、穆罕默德一世大学、卡地·阿亚德大学、卡拉维因大学和西迪·穆罕默德·本·阿卜杜拉大学等。

[1] 中国驻摩洛哥大使馆. 摩洛哥概况 [EB/OL]. [2021-01-04]. http://ma.china-embassy.org/chn/mlggk/.

[2] 资料来源于“世界数据图册”网站。

## 二、教育行政管理体制

摩洛哥的教育体系主要包括三类教育：一是现代教育体系，相当于法国教育体系的延伸；二是宗教教育，即由清真寺、伊斯兰学校等支持的伊斯兰教方面的学习；三是技术教育和职业培训。

在 19 世纪法国侵入前，摩洛哥的教育主要在宗教学校里实施，且仅对年满 5 岁的男性儿童开放，这种教育仅仅是让学生对《古兰经》达到熟悉记忆的水平，教学方法单一，方式古板僵硬。在法国进入摩洛哥之后，国民教育制度才开始建立，全国各地纷纷建立学校，兴办教育，开始允许女性和儿童接受正规的学校教育。在某种程度上可以说，摩洛哥的现代教育体制是由法国建立起来的。

与法国的教育体制相似，摩洛哥的教育分为公办教育和民办教育两大类。在摩洛哥，公立学校占绝大部分，处于主导地位。公办教育由中央政府管理，下设国家教育部统一管理各级各类教育，由国民教育大臣领导。其具体职责是设置学校课程、颁布教育政策、对教育行政人员进行内部考核，以及向公立学校提供资金支持。

私立学校在摩洛哥初等及中等教育阶段较多，一些私立学校还提供中学后的职业和技能的培训项目。部分私立学校提供高等教育，但与公立学校相比，一般规模较小，学生人数较少，教学条件较好，但费用昂贵。例如在卡萨布兰卡、拉巴特有与法国接轨的学校，采用法语和英语双语教学模式。

摩洛哥现采用的是法国模式的分数等级制，划分 0—20 的分数区间，10 分为及格线。

摩洛哥学校的学期也采用法国模式，一般从 9 月初开始到次年 6 月末结束，寒假通常较短，有小春假，假期结束后就是考试，暑假时间较长。学生上课时间是从星期一到星期四的全天、星期五和星期六的上午，周日是公休日。

## 三、教育制度

摩洛哥的教育和培训制度分为正式教育制度和非正式教育制度。正式教育制度又分现代教育和传统教育两种形式，现代教育包括学前教育、基础教育（初等教育及中等教育）、高等教育及职业技术教育，传统教育即古兰经教育和伊斯兰教育。非正式教育包括扫盲教育等。

公立院校的教育体系与我国比较接近，学龄前儿童主要由家庭照顾或送往幼儿园，正式求学阶段分为小学（6 年）、中学（6 年，其中初中 3 年、高中 3 年）、大学本科（3 年）、硕士（2 年）、博士（3—8 年）。义务教育在 1999 年之前为 6 年，目前为 9 年。

### （一）学前教育

摩洛哥的学前教育并不属于义务教育。学前教育的对象是 4—6 岁的儿童，目前，摩洛哥的学前教育大体可以分为古兰经教育和现代式教育两种类型。古兰经教育又分为两种，一种是由宗教事务部监督的教育中心，这些学校完全是宗教式的，在农村地区很普遍，少量儿童会选择在这里就读；另一种是私塾式的古兰经学校，这种学校附属于国家教育部，管理上类似现代教育的幼儿园，但又没有放弃宗教教育，超过 50% 的家庭会选择此类学校让孩子就读。古兰经学校一方面帮助儿童获得基本的识字和算术技能，为他们接受初等教育做准备；另一方面也在广大的农村地区成为扫除文盲的主要力量。

现代式学前教育机构包括公立、半公立、私立的幼儿园，以及由法国、西班牙等国家的文化部门开设的幼儿园，但这些私立幼儿园收费较高，只有极少数的摩洛哥人或在摩洛哥工作的外国家庭会选择。尽管教育部门已经注意到这一问题，但由于学前教育既不是义务教育，也不是免费教育，目前的教育改革重点也无法放在此阶段，因此，学前教育短时间内尚无法得到普及。

### （二）义务教育（小学教育和初中教育）

摩洛哥基础教育是指从 6—15 岁的义务教育。分两个阶段，第一阶段是 6—12 岁的初等教育，即小学教育；第二阶段是 12—15 岁的初中教育。

摩洛哥儿童在小学阶段学习的主要内容是各学科的基础知识，以发展基本能力，了解宗教、道德和公民等基本常识，发展对阿拉伯语的理解和表达能力。学生完成小学学业后，可以继续选择接受初中教育，学习较全面的知识课程。学生毕业后根据成绩，可以选择继续进入高中学习或进入职业培训学校学习，也可以进入社会参加工作。

### （三）高中教育

学生在完成初中教育的学习后，一般会收到中等教育证书，有该证书才能继续进入下一阶段的学习。

一般来说，在获得中等教育证书后，学生可以选择进入普通中学，接受适当的科学、文学、经济和社会教育，并获得普通中学毕业证书，这是进入大专、大学和其他高等教育机构预科班的先决条件。另一部分学生选择就读技术和职业教育学校，这类学校的目的是培养合格的技术人员，学生在完成学业后获得技术和职业教育中学毕业证书。获得该类文凭的学生可以进入劳动力市场、培养熟练技术人员的机构、大专院校预科班或大学。

### （四）职业培训教育

摩洛哥人一直对职业和技术教育的看法不好，更尊重受到常规中等教育的人，但政府认为，促进职业技术培训的发展，能带动教育制度的改革和发展。因此，1984 年，哈桑二世国王在讲话中表明，要促进职业培训的改革进程。重点是重新评估人力资源和社会经济发展、提高教育质量、确保培训与就业之间的配合。随着政府大力扶持职业技术培训，目前国家职业培训系统已经基本覆盖全国。培训分为 3 个层次：熟练技术周期（在中学会考后，学生要进行 2—3 年的额外学习）、职业资格周期（经过 2 年的学习后，可以取得资格证书）、专业周期（顺利完成学院教育第四年的学生可以进入这个为期 2 年的课程）。

随着 2008 年《国家教育紧急计划》的颁布，摩洛哥在职业教育培训方面又做出 4 项推进：与农业部和海洋渔业部合作，启动针对农村地区年轻人的学徒培训方案；与传统手工业部合作，更新培训项目，为手工业提供合格的劳动力；与负责培训和科研的高教部合作，创建专业培训；与工商技术部合作，为工业部门的发展提供必要的人员培训。

### （五）高等教育

摩洛哥学生在高中毕业时参加会考，获得中学毕业会考文凭。根据会考成绩可报考相应的学校。摩洛哥的高等教育分为大学和非大学性质的高等专业院校。大学由国家教育部直接管辖，高等专业院校由相关部门机构负责。近年来，随着摩洛哥高等教育行政管理权限的不断下放和分散，中央集权的高等教育管理权逐渐下放到地方政府新建的教育与培训机构，高校也开始享有一定的行政权和财政自主权。

高等教育共分为 4 个阶段，第一阶段为基础学习阶段，分别授予不同专业的学习证书；第二阶段是深入学习阶段，授予学士学位；第三阶段是颁发各学科的高等学习文凭阶段；第四阶段是授予国家博士学位阶段。进入21世纪以来，受欧洲博洛尼亚进程[1]的影响，摩洛哥政府在北非各国中率先进行了高等教育学制体制的改革，即学士、硕士、博士实施三二三学制[2]，以便更好地与西方发达国家的高等教育接轨，从而提高本国高等教育质量，积极参与世界高等教育的合作与交流。

摩洛哥目前共有14所公立或半公立性质的大学，分别是穆罕默德五世大学、西迪·穆罕默德·本·阿卜杜拉大学、卡拉维因大学、卡地·阿亚德大学、穆罕默德一世大学、穆莱·伊斯梅尔大学、楚艾卜·杜卡里大学、伊本·左尔大学、阿卜杜勒马立克·埃沙迪大学、伊本·托法依勒大学、哈桑一世大学、穆莱·斯利马内素丹大学、卡萨布兰卡哈桑二世大学[3]及阿卡维因大学。

在各大学中，有3所大学最具特色。一是位于非斯古城的卡拉维因大学，它是一所伊斯兰宗教大学，是摩洛哥乃至世界上最早的具有高等教育性质的机构，曾是北非地中海地区的文化中心，周边许多国家和地区的学者都曾慕名来到这里讲学或求学。这里培养了大批知名的学者和穆斯林精英，对摩洛哥高等教育的发展起到了重要作用和突出贡献。

二是位于首都拉巴特的穆罕默德五世大学，是摩洛哥独立后成立的第一所现代化的公立大学，由穆罕默德五世国王于1957年兴建而成，位于首都拉巴特，是目前摩洛哥影响力最大的公立大学。现任国王穆罕默德六世就毕业于该校的法律和社会经济学院，同时，摩洛哥多位政要和名人也都曾就读于该校。2008年，我国与穆罕默德五世大学签署合作协议，在摩洛哥建立了第一所孔子学院，同时，该校也是我国教育部中非高校20+20合

[1] 博洛尼亚进程是29个欧洲国家于1999年在意大利博洛尼亚提出的欧洲高等教育改革计划，该计划的目标是整合欧盟的高教资源，打通教育体制。

[2] 博士的学制最短是3年，最长不超过8年，逾期则不能获得相应的学位。

[3] 现卡萨布兰卡哈桑二世大学是2014年由哈桑二世·艾因·乔克大学和哈桑二世大学合并而成的。

作项目中唯一的摩洛哥大学。

三是位于伊夫兰的阿卡维因大学，它是一所半公立大学，成立于 1993 年，并于 1995 年正式开始招生。其独特之处是在大学管理、教学与科研等方面都参照美国的高等教育模式，具有明显的美国化倾向。

除这 14 所大学外，摩洛哥还拥有 200 多所非大学性质的高等教育机构。[1]

[1] 姜洋．摩洛哥高等教育发展研究 [D]．金华：浙江师范大学，2014．

# 第四章 学前教育

## 第一节 学前教育的发展和现状

### 一、学前教育的历史沿革

摩洛哥学前教育发展起步较晚。20 世纪与 21 世纪之交，摩洛哥先后发布数则法律、法令和大臣级决定，明确了学前教育的地位与发展学前教育的重要性，包括 2000 年 5 月 25 日发表在第 4798 号政府公报上的关于学前教育地位的第 05.00 号法律、根据内政部 2000 年 6 月 26 日颁布的第 100 号通知之规定颁布的关于年满 4 岁儿童申报登记受教育义务的通知、2001 年 6 月 22 日颁布的关于实施第 05.00 号法律的第 2.00.1014 号法令、2003 年 7 月 22 日颁布的关于确定开设学前教育机构的必要条件以及学前教育工作者资格要求的第 1535.03 号大臣级决定等。自 1999 年颁布《国家教育与培训章程》以来，国王穆罕默德六世始终高度重视学前教育，明确表示注意到学前教育对改善整个教育系统质量的作用，以及对发展学前教育的强烈意愿。

2006 年，《国家儿童行动计划》发布，明确将儿童教育和个人发展以及保护儿童免受一切形式的排斥和歧视之权利作为国家发展战略的重要组成部分。2007 年，高等教育科研培训部完成针对学前教育的系列研究，并联合国家教育部，基于研究成果，描绘了符合现行国际标准的优质学前教育体系蓝图。2008 年，摩洛哥促进学前教育基金会成立，旨在促进学前教育发展，探索学前教育的普及与发展方案，提高学前教育质量，并综合推动摩洛哥促进和普及学前教育国家倡议的实施。同年，在摩洛哥政府高度重视教育事业的发展与改革，摩洛哥经济和社会发展需要大力发展教育，解决教育发展中存在的问题需要进一步深化教育改革的背景下，为巩固教育改革已经取得的成果，实现教育改革的预定目标，摩洛哥政府颁布《国家教育紧急计划》，并提出在 2009—2012 年实施一项为期 4 年的教育改革，旨在对《国家教育与培训章程》所取得的成果进行巩固和必要调整，以加速其改革的实施，使摩洛哥的科学研究和知识经济发展更具规划性和创新性；提出推进全民教育发展，延长义务教育年限；提高教育质量、鼓励创新和追求卓越；促进教师培训发展，加强教师管理体系能力建设；优化教育资源配置，鼓励民办教育的参与等主要目标。所涉及内容包括进一步加大教育领域财政投入，促进教育管理权的进一步下放，努力提高教育质量等。自此，摩洛哥学前教育部门不断进行动态调整，以促进更好地适应时代需求和摩洛哥儿童的需要。2015 年，根据对全面教育背景下的教育和培训系统改革的成就与收益的全面评估，考虑其面临的主要问题和亟待弥补的差距，摩洛哥国家教育部提出关于学前教育发展的四方面的优先目标，包括提高教育和培训的质量、确保机会公平、提高技能，以及保证充足的资金。

## 二、学前教育的发展实践

### （一）教育理念

教育是所有发展中国家发展的基石，也是人类发展的基石。教育具有改变个人和社会的力量，对于妇女赋权、消除贫困和社会歧视、提高生产力和生活水平具有重要作用。《国家教育与培训章程》在其基本原则中明确，教育和培训系统的工作是根据摩洛哥宪法，落实公民平等、机会均等原则，保障城市和农村地区所有儿童受教育的权利。学前教育有利于消除社会边缘化、失业和歧视问题。摩洛哥学前教育主要面向 4—5 岁的儿童，平衡、一致地发展传统学前教育和现代学前教育，确保所有学龄前儿童有平等的机会进入小学就读。

### （二）学前教育类别

#### 1. 传统学前教育

传统学前教育由负责传统宗教教育的古兰经学校（即私塾）提供。传统宗教教育在促进阿拉伯语普及、巩固宗教教义方面具有重要作用。古兰经学校根植于摩洛哥历史，与摩洛哥的历史和文化传统息息相关，是传统宗教教育的重要组成部分，具有大众化特征，致力于保护阿拉伯语及其文学、伊斯兰教法的普及与传承，保护两者作为学科的基础性、权威性和独特性，其设立、建设和筹资均得到摩洛哥各大区的高度重视。

传统学前教育由宗教基金与伊斯兰事务部管理，旨在向儿童传授阿拉伯语，指导念诵《古兰经》。能够背诵《古兰经》是学龄前儿童继续接受初等教育的先决条件。

提供传统学前教育的机构包括古兰经学校、伊斯兰学校、清真寺等，学习者可分为以下5类：第一，所在村庄或社区没有现代化学前教育机构，只能进入传统学前教育机构就读的4—5岁儿童；第二，所在地区存在现代化学前教育机构，但其父母仍倾向于传统学前教育的4—5岁儿童；第三，所在地区没有现代化学前教育机构，或其父母倾向于传统学前教育，导致尚未接受学前教育的6岁及以上儿童；第四，存在被除名、辍学或不及格等情况的未能完成现代学前教育的学生（对于这类学生而言，古兰经学校是其继续接受初等教育的第二次机会，学前教育结束后，这些学生将接受《古兰经》水平测试，通过者可进入小学就读）；第五，正在接受现代学前教育，希望掌握背诵《古兰经》能力的学生。

### 2. 现代学前教育

现代学前教育机构以幼儿园、托儿所为代表，相比于古兰经学校，这些机构的女学生比例相对更高。现代学前教育基本全部由私营部门提供，且数量有限，全国范围内资源分布不均衡。

## 三、学前教育的发展现状

### （一）学前教育的普及和发展程度

学前教育仍然是当前摩洛哥教育体系中最薄弱的环节。截至目前，学前教育结构性调整的努力以及所调动的预算资源均无法满足需求。此外，城市地区和农村地区（含城郊）之间的学前教育发展水平存在较大差距。

在后者的部分地区，学前教育要么不存在，要么不具备达到现行标准的最低条件。很多6—15岁的农村儿童由于各种原因，要么未曾进入学校就读，要么过早辍学。学前教育的薄弱将加剧儿童入学和未来进入社会所获机会的不平等。

学前教育供给仍然无法满足实际和潜在需求，特别是在城市周边和农村地区。总体而言，无论是传统的古兰经学校，还是现代的托儿所和幼儿园，学前教育主要由私立机构运营。现代学前教育机构在城市占据主导地位，而农村地区几乎没有私立机构提供学前教育，且公立学前教育机构的数量仍然非常有限。出于历史和文化原因，摩洛哥选择了两种类型的学前教育并行，但两者如何相互平衡、协调一致，确保所有学龄前儿童有平等的机会获得高质量学前教育，并为其进入小学就读及未来的教育轨迹奠定坚实基础，是摩洛哥学前教育面临的重大挑战。

学前教育在城市地区主要由私营部门主导，在农村地区主要由传统宗教教育主导。由于结构性调整的进程尚不协调，2007—2008学年以来，摩洛哥学前教育发展态势不稳定，甚至出现了机构、班级和招生的数量相对下降的情况。统计数据表明，教育机构数量的下降主要集中在古兰经学校，而与此同时，现代化的新型公立学校和私立学前教育机构数则稳步增长。截至2012年，尚未接受学前教育的4—5岁儿童占比达37.2%，主要集中在农村地区，且这一比例几乎没有明显改观。但是，农村地区学前班并入小学的计划将在未来数年内取得积极成果，且可以大幅提高学前教育的扩招速度。

摩洛哥学前教育发展滞后主要有两方面的原因。第一，一些家长倾向于把孩子送到古兰经学校就读。第二，农村地区几乎不存在私立学前教育机构，因此其学前教育发展程度远远落后于城市地区。摩洛哥一方面需要考虑根植于社会传统的进入古兰经学校就读的倾向，另一方面也需要使学前教育体系与时代接轨，发展现代学前教育的体系和模式，因此，摩洛哥有意选择了传统与现代并行的学前教育制度。虽然该制度给摩洛哥学前教育发展、推进和普及带来了诸多困难与挑战，但它也印证了摩洛哥社会现代开放的文化特点，同时又保有厚重的传统文化积淀。摩洛哥学前教育面临的核心挑战是如何平衡、协调两种学前教育模式。

就学前教育而言，尽管其取得了多方面进展，但仍面临诸多困难与挑战。一方面，各行政部门计划不协调、管理体系效率低下、改革目标方向不明晰等问题导致实现学前教育全面普及的目标迟迟不能实现，学前教育的机构数、教室数和在校生数甚至出现了小幅下降。另一方面，学前教育的供给仍无法满足需求，特别是在城郊和农村地区。现代化的托儿所、幼儿园等学前教育机构在城市占据主导地位，而农村地区则几乎不存在现代化的新型私立学前教育机构，且公立学前教育机构数量也十分有限。由此，摩洛哥政府呼吁进一步改善公立综合学前班和民办学前教育的发展，以提高传统学前教育质量，缩小城乡差距。

### （二）学龄人口的演变

教育部门的发展进程必须考虑到当前和未来的全球趋势及国家背景下的机遇和限制。此外，国情的各种变量及其在未来几十年的演变趋势也是影响因素。人口变量的变化目前来说是有利的，学前和初级教育的压力在减少，使教育部门得以将这些教育层次的工作重点转向逐步改善教育条件。同样，根据摩洛哥高等规划署的预测，到 2030 年，农村人口占总人口的比例将低于 40%，农村人口的减少趋势也有助于缓解城市与农村教育的差距与不平等现象。而城市和城郊地区的教育将继续面临人口压力，培训需求和实际情况将发生变化，对质量的要求将大大提高。

当前摩洛哥正在经历人口转型。一方面，老龄人口的死亡率下降、预期寿命延长（1962 年为 47 岁，而 2010 年为 75 岁），另一方面，适龄青年初婚年龄的提高（1960 年为 17 岁，而 2010 年为 27 岁）以及避孕方法的普及（妇女避孕药具使用率从 1960 年的 8% 上升至 2010 年的 63%）带来了生育率的降低。由此，包括学龄前人口在内的 4—14 岁年龄组人数出现显著下降。2004—2014 年，学龄人口各年龄组人数都略有下降，其中 6—11 岁年龄组的下降最为明显，4—17 岁学龄人口数量下降的年平均速度为 3.1% 左右。根据国家保健计划的预测，这一下降趋势将持续到 2030 年，届时 4—5 岁和 6—11 岁年龄组人数将分别下降 13% 和 15%，而 12—14 岁年龄组人数将下降 17%。由此，人口压力的下降可能会减轻目前和未来各学校的入学压力，从而将学校教育工作的中心转向提高教育和培训系统的质量方面。

### （三）学生数量及入学率

#### 1. 学生数量（按地区、性别）

1999—2004 年，学前教育的学生数逐年减少，一方面是由于国家 4—5 岁儿童数量下降，另一方面是农村和城市周边地区学前教育机构发展缓慢。2004—2006 年，学前教育学生数出现上升，但增长乏力，而学前教育净入学率在上述时间范围内则变化不大，说明私立机构无法完全满足学前教育的需求。2000—2006 年，全国范围内每 2 个儿童中只有 1 个能够接受学前教育，而女童的比例则更低，每 5 个女童只有 2 个能够接受学前教育。农村地区的情况尽管略有改善，但仍然不乐观，超过 3/4 的 4—5 岁农村女童未能从学前教育中获益。

### 2. 净入学率

2007—2008 学年以后，学前教育净入学率表现出 4 个阶段的发展趋势：第一阶段为 2007—2009 年，入学率整体呈下降态势，按性别、地区统计的入学率均有所下降，其中城市地区入学率降幅最大，达 7.4%；第二阶段为 2009—2011 年，入学率整体呈增长态势，男性、城市地区入学率有所提高，女性、农村地区入学率出现小幅下降；第三阶段为 2011—2012 年，入学率呈下降态势，除女学生入学率有所提高外，男性、城市和农村地区入学率均出现下降；第四阶段为 2012—2014 年，入学率呈现由弱到强的复苏态势，其中女性、农村地区入学率增长明显，增幅分别达 5.6% 和 4.1%。

得益于摩洛哥向儿童提供的自幼年开始的传统古兰经教育，2008—2014 年，摩洛哥 4—5 岁学龄前儿童入学率从 55.9% 提升至 67.8%，这意味着每 3 名 4—5 岁学龄前儿童中有近 2 名接受过学前教育。这反映了传统学前教育在全国范围内的推广及其在促进阿拉伯语和宗教教育方面的作用，但也意味着仍有 32.2% 的 4—5 岁学龄前儿童尚未接受过任何学前教育，且这部分儿童集中在农村地区。

## 四、学前教育的发展重点

### （一）实现教育普及

优质学前教育的普及工作与预期标准还有较长的距离，短期之内难以实现。学前教育的普及需要动员所有合作伙伴的力量，以及足够的财政支持。

学前教育发展方案是《国家教育与培训章程》中的主干和重要内容之

一，提出从以下两方面实现学前教育普及：第一，调动国家、各大区和各省及省级市的所有资源，使学前教育合作伙伴、各地方行政、大区议会、家长联合会、国内和国际组织参与其中，以更好地了解学前教育发展规划及其在基础设施、人力和财政资源方面的需求；第二，按照有关法律法规，支持自然人和法人参与、发展学前教育，支持贫困地区，特别是农村地区普及学前教育，扩大学前教育规模。

### （二）缩小城乡差距

学前教育在城市地区主要由私营部门主导，在农村地区主要由传统宗教教育主导，且覆盖人群非常不均衡。为此，政府关于发展学前教育的战略可以分为两部分，一部分涉及私立学前教育机构的组织和管理，另一部分专门针对农村地区学前教育。因此，农村地区可以效仿《国家人类发展倡议》的做法，基于政府有关部门的试点行动，发展儿童综合发展项目，并充分调动民间社会的力量，将学前教育和幼儿保育相结合，形成地方社区、政府和民间社会共同参与的综合战略。此外，鉴于传统学前教育的重要性，农村地区在实施该战略的过程中，应当重点关注传统古兰经学校，制定具备权威性的开设、管理和评估标准，并与各学前教育参与主体协调合作，确保农村地区的传统学前教育融入国家教育部学前教育组织和管理体系，从而更好地实现学前教育发展相关目标。

### （三）保障性别平等

教育体制中长久存在的不平等现象是文化、社会和经济三方面因素共同作用的结果。其中，性别不平等仍然是在农村和经济水平较低地区普及教育的一大挑战。这些因素阻碍了全面平等的实现。学前教育方面的性别差距正在不断扩大，其中女性的处境愈发不利。2007—2009年，男女学生学前教育入学率的差异约为15%，到2010年，这一数字已经上升至约20%，而2011—2012年则回落至13%。此外，城乡差距也在扩大，学前教育入学率差距从2007年的32%上升至2010年的近38%，随后回落至2011年的近35%。

由此，摩洛哥国家教育部充分考虑各级教育和培训系统的性别因素，致力于在2005年实现两性均等，到2015年实现两性平等。该措施效果显著，2015年女童学前教育入学率达到43.4%，初等教育女学生占47.4%，中等教育女学生占47.4%，高等教育女学生占48.0%，[1]女学生比例逐年上升，基本实现了教育上的两性平等。摩洛哥一方面从制度层面入手，制定创新性的解决方案；另一方面从学前教育和受教育对象本身入手，制定更具针对性的政策、更有利于女性的教育政策，以期以点带面，推动教育和培训系统管理、运行制度的改善，为实现摩洛哥教育长期、广泛、充分平等奠定基础。

### （四）促进质量提升

决定摩洛哥教育质量的因素具有多重性、复杂性、相互关联性、动态性等特点，其中一些因素是外生的，另一些则是教育和培训系统自身决定的。其中，学前教育计划、项目的成效很大程度上取决于教学内容和教师水平。从长远来看，教育质量的评估以特定时间点的人力资本存量、社会创造的就业岗位质量及一系列反映教育培训制度外部效率提高的指标为标准。近年来，摩洛哥教育质量提升显著，具体表现在留级率、辍学率、按期毕业率等教育指标均有所改善，这是摩洛哥综合实施各项前瞻性教育战

[1] 资料来源于“世界数据图册”网站。

略、计划的结果，也是摩洛哥近年来在全球经济环境和发展形势困难的情况下，大胆对教育和培训系统进行大量财政投资的积极成果。

尽管教育质量一直是摩洛哥所有教育改革项目关注的核心问题，但由于公共财政压力，初等教育的普及对其质量的影响较大。此外，扩张速度过快也导致教育系统缺乏良好的组织、监督，以及充足的基础设施和人力资源。2015 年之后的教育发展议程在维护现有扩大受教育机会方面取得的成果的同时，还适当关注质量变量，考虑人力资源在促进社会经济发展方面的关键作用。教学质量的提高与教学和培训专业的重组也密切相关，应特别关注教师和教学督导人员的招聘、培训、评估、激励和晋升工作，建立专门的师资培训机构是开展这一重组的契机。

### 1．相关文件

国家教育部颁布的《国家教育紧急计划》旨在通过设立若干教育项目，来弥补包括学前教育在内的各层次教育存在的不足，涉及改进教育系统和教学方法、修订课程体系、将信息和通信技术融入教育，注重加强教学人员的基本技能，推动改进并实施学习成果评估制度。《国家教育紧急计划》为学前教育确立了与现代化发展需求相适应的全新概念，制定了学前教育系统的测试规范以及涵盖课程开发、定期教育组织和教师培训等教育要素在内的配套章程，同时根据摩洛哥具体国情动态调整，以保证学龄前儿童拥有最佳的启蒙和学习条件，并实现提高教学和教学督导人员的专业技能，进一步改善师生比，实现教学方法现代化，减少地理和经济差异导致的学习条件不平等等具体目标。据统计，截至 2010 年，摩洛哥共有 11 024 名学前教育工作者接受了学前教育新体系下的职业技能培训，占所有在职学前教育工作者的 70%。国家教育部还联合学前教育参与者向学龄前儿童分发了 12 255 套学习用品。目前，全国 3 002 家教育机构和

141所行政培训中心已经配备多媒体教室，国家教育部已经向全国各学校颁发136 606张教学数字内容使用许可证，建立1所国家级数字资源实验室，建设摩洛哥–韩国国际信息和通信技术教育培训中心，并培训了该领域49 527名教师和2 774名管理人员。同时，《国家教育紧急计划》还旨在通过改进教学方法，保障各层次学生掌握对应的基本知识和技能，提高学习质量；通过重新设计课程体系，提高教育质量；通过出台扶持和激励政策，在教育领域发展信息和通信技术；制定评价和认证制度，保证教学成效评估有规可循、有法可依；通过开展从业人员培训和资格认证，提高各级教育系统的行政和教学效率；通过强化学校教育教学监督检查机制，保障学前教育基本质量等。

此外，学前教育发展方案还提出从以下五方面促进学前教育质量提升：第一，为学前教育提供教学支持，提高儿童在家庭外接受教育的质量，保障其掌握该年龄应知应会的专业技能以满足未来所需，坚持推动普及学前教育，降低辍学率；第二，改善各大区学前教育入学条件；第三，重视学前教育课程大纲和教科书编制工作，以适应教育统计数据反映的学前教育需求，符合学前教育发展规律；第四，将国家行动与提高学前教育和培训质量的举措相结合；第五，逐步实现学前教育和初等教育的有效衔接，确保教育进程过渡合理、发展可持续。

### 2．具体领域实践

第一，采取措施提高学习质量。改进教学系统，确保提高学习质量，帮助学生掌握基本知识和技能；鼓励学生使用信息和通信技术辅助学习；打击辍学和失学现象，降低留级率；制定科学合理的评价和认证制度；重新设计课程，提高教学质量；通过基础教育、继续教育和培训制度，提高教学和行政人员技能；弘扬优秀，鼓励创新。为此，国家教育部于2005—

2010年先后开展学前教育研究，评估现行教学方法，评估教学支持办法；于2010—2013年开展“传统教育机构管理综合解决方案”相关研究，旨在实现管理模式自动化，基于统计数据制定标准化管理模式；于2016—2017年开展认证考试科目设计和开发标准化框架制定。

第二，改进传统教育教学体系。传统教育在学前教育中占据重要地位。国家教育部同宗教基金与伊斯兰事务部合作，将传统学前教育机构发展水平提升至公认标准，并与各参与主体协调配合，确保传统教育能够融入国家教育部的整体学前教育体系，从而更好地实现学前教育蓝图。此外，宗教基金与伊斯兰事务部也致力于组织传统教育课外活动，根据第13.01号法律的相关规定，促进传统教育机构在文化、运动、社会、生态、艺术、卫生等领域向社会开放。宗教基金与伊斯兰事务部还建立了一个评估和认证体系，向接受传统教育的学生颁发公认文凭，作为其进入社会的资历证明，保证其获得平等的就业机会和深造机会。

第三，加强教学人员技能。教师培训是提高教学质量的重要支柱，也是实施教育普及战略的关键。教师培训的目的在于提高教师作为教学关键角色的专业性，提高教育参与主体的多样性，保证教师培训方式的时代性。在传统宗教教育方面，宗教基金与伊斯兰事务部开展了一项继续培训专门方案，使传统宗教教育与现代教育理论对接，并定期举办讲习班，确保传统教育管理人员具有相应资历和能力从事教育管理、监督工作。此外，根据2002年7月23日颁布的第1.02.204号皇家诏令，该部门每年都组织颁发穆罕默德六世古兰经学校奖和传统教育优秀教学奖，以鼓励传统宗教教育机构开展优质教学，提高教学质量。

### （五）努力解决留级、失学与辍学问题

国家教育部下设的国家教育创新与实验中心的重要职能之一便是解决

学生的留级、失学与辍学问题。该中心出台的主要措施包括3个方面：第一，改进教学系统，保障学习质量，通过调整教学方法，改进课程体系和教材，充分引入现代信息通信技术，宣传创新理念，提高评估、指导和认证体系的工作效率与权威性，保障学生掌握基本技能；第二，提高学校生活质量，使学校不仅成为获取知识、掌握技能的场所，而且成为学生发展自我、维护健康，促使其将公民价值观、爱护环境和尊重人权原则根植于日常行为与实践的园地；第三，国家教育部设立检测跟踪单位，跟进各学校、教育机构的辍学和留级情况，针对面临学习或家庭条件等困难的学生，提供个性化解决方案，引导其表达自身关切，提供必要的课业辅导和心理疏导，及时遏制辍学和留级势头。

生源流失和教育机构稀缺是摩洛哥学前教育普及过程中面临的重大问题。为此，《国家教育紧急计划》通过以下3条措施予以解决：第一，实施基于基层监测机构的儿童入学长期跟踪制度；第二，实施个性化检测系统，及时发现并帮助学习困难或即将面临辍学的儿童，提供针对性解决方案；第三，推行辅导系统制度化，帮助儿童更好适应学习生活，掌握所学知识与技能。

## 第二节 学前教育的挑战和对策

### 一、学前教育面临的挑战

阻碍学前教育普及的主要困难包括：农村地区学前教育入学率低；教育工作者的初步和持续培训不足；缺乏基础设施和基本设备；教育督导和管理者专业背景、职业能力不足，水平参差不齐；学前教育课程的内容和活动、教学方法和教学材料形式单一且数量较少；课程和教学实践需适应科学技术发展；学前教育发展需要多元化，教学内容需要多样性；资金不足。

在统计方面，存在统计数字被低估的问题。摩洛哥国家教育部公布的统计数字低估了学龄前儿童的数量。第一，学前教育调查人员不熟悉调查技术和方法。第二，国家教育部缺乏开展教育普查工作的科学手段和后续保障。第三，摩洛哥农村地区的住宅呈分散分布，给学前教育相关统计工作带来了更大困难。

## 二、应对学前教育挑战的对策

学前教育面对的挑战由其组织性质和教学特点决定。由于学前教育的普及主要依靠地方机构和个人的力量，因此需要发展创新、协调一致的解决办法。

第一，学前教育需要和幼儿的情感、认知发展需求相结合。当下学前教育无法满足现代教育体系提出的对适龄学龄前儿童心智成熟、认知完全方面的发展要求。尽管国家教育部已经出台初等教育学前班一体化发展方案，计划在小学开设超 3 600 个学前班，且目前已经开设 3 391 个（其中 2 269 个在农村），但相比亟待入学的学龄前儿童数量，这一措施还远远不能满足学前教育需求。此外，目前学龄前儿童入学率仍存在较大的性别差异和城乡差距。城市地区的学前教育主要由私立机构主导，而农村地区则由传统的古兰经教育主导，且覆盖人群非常不均衡。学前教育教学内容的不适应和学前教育普及程度的欠缺使得摩洛哥学前教育无法实现学前教育的根本目的。

第二，学前教育需要采用适合摩洛哥传统特点与现代教育需求的新体系。一方面，学前教育的结构性调整战略尚在起步阶段，其成效仍需一段时间的实施和试点后才能显现。摩洛哥需要将普及新型现代学前教育与国情特点、社会经济发展水平和人口文化状况相结合，以期为所有学龄前儿童的早期学习和人格发展创造有利条件。另一方面，学前教育需要为学龄前儿童的启蒙和未来学习做好必要铺垫，创造有利条件。但目前，摩洛哥有 2/3 的学龄前儿童接受传统的古兰经教育，与国家教育部、私营部门、民间社会教育协会或其他公共机构致力于提供的现代学前教育不同。由此，国家教育部有必要提高本级和地区一级的科研能力，建立知识库，了解阻碍教育系统进步与发展的桎梏因素，以期制定具有前瞻性的教育发展战略，设计行之有效的教育政策，全面提高学前教育体系质量。

第三，学前教育需要多方面、多领域、多层级的各大部委、机构、团体、协会和个人共同参与，并综合调动教育主管部门及其他有关行政单位、私营部门和协会组织等的相当数量的人力、物力和财力资源。仅仅依靠国家教育部的力量，无法完成普及高质量学前教育这一重大任务。学前教育是整个社会的责任，需要一个能够有效动员且实现务实协调的伙伴关系框架作为指导，以便开展学前教育机构设立和重组工作，更新基础设施和教学设备，并对管理、监督和教学人员开展必要培训。目前，国家教育部正在牵头制定一项普及学前教育的新战略，使得各级政府一方面能够参与学前教育私立机构的运营管理工作，另一方面突出关照农村地区的学前教育发展状况。例如，《国家人类发展倡议》能够在农村地区通过引导政府相关部门的行动和举措，使得普及学前教育的战略实现成效。此外，合同化是全国、各大区和各省及省级市实施其教育计划的战略杠杆，应当作为教育体系系统化管理的首选管理方法和重要措施。

第四，学前教育需要明确的教学制度、体系和框架，以处理教学语言复杂化的问题。学龄前儿童正处于语言学习和语言技能掌握的关键与黄金时期，尽管国家教育基金已经明确推动解决教学语言问题的必要性，但相应计划和行动的实施效果却不及预期。标准阿拉伯语、摩洛哥方言及其变体，以及外语等都对师生构成了严峻挑战。在缺乏连贯、科学的教学管理和合格师资配备的情况下，多语制将加剧现有的语言断层现象，使得语言教学工作举步维艰。打破与教学语言政策有关的桎梏，明确语言教学中存在的瓶颈和问题并予以解决，是改善教学质量、提高学龄前儿童学习成效、夯实长期学习基础的决定性步骤。教育观点普遍认为，语文是其他学科知识的基础，掌握语文可以促进其他学科知识和技能的学习与发展。因此，有必要重视学龄前儿童语文能力的培养。此外，还应大力发挥经济社会委员会在语言问题上的作用。

# 第五章 基础教育

## 第一节 基础教育的发展和现状

### 一、基础教育的发展沿革

摩洛哥教育体系大体上包括学前教育、初等教育、中等教育、高等教育、职业技术教育、扫盲教育等，其中初等教育和中等教育构成了基础教育的主要部分。初等教育即普通小学教育，中等教育则包含普通初中教育和普通高中教育。摩洛哥由于长时间受到列强入侵并沦为法国的保护国，其基础教育事业一度遭受挫折。在教学政策上，殖民统治下的摩洛哥并非所有人都享有教育权，教育政策向殖民者倾斜。由于摩洛哥人口构成复杂，阿拉伯语、法语、柏柏尔语等都作为授课语言使用。在教师方面，除了摩洛哥本国教师承担教学任务外，也有许多法国及其他外籍教师参与教学工作。摩洛哥基础教育普及程度很低。1954 年，摩洛哥各类在校生仅有 16.5 万人，1955 年，只有 155 人通过初中和高中会考，教育基础十分薄弱。[1]1956 年 3 月独立后，摩洛哥开始将基础教育作为优先发展的事业，政府大力办学，其中小学入学人数在独立后的 20 年中每年增加 8.5%，中学入学人数在

[1] 哈桑二世．挑战 [M]．季仲华，译．北京：新华出版社，1983：4.

独立后的 20 年中每年增加 20%，为基础教育的开展奠定了基础。[1]

摩洛哥国王高度重视教育。穆罕默德五世确立了“教育为第一需要”的国策。1957 年和 1969 年，皇家教育改革委员会先后通过《教育改革法案》和《教育文化法案》，确立了教育发展的四项基本政策：普及、统一、阿拉伯化和摩洛哥化。[2] 哈桑二世延续了穆罕默德五世对教育事业的重视，提出教育是国家发展的根基，并继续推进落实 4 项政策。他强调，国家不仅需要掌握先进技术的高级科技人才，而且需要大批有一定文化科学知识的熟练劳动者。这为摩洛哥基础教育的发展奠定了良好的政策基础。

20 世纪 80 年代后，摩洛哥基础教育发展继续向前迈进。小学方面，摩洛哥的小学在 1980 年达到 2 332 所，1997 年达 3 500 所，到 1997 年，摩洛哥小学教师增至 9 万名，女教师占 35%。中学方面，1992 年，初中学生人数约为 80 万人，中学教师在 1997 年约为 2.51 万人，同年，初中和高中校园达到 991 所。[3] 学生在初中年级可以选择职业教育课程。每所初中均设有由教师及辅导咨询员组成的委员会，建议学生进入普通高中或职业学校。高中阶段也分为普通教育与职业教育 2 种，学习时间共 3 年，取得高中会考文凭后可以进入高等教育阶段。1992 年，摩洛哥高中就读人数约为 33.4 万人，其中约有 1.7 万人选择职业教育，约占学生总数的 5%。在政策引导下，至 20 世纪 90 年代末，四项基本政策在摩洛哥基础教育中基本落地。教材统一方面，摩洛哥小学在 20 世纪 90 年代末已经全部采用统编教材；阿拉伯化方面，摩洛哥全国小学除外语课程外全部使用阿拉伯语教学，中学安排相当比重的伊斯兰宗教教育和阿拉伯语课程；摩洛哥化方面，实现了学校教师和教育行政人员摩洛哥化；普及方面，已使所有人享有教育权，并逐步向全民教育普及方向发展。

---

[1]《非洲教育概况》编写组．非洲教育概况 [M]．北京：中国旅游出版社，1997：233-235．

[2] 徐拓．摩洛哥教育事业发展初探 [J]．西亚北非．1998（3）．

[3]《非洲教育概况》编写组．非洲教育概况 [M]．北京：中国旅游出版社，1997：233-235．

基础教育阶段的教师培养方面，小学教师培训中心招收高中毕业生，对其进行1年培训，课程设阿拉伯语、法语、数学、教育心理学等，主要进行现代教学法，特别是视听教学法的教育。地区教育中心负责培训初中教师，招收高中毕业生，培训2年，或招收学完第一阶段的大学生，培训1年，主要进行专业和教学法训练。高中教师的培养在高等师范学校进行，招收受过中学理科训练并接受过理论和实践教育培训的高考合格毕业生，他们在高等师范学校学习4年。这类学校还招收在教育方面受过1年专业培训的理学士和文学士，经过1年学习后，可任高中教师。此外，还设有国家视导人员中心，培训2—3年，以培养视导人员。另设有教育规划与辅导中心，培训2年，可取得规划或辅导咨询。

教育制度方面，摩洛哥中央教育行政机关为国家教育部，主管教育政策的研究制定与执行，其组织主要分为主管中小学及主管高等教育等部门。1985年以前，摩洛哥实行六年义务教育制度。各类教育学制分别为：小学教育5年，学生完成5年规定课程，考试合格可获初等学校毕业文凭。中等教育7年，其中初中4年，高中3年。初中阶段为普通教育，凡能升入初中4年级的学生都将获得中等教育证书。高中为大学预备阶段教育，高一文理分科，高二专业定向。学生完成规定课程获学位证书。1985年进行教育改革，摩洛哥开始实行九年义务教育，小学教育从5年改为6年，初中由4年改为3年，高中仍为3年。学生入学后不能中途退学或被开除，如父母不让其子女入学，政府要根据法律给予罚款。全年分2个学期，8个月教学，4个月假期，从9月15日到第二年的7月31日为一个学年度。

迈入21世纪，摩洛哥在穆罕默德六世（1999年至今在位）的领导下，继续加强对基础教育的重视。1999年，摩洛哥出台《国家教育与培训章程》，对基础教育系统产生了重要影响。为了符合摩洛哥本国人口结构较为复杂的情况，《国家教育与培训章程》要求学生在小学阶段不仅要学习阿拉伯语和柏柏尔语，还要在5年内学习两种不同的外语。学生

1 年级学习标准阿拉伯语和柏柏尔语，2 年级学习第三种外语（如法语），5 年级再学习另外一种外语（如英语）。这意味着学生在 6—10 岁要学习 4 种语言。由于摩洛哥日常使用的阿拉伯语并不是标准阿拉伯语，学习具有一定难度，特别是对柏柏尔地区的学生来讲，标准阿拉伯语基本也相当于一门外语。这对摩洛哥小学生是一个巨大的挑战。[1]

此后，国家教育部陆续根据国家需要，出台《国家教育紧急计划》《2015—2030 年教育改革战略构想》等。这些政策是摩洛哥为了解决基础教育中存在的各类问题的积极尝试，旨在优化符合本国国情和发展道路的教育制度，使基础教育在扫盲、培养社会需要的劳动力和为高等教育奠定坚实基础方面发挥作用。

## 二、基础教育的发展现状

摩洛哥基础教育在国家发展中起到了重要作用。自政府大力发展基础教育以来，全国文盲率已从 1960 年的 87% 降至 2015 年的 25.4%。截至 2019 年的数据，摩洛哥有小学 4 762 所，初中 2 007 所，高中 1 236 所。6 岁儿童入学率为 95%，7—12 岁儿童入学率为 94.5%，12—14 岁少年入学率为 73%，小学在校学生 443.22 万，教师 17.18 万；初中在校生 181.11 万，教师 8.27 万，高中在校生 110.94 万，教师 7.24 万。公立中学和小学教师已全部摩洛哥化。

### （一）小学教育 [2]

摩洛哥公立学校学制为小学 6 年，主要教育经费来源于国家教育部预

[1] 孙晓涵. 摩洛哥伊斯兰宗教教育研究 [D]. 金华：浙江师范大学，2014.

[2] 资料来源于联合国教科文组织统计研究所官方网站。

算，政府拨发全部的公共教育经费，也给私立学校提供一定数量的经济补助。摩洛哥法律规定儿童 7 岁入学，接受小学教育，这一阶段的学生为 7—13 岁的儿童。学校的学制为 6 年。学习的课程包括《古兰经》、阿拉伯语、算数、科学、历史、地理、绘画、手工、体育、音乐和法语。学生完成规定的所有课程并考试及格后，获得初等学校毕业文凭。学生年龄不超过 15 岁可进入初中学习，超过 15 岁的学生可进入职业技术学校学习。

### 1. 学生情况

摩洛哥小学学生人数见表 5.1。

**表 5.1 2016—2019 年摩洛哥小学入学人数及学龄人口数（单位：人）**

| 年份 | | 2016 | 2017 | 2018 | 2019 |
|---|---|---|---|---|---|
| 小学入学人数 | 女性 | 1 947 171 | 1 999 537 | 2 057 918 | 2 117 180 |
| | 男性 | 2 154 572 | 2 211 139 | 2 264 705 | 2 315 049 |
| | 总数 | 4 101 743 | 4 210 676 | 4 322 623 | 4 432 229 |
| 小学学龄人口数 | 女性 | 1 807 443 | 1 845 447 | 1 916 615 | — |
| | 男性 | 1 908 046 | 1 950 437 | 2 022 433 | — |
| | 总数 | 3 715 489 | 3 795 884 | 3 939 048 | — |
| 六年级学龄人口数 | 女性 | 295 873 | 297 556 | 302 333 | — |
| | 男性 | 311 211 | 313 889 | 319 569 | — |
| | 总数 | 607 084 | 611 445 | 621 902 | — |

从数据上来看，摩洛哥小学入学呈逐步上升趋势。2017 年、2018 年、2019 年三年入学人数增长率分别为 2.655%、2.659%、2.536%，平均增长 2.617%，摩洛哥小学教育的普及效果较好。从学龄人口的入学情况来看，2016—2018 年学龄人口整体呈现上升趋势，学龄人口增长率分别为 2.164%、3.772%，平均增长率为 2.968%。从学龄人口和入学人数的基数差异上看，入学人数明显

多于学龄人口，这说明有相当一部分此前达到学龄标准的儿童未能按时入学，而近年来摩洛哥普及小学教育的政策使得一部分本应该在学龄时入学而未能入学的儿童踏入了小学校园。从男女生入学情况来看，女性入学人数增长率分别为 2.69%、2.92%、2.88%，平均增长 2.83%，整体上高于平均增长率，说明越来越多的女性儿童能够接受小学教育。近 3 年数据显示，小学入学人数的男女性别差额为 21.16 万、20.68 万、19.79 万，稳定在 20 万人左右，小学学龄人口男女性别差额为 10.06 万、10.49 万、10.58 万，稳定在 10 万人左右，儿童在小学入学方面呈现男多女少的现象，两性之间差异较为稳定。

摩洛哥小学复读率的有关情况可见表 5.2。

**表 5.2 2016—2017 年摩洛哥小学复读生和复读率**

| | | 2016 年 | 2016 年复读率 | 2017 年 | 2017 年复读率 |
|---|---|---|---|---|---|
| 小学教育全年级复读生（人） | 女性 | 142 363 | — | 156 326 | — |
| | 男性 | 254 526 | — | 281 455 | — |
| | 总数 | 396 889 | — | 437 781 | — |
| 小学一年级复读生（人） | 女性 | 34 573 | 10.41% | 39 491 | 8.18% |
| | 男性 | 49 894 | 14.04% | 58 855 | 11.33% |
| | 总数 | 84 467 | 12.31% | 98 346 | 9.82% |
| 小学二年级复读生（人） | 女性 | 24 574 | 7.89% | 27 122 | 6.54% |
| | 男性 | 39 160 | 11.78% | 43 994 | 10.17% |
| | 总数 | 63 734 | 9.92% | 71 116 | 8.44% |
| 小学三年级复读生（人） | 女性 | 24 071 | 8.05% | 26 133 | 6.29% |
| | 男性 | 42 609 | 13.23% | 47 292 | 10.60% |
| | 总数 | 66 680 | 10.76% | 73 425 | 8.55% |
| 小学四年级复读生（人） | 女性 | 18 610 | 6.43% | 19 405 | 4.86% |
| | 男性 | 37 652 | 12.16% | 40 670 | 9.57% |
| | 总数 | 56 262 | 9.44% | 60 075 | 7.33% |
| 小学五年级复读生（人） | 女性 | 15 245 | 5.57% | 16 362 | 4.35% |
| | 男性 | 33 724 | 11.58% | 37 476 | 9.01% |
| | 总数 | 48 969 | 8.69% | 53 838 | 6.79% |

续表

| | | 2016 年 | 2016 年复读率 | 2017 年 | 2017 年复读率 |
|---|---|---|---|---|---|
| 小学六年级复读生（人） | 女性 | 25 290 | 9.45% | 27 813 | 6.45% |
| | 男性 | 51 487 | 16.10% | 53 168 | 10.64% |
| | 总数 | 76 777 | 13.01% | 80 981 | 8.66% |

从整体情况来看，2016—2017 年，摩洛哥小学的复读率整体呈现下降趋势，说明教学质量有所提升，课程能够适应学生的文化水平。从教育阶段来看，小学一年级和六年级的复读率较高，说明学前教育和小学教育之间的衔接还有待优化，学生在学前教育接受的教育不能够帮助其充分接收一年级的知识，而六年级较高的复读率则说明从小学升入初中的考试难度相对较高，相当一部分学生的学习情况并未给初中教育打好基础。从性别方面来看，女性的复读率普遍低于男性，这一情况在高年级阶段更为明显，五年级到六年级阶段，男性复读率约为女性复读率的两倍，可见在小学阶段，女性的学习情况要普遍优于男性。

摩洛哥小学辍学情况见表 5.3。

**表 5.3 2016—2017 年摩洛哥小学学生保持率**

| | | 2016 年 | 2016 年性别平等指数（GPI） | 2017 年 | 2017 年性别平等指数（GPI） |
|---|---|---|---|---|---|
| 六年级保持率 | 女性 | 95.39% | — | 95.05% | — |
| | 男性 | 94.72% | — | 93.52% | — |
| | 总数 | 95.05% | 1.007 08 | 94.26% | 1.016 34 |
| 五年级保持率 | 女性 | 97.96% | — | 96.99% | — |
| | 男性 | 97.05% | — | 95.82% | — |
| | 总数 | 97.50% | 1.009 39 | 96.39% | 1.012 18 |
| 四年级保持率 | 女性 | 99.16% | — | 98.08% | — |
| | 男性 | 98.27% | — | 97.19% | — |
| | 总数 | 98.71% | 1.009 05 | 97.62% | 1.009 16 |

从小学教育的辍学情况来看，2016—2017年的学生保持率总体呈微弱的下降趋势，即辍学比例成小幅度上升趋势，说明摩洛哥小学教育的难度在逐渐增加。从教育阶段来看，学生的辍学比例整体上随着年级升高而增加，年级越高辍学人数越多，四年级总体情况良好，五年级辍学率逐渐增多，六年级辍学人数达到最高。从性别角度看，女性的保持率总体上高于男性，说明男性辍学比例相较于女性更高，辍学人数也更多。

### 2. 师资力量

摩洛哥小学教师数量见表5.4。

表5.4 2016—2019年摩洛哥小学教师人数

| 年份 | 2016 | 2017 | 2018 | 2019 |
| --- | --- | --- | --- | --- |
| 女性（人） | 87 072 | 86 487 | 92 206 | 101 705 |
| 男性（人） | 67 180 | 63 711 | 69 082 | 70 107 |
| 总数（人） | 154 252 | 150 198 | 161 288 | 171 812 |
| 女教师占比 | 56.45% | 57.58% | 57.17% | 59.19% |

从数据来看，2016—2019年的教师人数总体上呈上升趋势，2017年、2018年、2019年三年的教师人数增长率分别为-2.628%、7.383%、6.525%，平均增长率为3.76%，说明摩洛哥在教师培养方面进行的投入得到了正面反馈。从教师的性别方面来看，女性教师比男性教师普遍多2万人左右，且这一差异在逐年加大，到2019年，女性教师比男性教师多出近3万人。2017年、2018年、2019年三年男性教师的增长率为-5.163%、8.430%、1.484%，增长幅度变化较大且具有波动性，女性教师的增长率为-0.672%、6.612%、10.301%，增长幅度变化较大，且女性教师的占比整体呈逐年上升趋势，女性教师是摩洛哥小学教育阶段重要的师资力量补充来源。

摩洛哥小学教学场所情况见表 5.5。

表 5.5 2018—2019 年摩洛哥教学场所情况

| 年份 | | 2018 | 2019 |
| --- | --- | --- | --- |
| 学校（所） | 总数 | 7 721 | 7 789 |
| | 其中乡村学校 | 4 736 | 4 762 |
| 其中社区学校（所） | 总数 | 124 | 134 |
| | 乡村 | 123 | 133 |
| 附属校区[1]（所） | 总数 | 13 104 | 13 133 |
| | 乡村 | 12 908 | 12 943 |
| 教室（间） | 总数 | 89 681 | 91 266 |
| | 乡村 | 54 524 | 55 143 |
| 其中现代化教室（间） | 总数 | — | 4 751 |
| | 乡村 | — | 2 691 |
| 班级（个） | 总数 | 128 108 | 134 550 |
| | 乡村 | 80 788 | 83 928 |

从数据上看，摩洛哥的学校数量整体呈上升趋势，其中乡村学校占比较大，2018 年占比 61.34%，2019 年占比 61.14%，说明乡村学校在摩洛哥的小学教育中承担了很大责任，对在乡村中普及小学教育有重要作用。附属校区的数量超过了普通小学，且绝大部分分布在农村，证明附属校区对乡村小学教育的补充作用是非常明显的。教室数量逐渐增加，从 2019 年开始，摩洛哥对现代化教室的投入出现了明显的正面效果，现代化教室增加势头迅猛。从班级增长率来看，2019 年，班级增长率为 5.02%，其中乡村增长率为 3.89%，平均每位教师需要负责 1.28 个班级，总体上师资力量较为充足。

## （二）初中教育

小学毕业后，学生可继续接受初中教育，初中教育的时间为 3 年，初中课

[1] 也称卫星学校。

程侧重于语言和理科，特别是法语、阿拉伯语和数学的学习。通过初中会考的学生将获得中等教育证书，持该证书可升入高中学习或进入职业学校学习。

### 1. 学生情况

摩洛哥初中学生人数见表 5.6。

表 5.6 2017—2019 年摩洛哥初中学生数（单位：人）

| 年份 | | 2017 | 2018 | 2019 |
|---|---|---|---|---|
| 初中入学数 | 女性 | 787 879 | 802 634 | 829 814 |
| | 男性 | 961 603 | 962 545 | 981 525 |
| | 总数 | 1 749 482 | 1 765 179 | 1 811 339 |
| 初中学龄数 | 女性 | 882 676 | 890 675 | — |
| | 男性 | 927 497 | 938 285 | — |
| | 总数 | 1 810 173 | 1 828 960 | — |

从数据来看，摩洛哥初中入学人数呈逐步上升趋势。2018 年、2019 年入学人数增长率分别为 0.897%、2.615%，平均增长 1.747%，摩洛哥初中教育普及程度加强。从学龄人口的入学情况来看，2017、2018 年学龄人口整体呈上升趋势，学龄人口增长率 1.038%。从学龄人口和入学人数的基数差异上看，入学人数少于学龄人口，说明一部分学龄儿童并未参加初中教育。从男女生入学情况来看，女性入学人数增长率分别为 1.87%、3.37%，平均增长 2.62%，整体上高于平均增长率，说明能够通过小学会考并接受初中教育的女学生越来越多。近 3 年数据显示，小学入学人数的男女性别差额为 17.37 万、15.99 万、15.17 万，稳定在 16 万人左右，小学学龄人口男女性别差额为 4.48 万、4.76 万，稳定在 4.5 万人左右，呈现男多女少的现象，两性之间差异较为稳定。

摩洛哥初中复读的有关情况见表5.7。

表5.7 2016—2017年摩洛哥初中复读生人数和复读率

| | | 2016年 | 2016年复读率 | 2017年 | 2017年复读率 |
|---|---|---|---|---|---|
| 初中教育全年级复读生（人） | 女性 | 91 902 | 14.90% | 120 569 | 16.03% |
| | 男性 | 194 540 | 25.89% | 233 400 | 25.68% |
| | 总数 | 286 442 | 20.89% | 353 969 | 21.21% |
| 初中一年级复读生（人） | 女性 | 13 866 | 8.92% | 28 687 | 12.70% |
| | 男性 | 47 659 | 22.09% | 82 286 | 26.32% |
| | 总数 | 61 525 | 16.24% | 110 973 | 20.36% |
| 初中二年级复读生（人） | 女性 | 12 866 | 8.60% | 22 108 | 10.58% |
| | 男性 | 38 397 | 20.25% | 52 665 | 20.10% |
| | 总数 | 51 263 | 14.88% | 74 773 | 15.61% |
| 初中三年级复读生（人） | 女性 | 65 170 | 26.04% | 69 774 | 24.27% |
| | 男性 | 108 484 | 34.57% | 98 449 | 30.14% |
| | 总数 | 173 654 | 30.65% | 168 223 | 27.31% |

整体来看，2016—2017年，摩洛哥初中的复读率整体呈现上升趋势，说明课程设置与学生的文化水平和学习能力适配度下降。从教育阶段来看，初一和初三的复读率较高，这一方面说明小学教育和初中教育之间的课程内容衔接度不足，学生在小学学习的内容不足以支撑其适应初一的学习节奏，另一方面，初三较高的复读率则说明学生通过会考的难度较大。从性别方面来看，男性的复读率远高于女性，约为女性复读率的两倍，可见女性在这一阶段的学习状况更为稳定。

## 2. 师资力量

摩洛哥初中教师数量见表5.8。

表 5.8 2017—2019 年摩洛哥初中教师人数

| 年份 | 2017 | 2018 | 2019 |
| --- | --- | --- | --- |
| 女性（人） | 29 311 | 31 622 | 33 768 |
| 男性（人） | 43 786 | 46 351 | 48 962 |
| 总数（人） | 73 097 | 77 973 | 82 730 |
| 女教师占比 | 40.099% | 40.555% | 40.817% |

从数据来看，2017—2019 年教师人数总体上呈上升趋势，2018、2019 年的教师人数增长率分别为 6.67%、6.10%，平均增长率为 6.38%，说明摩洛哥对初中教师的培养对补充初中师资产生积极作用。从教师的性别方面来看，与小学教师女多男少不同，男性教师比女性教师普遍多 1.5 万人左右。2018、2019 男性教师的增长率为 5.85%、5.63%，增长较为平稳，女性教师的增长率为 7.88%、6.79%，增长幅度稳定，女性教师占全体教师人数的比重稳定在 40% 左右，整体上呈现男多女少、同比增加的趋势。

摩洛哥初中教学场所情况见表 5.9。

表 5.9 2018—2019 年摩洛哥教学场所情况

| 年份 | | 2018 | 2019 |
| --- | --- | --- | --- |
| 学校（所） | 总数 | 1 977 | 2 007 |
| | 其中乡村学校 | 857 | 872 |
| 教室（间） | 总数 | 34 966 | 35 641 |
| | 乡村 | 11 453 | 11 847 |
| 其中现代化教室（间） | 总数 | — | 2 229 |
| | 乡村 | — | 1 076 |
| 班级（个） | 总数 | 42 547 | 44 388 |
| | 乡村 | 15 201 | 16 205 |

从数据上看，摩洛哥的初中学校数量有所增加，但与小学教育不同，乡村学校的占比相对较低，2018 年占比 43.35%，2019 年占比 43.45%，这说

明城市学校在摩洛哥的初中教育中承担更重要的责任。教室数量及其中的现代化教室数量增加。从班级增长率来看，2019 年，班级增长率为 4.33%，其中乡村增长率为 6.60%，平均每位教师需要负责 1.86 个班级。

## （三）高中教育

高中是大学的预科阶段教育。高中一年级文理分科，高中二年级专业定向。设置数学与技术、数学、实验科学、经济学、现代文学等专业方向，学生任选一种。课程的设置因专业而定，学生完成规定的课程后，获得中学毕业证书，可进入大学或高等专业院校深造，也可以继续普通或职业教育。

近年来，摩洛哥政府采取措施，加强高中阶段的职业技术教育，使课程设置更加多样化。在高中阶段，工业技术类的课程包括阿拉伯语、法语、第二外语、体育、数学、电工、机械、建筑和建筑技术、制造技术、自动化、理论课、车间操作、装备学、电工工艺学、实验课、电子学和电子工艺学等。

### 1．学生情况

摩洛哥高中学生人数见表 5.10。

表 5.10 2017—2019 年摩洛哥高中学生数（单位：人）

| 年份 | | 2017 | 2018 | 2019 |
|---|---|---|---|---|
| 高中入学数 | 女性 | 521 737 | 534 289 | 542 396 |
| | 男性 | 575 903 | 571 575 | 567 056 |
| | 总数 | 1 097 640 | 1 105 864 | 1 109 452 |
| 高中学龄数 | 女性 | 863 083 | 874 107 | — |
| | 男性 | 905 429 | 915 047 | — |
| | 总数 | 1 768 512 | 1 789 154 | — |

近年来，摩洛哥高中入学人数逐步增加，2018 年、2019 年入学人数增长率分别为 0.749%、0.324%，平均增长 0.536%，摩洛哥高中教育以缓慢增速向前迈进。从学龄人口的入学情况来看，2017 年、2018 年高中学龄人口整体呈上升趋势，学龄人口增长率 1.167%。从学龄人口和入学人数的基数差异上看，入学人数明显少于学龄人口，2017 年两者之间相差 67 万，占当年学龄总人数的 37.9%，2018 年两者之差为 68 万，占当年学龄总人数的 38.2%，这说明有近四成的学龄学生无法进入高中进行学习。从男女生入学情况来看，女性入学人数增长率分别为 2.40%、1.51%，平均增长 1.95%，整体上高于平均增长率，说明能够通过考试并进入高中接受教育的女学生数量在稳定增加，与此相反，男性入学人数增长率分别为−0.75%、−0.79%，每年的入学人数都比前一年少近 4 000 人，说明能够进入高中接受教育的男性数量在逐渐减少。近 3 年数据显示，高中入学人数的男女性别差额为 5.41 万、3.72 万、2.47 万，虽然依然是男多女少，但两者之间的差距正在缩小，高中学龄人口男女性别差额为 4.23 万、4.09 万，稳定在 4.1 万人左右，呈现男多女少的现象，学龄人数两性之间的差异稳定。

### 2. 师资力量

摩洛哥高中教师数量见表 5.11。

表 5.11 2017—2019 年摩洛哥高中教师人数

| 年份 | 2017 | 2018 | 2019 |
|---|---|---|---|
| 女性（人） | 21 623 | 23 005 | 23 822 |
| 男性（人） | 45 754 | 46 827 | 48 636 |
| 总数（人） | 67 377 | 69 832 | 72 458 |
| 女教师占比 | 32.09% | 32.94% | 32.88% |

2017—2019 年的高中教师人数总体呈上升趋势，2018 年、2019 年的高中教师人数增长率分别为 3.64%、3.78%，平均增长率为 3.71%。从教师的性别方面来看，男女老师的差额在初中教育的基础上逐渐加大，男性教师比女性教师普遍多 2.4 万人左右。2018、2019 年男性教师的增长率为 2.35%、3.86%，增长较为平稳，女性教师的增长率为 6.39%、3.56%，总体上呈增长趋势，女性教师占全体教师人数的比重也在初中教育女性教师比重的基础上继续下滑，稳定在 32% 左右，整体上呈现男多女少的趋势。

摩洛哥高中教学场所情况见表 5.12。

表 5.12 2018—2019 年摩洛哥教学场所情况

| 年份 | | 2018 | 2019 |
|---|---|---|---|
| 学校（所） | 总数 | 1 207 | 1 236 |
| | 其中乡村学校 | 347 | 360 |
| 教室（间） | 总数 | 25 254 | 26 058 |
| | 乡村 | 4 388 | 4 747 |
| 其中现代化教室（间） | 总数 | — | 1 365 |
| | 乡村 | — | 472 |
| 班级（个） | 总数 | 28 401 | 29 355 |
| | 乡村 | 5 292 | 5 723 |

摩洛哥的高中学校数量呈上升趋势，其中乡村学校的占比延续初中学校构成的特点，比重继续降低，2018 年占比 28.75%，2019 年占比 29.13%，城市高中在摩洛哥的高中教育中占据主导地位。教室数量增长率为 8.19%，现代化教室数量明显增加。从班级增长率来看，2019 年，班级增长率为 3.36%，其中乡村增长率为 8.14%。平均每位教师需要负责 2.47 个班级。

# 第二节 基础教育的特点和经验

## 一、基础教育的特点

### （一）不断改革以构建较为完善的基础教育体系

摩洛哥的基础教育基础薄弱。在 20 世纪 80 年代以前，摩洛哥政府为统一教育系统，普及所有学龄儿童的教育，实现教学和课程阿拉伯化，使教学人员和教育行政人员摩洛哥化，进行了大力改革，旨在最终实现基础教育的阿拉伯化，从而为高等教育的阿拉伯化奠定基础。20 世纪 80 年代初期和中期，国际货币基金组织和世界银行等国际机构开始介入和影响摩洛哥的教育改革进程，通过使摩洛哥政府重视扩大受教育规模、调整各级教育的结构等方式，以降低教育资源的浪费和改善教育系统，这使改革的重心更多转向了对基础教育的优化。摩洛哥基础教育的质量得到改善，降低了基础教育的成本，提高了教育系统效率，使基础教育能够适应国家经济和社会发展的需要。目前，摩洛哥建立了完整的“六三三”基础教育体系，其中包括小学 6 年和初中 3 年的九年义务教育，且基础教育阶段已实现教学课程阿拉伯化，符合本国发展要求。

### （二）性别和城乡不平等现象

总体来说，当前摩洛哥在基础教育阶段的教育机会不平等呈现城乡分化，农村性别不平等更甚于城镇，摩洛哥女性受教育机会更容易被剥夺。在此方面，摩洛哥 2018 年和 2019 年的城乡两性平等指数和城乡教育平等指数可作交叉参考。

从学生角度看，在初中教育阶段，2018 年，两性平等指数在城市为 0.97，在乡村为 0.77，总数为 0.90，这一数据在 2019 年有所增长，城市为 0.97，乡村为 0.80，总数为 0.91。这一数据说明，初中教育阶段，城市接受教育的机会相对公平，而乡村接受教育的机会则男多女少。尽管 2019 年性别平等指数有所上升，两性获得基础教育机会总量的差距缩小，但乡村女性的受教育机会仍有很大的被剥夺可能。2018 年，城乡教育平等指数为 0.60，其中男性 0.53，女性 0.66。2019 年，这一数据继续增长，总体为 0.64，其中男性为 0.58，女性为 0.70。这显示了城乡差距进一步影响了女性受教育的机会。而在高中教育阶段，2018 年，两性平等指数在城市为 1.07，在乡村为 0.91，总数为 1.05，这一数据在 2019 年有所增长，城市为 1.10，乡村为 0.98，总数为 1.08。2018 年，城乡教育平等指数为 0.25，其中男性 0.28，女性 0.23，这一数据在 2019 年有所增长，总体为 0.27，其中男性为 0.28，女性为 0.25。[1] 由此可见，性别平等化趋势在城乡之间存在明显差别，出现这种现象的原因，既与摩洛哥的社会、经济、文化因素有关，也与个人及家庭因素有关。摩洛哥城乡长期在社会经济及文化教育发展上存在的巨大差异，最终通过家庭这个社会单位显露出来，对城乡不同性别子女的教育机会产生了至关重要的影响。

从教师角度看，女性教师所占比例随教育等级的提升而逐渐降低，小学女性教师平均占比 57%，初中女性教师平均占比 40%，高中女性教师平均占比 32%。这是一个结构性问题，由于女性教师在受教育的过程中就已接受教育进阶过程中的逐级筛选，其结果又反作用于女性教师的教育对象，导致女性在基础教育阶段，随着小学—初中—高中的阶段变化，受到的制约越来越明显。这需要摩洛哥政府继续发挥主导作用，制定改革计划，推动城乡公民基础教育机会性别平等化的实现。

[1] 资料来源于联合国教科文组织统计研究所官方网站。

### （三）注重通过多项措施扩大基础教育普及，提高教育质量

摩洛哥政府一直致力于通过各项教育政策扩大基础教育的普及，提高基础教育的教育质量，其中最重要的是1999年颁布的《国家教育与培训章程》。《国家教育与培训章程》将提高教育质量视为摩洛哥面向21世纪教育改革的中心目标之一，强调要构建以学习者为中心的教育系统，从而把学生培养成为摩洛哥经济和社会发展的积极力量。为了提高教育质量，《国家教育与培训章程》还在改进教育系统、建立新的评价和考试制度、改进课程内容和教学方法、教师招聘和改善教师待遇等方面提出了许多建议和措施。具体而言，该章程强调要构建以学生为导向的教育系统，打通不同层次教育之间的障碍，使学生能够有多次机会对自己的未来进行选择。《国家教育与培训章程》主张在分权的基础上建立新的评价与考试制度，建议摩洛哥政府把评价和考试的权力从中央政府下放给省和地方学校；建议对现有的课程进行全面评价，然后开发出以地方为中心的新课程。这种新课程70%的内容由国家决定，15%由地方决定，剩下15%由学生及家长选择。《国家教育与培训章程》还强调学校创新与高质量的教学人员紧密相关，建议政府应采取有效措施为教师提供更好的工作条件和专业发展，改进教师晋升制度和新教师招聘工作。以上种种措施都有效提高了摩洛哥基础教育的质量。从数据上来看，无论是小学、初中还是高中，摩洛哥近年来的入学人数都呈现逐年上升的趋势，说明基础教育的普及取得良好效果，而每个基础教育阶段的保留人数和复读率基本稳定在一个较小的变化差异内，说明摩洛哥教育质量基本能够适配学生的学习能力，在教育质量上不断改进。

## 二、基础教育的经验

### （一）注重建立符合本国国情的基础教育制度

摩洛哥基础教育的起点比较低，由于独立前的摩洛哥长期处在保护国制度的影响下，教育制度已全面殖民化。保护国教育制度的突出特点是扩大西方国家在非洲的社会基础，培养维护保护国统治的工具，学校实行封闭式教育，很少传授科学技术知识和实际技能。因此对非洲人来说，上学成为摆脱原有身份和困境、跻身社会上层的途径。为了使基础教育能够为摩洛哥培养符合本国发展道路的劳动力，并为高等教育奠定坚实基础，摩洛哥在保护国教育制度的基础上大力改革，制定并实施了一系列旨在迅速推动教育发展的方针政策，如教育体制的统一、教育的摩洛哥化、阿拉伯化等，并取得了良好效果。

### （二）协调世俗教育和宗教教育比重，统一全国教育模式

摩洛哥的现代公立学校源于殖民时期创建的西式教育系统，独立之后的摩洛哥沿用了这一教育模式，并且融入了摩洛哥–伊斯兰特色，然而宗教教育在摩洛哥历史悠久，在传播伊斯兰教方面起到不可替代的作用。20 世纪 60 年代之前，伊斯兰宗教教育虽然成为现代学校的必修课程，但各地执行标准不一，严重影响了世俗教育的开展。对此，摩洛哥强制古兰经学校进行教育改革，将古兰经学校确立为学前教育机构的一类，成为进入小学接受义务教育的第一步。在基础教育阶段，摩洛哥在公立小学和初中的课程设置中加入伊斯兰教育课程，使学生在接受世俗教育的同时能够继续接受部分宗教教育。摩洛哥希望通过此举保持阿拉伯–伊斯兰文化的独立性，同时培养出符合国家发展需要的实用性人才。

### （三）通过各项政策解决教育语言问题

在基础教育阶段，和摩洛哥历史背景相似的其他北非阿拉伯国家通常也会遇到教学语言问题。由于本国复杂的民族构成和殖民者遗留问题，摩洛哥存在各地区偏向使用本地区语言进行授课的情况，其中包括标准阿拉伯语、阿拉伯语方言、柏柏尔语、法语、英语等等。面对不同利益相关者对教学语言问题的争议，摩洛哥试图在主张教学语言阿拉伯化和主张使用法语作为教学语言之间寻找一个平衡点，希望在教学语言问题上能够达成共识。摩洛哥通过 1999 年颁布的《国家教育与培训章程》，大刀阔斧地就这一问题进行了改革。《国家教育与培训章程》规定，要通过在中小学阶段强制学习阿拉伯语来加强摩洛哥的所有教育机构对阿拉伯语的使用，并强调在高中阶段，科学和技术类学科的教学语言应该多样化。在《国家教育与培训章程》颁布实施之前，摩洛哥高中的科学和技术类学科教学只用法语进行教授。目前，摩洛哥的教学语言采用阿拉伯语、法语和柏柏尔语。这一规定有助于打破法语的垄断地位，从而为使用阿拉伯语和英语等语言教授这些学科打开大门，进一步使摩洛哥在教育模式上实现统一。

# 第三节　基础教育的挑战和对策

## 一、基础教育面临的挑战

### （一）资金投入有待提高

根据摩洛哥官方网站数据，近两年来，摩洛哥国家教育经费占 GDP 总额的比例维持在 4.3% 左右，在非洲国家中排名较前，但距离教育水平整体排名靠前的经济合作发展组织平均水平（5.2%）还有较大差距。[1] 从摩洛哥国内环境来看，近年来摩洛哥经济发展速度较快，2018 年，摩洛哥的 GDP 为 1 179.21 亿美元，2019 年为 1 187.25 亿美元，增速为 2.30%，相比 2018 年增长了 8.04 亿美元，[2] 但长期以来，由于摩洛哥政府对高等教育的重视程度超过基础教育，高等教育一直是教育拨款的主要流向，而教育财政的不足直接影响和制约了摩洛哥基础教育改革目标的实现。

### （二）教学语言问题带来多种负面影响

摩洛哥语言的多样性、法国殖民主义的影响和地区之间发展的不平衡使摩洛哥的语言冲突成为困扰摩洛哥社会的问题之一。这一问题在基础教育中首先造成了学生学习书面语言的困难，学生在小学阶段不仅要学习阿拉伯语和柏柏尔语，还要在 5 年内学习两种不同的外语。负担较重之外，教育语言问题还加剧了教育的不公平。摩洛哥在全国普遍实施的阿拉伯化政策使生活在农村地区的贫穷学生或柏柏尔人接触法语的机会较少，而法语作为摩洛哥的教学语言之一，在学生的基础教育阶段乃至迈入高等教育之后都有重要作用。生活在城市的中上阶层学生本身就能够同时掌握阿拉伯语和法语，并能够随着基础教育阶段的提升更加自如地转换语言进行学习，这就使生活在农村的贫困学生被迫受到教育不公的影响。

[1] 资料来源于经济合作与发展组织官方网站。

[2] 华经产业研究院．2010—2019 年摩洛哥 GDP、人均国民总收入、人均 GDP 及农业增加值占比统计 [EB/OL]. [2021-01-09]. https://www.huaon.com/channel/distdata/635074.html.

### （三）基础教育阶段存在性别和城乡不平等现象

近年来，尽管摩洛哥政府在减贫中取得了一定的进步，但是相对于城市，摩洛哥农村的贫困率依然较高，城乡发展不均衡问题仍然十分突出。城乡差距的拉大使得摩洛哥的基础教育在均衡发展和提高质量等方面的目标很难在短时间内取得突破。此外，数据明确显示，摩洛哥基础教育阶段存在入学机会女低男高的性别不均等现象，这一现象在农村地区更为严重。尽管女性在复读和辍学情况方面的表现普遍优于男性，但随着基础教育阶段的提升，女性获得教育机会的地位较弱势的问题依然存在，这也使得女性教师在教师队伍中的占比随着基础教育阶段的提升而逐步下降，摩洛哥基础教育的性别均等化进程还有待加强。

## 二、应对基础教育挑战的对策

### （一）加大基础教育资金投入，多领域支持基础教育发展

近年来，摩洛哥在教育领域的投入不断增多。如表 5.13 所示，2018 年，摩洛哥国家教育预算总额为 506.58 亿迪拉姆，占国家总预备比例的 24.2%，占当年 GDP 的 4.3%；2019 年，摩洛哥国家教育预算总额为 536.01 亿迪拉姆，比上一年增长 29.43 亿迪拉姆，占当年 GDP 的 4.3%。其中在基础教育阶段的师资投入大幅增加，摩洛哥在 2018 年共培养 12 456 名小学教师，7 552 名中学教师，培训教育督导员 300 人。在 2019 年共培养 8 150 名小学教师，6 850 名中学教师，培训教育督导员 240 人。为小学建立现代化教室 4 751 间，初中 2 229 间，高中 1 365 间，共计 8 345 间，为摩洛哥的现代化教育提供助力。

表 5.13 2018—2019 年摩洛哥国家教育预算

| 年份 | | 2018 | 2019 |
|---|---|---|---|
| 教育系统运行（百万迪拉姆） | 薪酬总数 | 35 977 | 34 980 |
| | 教学物资 | 7 681 | 10 050 |
| | 总额 | 43 658 | 45 030 |
| 教育投资（百万迪拉姆） | 实际支出费用 | 4 500 | 5 291 |
| | 承诺支出费用 | 2 500 | 3 280 |
| | 总额 | 7 000 | 8 571 |
| 国家教育预算总额（百万迪拉姆） | | 50 658 | 53 601 |
| 占国家总预算比例 | | 24.2% | — |
| 占 GDP 比例 | | 4.3% | 4.3% |

### （二）深化语言政策改革，监督实施情况

摩洛哥在 1999 年颁布的《国家教育与培训章程》中指出，教育系统要确保所有人熟练掌握阿拉伯语的口语和写作能力，并且作为对官方语言的补充，允许学习世界上广为使用的外语。这确定了摩洛哥语言学习的方向是精通阿拉伯语，并接受其他国家语言。《国家教育与培训章程》第 117 条规定："为了促进学习者在学习语言年龄最好的幼年开始学习外语，实施以下教育方针：小学第二年开始学习第一门外语，熟悉发音和基本的口语表达；小学第五年开始学习第二门外语，熟悉发音和口语表达；语言都与其历史相联系，在语言学习中加强对该语言的科学、技术和文化模块的学习，增强语言的实践功能。"此后，2011 年 7 月，柏柏尔语被新宪法规定为同阿拉伯语并列的官方语言。

基础教育阶段的语言学习为学生进一步在大学接受高等教育奠定了基础。摩洛哥的教学语言采用阿拉伯语、法语和柏柏尔语。社会科学、人文科学、神学、教育学和伊斯兰法律的教学用阿拉伯语。精密科学、医学和工程专业

的教学使用法语。法学主要用阿拉伯语教学，部分也用法语教学。经济学用法语教学，但经济术语、经济地理、摩洛哥经济使用阿拉伯语进行教学。

### （三）以教育公平反哺社会，加快基础教育性别均等化进程

教育具有经济效益，也是重要的社会分层工具。教育的性别平等状况直接关乎两性的就业机会与生活质量，乃至社会的和谐。[1] 近年来，摩洛哥女性的受教育水平不断提高，入学的性别差距在数量和质量层面均呈缩小趋势。小学高年级阶段的性别均等指数普遍保持在 1 左右，初中和高中的学龄人口虽然呈现男多女少局面，但数据显示女性在基础教育阶段的学习能力较强，能够通过考试并进入初中和高中接受教育的女性数量在稳定增加，这将为进一步实现社会公平提供助力。

[1] 杨倩，王伟宜. 高等教育机会性别不平等的城乡差异及其变化研究 [J]. 福建师范大学学报（哲学社会科学版），2019（6）：151-158.

# 第六章 高等教育

## 第一节 高等教育的发展和现状

摩洛哥地处非洲西北端，位于欧洲、非洲两个大陆和地中海、大西洋两片水域的交界处，其地形地貌十分复杂。与此同时，由于其特定的政治、经济、历史和文化等国情背景，摩洛哥高等教育在其产生、发展及面临的问题上与其他国家有着显著的差异。政府把教育作为国家发展的根基。在殖民统治时期，摩洛哥主要移植法国的高等教育模式，这种精英教育模式对独立后的高等教育产生了许多负面影响，为此，摩洛哥在教育领域展开了一系列的改革。时至今日，摩洛哥的高等教育体系在规模和制度等方面已取得一定进展，但由于历史和现实的因素，仍然面临着诸多的问题和挑战。

### 一、高等教育的发展历程

摩洛哥高等教育分为传统高等教育、早期世俗化高等教育、法属保护国时期的高等教育、独立后的高等教育和面向 21 世纪的高等教育 5 个阶段。

## （一）传统高等教育（9—14 世纪）

摩洛哥的高等教育最早可以追溯到公元 859 年建立的卡拉维因大学。卡拉维因大学是摩洛哥王国第一所伊斯兰高等学府，创办初期采取寺院式的教学方法，该校的教育集中于伊斯兰宗教、法律和古典阿拉伯语等内容。这一教育时期的摩洛哥并没有制定统一的课程，教学的内容主要是日常的生活技能、原始宗教、德育等。清真寺被誉为传播高深学问的场所，对摩洛哥传统高等教育课程的设置起主要作用。1143 年，卡拉维因清真寺由政府投资扩建，学校规模扩大，教学制度得到完善，课程设置得到增加，正式成为独立的高等学校建制。[1]1956 年，在摩洛哥独立之后，该校成为独立的伊斯兰大学，进一步对教学体制和内容进行改革，将现代高等教育方案和设施运用到教学中。1963 年，该校被并入摩洛哥现代公立大学系统之中。大学被赋予新的使命，即教授阿拉伯语和伊斯兰教义，培养相应人才，并为相应领域的研究做出贡献。卡拉维因大学被联合国教科文组织和《世界吉尼斯大全》视为现存最古老的、第一个授予学位且持续运行的高等教育机构，即世界上最古老的大学。

## （二）早期世俗化高等教育（15—19 世纪）

15—19 世纪，摩洛哥遭受到西方殖民主义帝国的入侵和殖民统治，摩洛哥的民族文化因此遭受到严重摧残，在教育方面的体现也尤为明显，西方文化对教育事业的发展影响越来越深，开始出现了浅近的半世俗化教育体制。在约 4 个世纪的漫长历史中，西方殖民者入侵摩洛哥，并开始了对摩洛哥的殖民统治。如同其他被殖民统治过的非洲国家一样，摩洛哥的现代

[1] DORHMI S. Higher education reform in Morocco[M]. Lambert Academic Publishing, 2010.

高等教育也发端于宗主国监督下建立的殖民地首府的大学学院。法国和西班牙先后在摩洛哥推行殖民主义教育，摩洛哥在本国文化受到摧残的同时，出现了欧洲殖民者的教育和本国教育两种教育方式并存的现象。这一时期，犹太人联盟创建的学校最为先进。世界犹太人联盟在摩洛哥南部城市和农村地区建立学校的主要目的在于教化当地居民，继而服务于政治上的控制，且这类教育主要集中于初等及中等水平的教育，高等教育还未涉及，但这使得摩洛哥的教育开始摆脱纯粹宗教教育传统，使教育和社会生活的联系更加紧密。教育真正成为社会和经济发展的主要推动力，加快了教育世俗化的进程，为之后世俗化高等教育机构的创立奠定了一定的基础。

### （三）法属保护国时期的高等教育（1912—1956年）

1912年，在法国的威逼下，素丹穆莱·哈菲德签订了不平等条约——《非斯条约》，就此，摩洛哥成为法国的保护国，传统伊斯兰高等教育在法国殖民统治下逐渐衰退。在本国的教育受到打压的同时，法国将其宗主国的精英教育体制强行输入摩洛哥，摩洛哥的民族身份认同及归属感也在逐渐缺失。长期以来，法国政府以征服者自居，以高度发达的文明和法兰西文化为傲，殖民扩张被认为是将现代文明带给落后民族的行为，能够促进劣势民族的文明改造，即所谓的“开化使命”。[1] 法国对摩洛哥高等教育的改造标志着摩洛哥近代高等教育的开始。

法国驻摩洛哥第一任总督利奥戴意识到，摩洛哥的高等教育实质上能够起到培养为法国殖民政府服务的本地贵族精英的作用。[2] 在他任职期间，利奥戴一直奉行殖民主义的“联合政策”，特别强调法国殖民者与殖民地贵

[1] SEGALLA S D. Moroccan soul: French education, colonial ethnology, and Muslim resistance, 1912-1956[M]. U of Nebraska Press, 2009.

[2] LEE R S. Constructing colonial binaries: French representations of religion in Algeria and Morocco[D]. Wesleyan University, 2011.

族精英的合作。[1] 在联合政策的影响下，摩洛哥传统的教育和伊斯兰高等教育虽然受到重创，但仍有所保留。另一方面，摩洛哥本国的大部分穆斯林精英也想通过法式现代教育学习西方先进科学技术，以促进摩洛哥的民族振兴。他们要求全盘西化，接受法国现代教育。法国殖民者一方面为了缓和知识分子群体和穆斯林贵族精英的民族情绪，一方面也出于对精通法语的摩洛哥管理人才的需求，于是建立殖民地大学。当时的法国统治者并不愿意让摩洛哥本地人平等接受西方高等教育，只企图让摩洛哥人处于蒙昧无知的状态下，以方便控制和管理。这一阶段的教育实质上属于一种奴化教育。

1912 年，法国殖民政府建立了一所阿拉伯语和柏柏尔语语言学校，面向摩洛哥贵族精英开放，教授法语和法国文化。该校在 1921 年发展成为摩洛哥高等语言研究院。其模式完全依照法国高等教育模式建立，教学内容也完全围绕着宗主国的语言、法律和文化等。殖民政府为摩洛哥广大的穆斯林群众设立了两种教育体系：一种面向摩洛哥普通居民的子女，以宗教教义的学习为主；另一种则专为社会精英阶层而设，致力于将摩洛哥官员、城市中上层和农村贵族的子女培养成服务于殖民政府的公务人员。

从 1912 年摩洛哥沦为法国的保护国到 1956 年获得独立，在长达 44 年的时间里，摩洛哥传统的伊斯兰教育没有得到重视，开始衰退，但几所完全移植宗主国教育体制的高等教育性质的学校则促进了世俗教育的发展，摩洛哥现代高等教育在这一时期开始确立。法国殖民统治为摩洛哥带来了现代高等教育体制。比起传统的宗教教育，现代高等教育在课程、教学还有人才培养上都更具优越性，也比宗教教育更具实用性。但是，殖民地大学所吸纳的学生也仅限于穆斯林精英阶层和极少数下层社会的摩洛哥人。据 1952—1953 年的统计，摩洛哥有大学生 8 500 人，全国文盲率为 93%。

[1] REMI C. Inadequacies of the notion of assimilation in African education[J]. The journal of modern African studies, 1970, 8(3): 425-444.

法国在摩洛哥兴办的高校也仅培养出了 41 名律师、25 名医生和 28 名药剂师。[1]

## （四）独立后的高等教育（1956 年至 20 世纪 80 年代）

1956 年至 1960 年独立初期，摩洛哥面临政治、社会、文化、经济等方面的问题和挑战。这一时期，摩洛哥政府在教育领域的主要任务在于减少法国教育体制对摩洛哥的影响，改革沿袭的法国教育制度，建立本国统一的新教育体制，制定和颁布国家教育的现代化、摩洛哥化、阿拉伯化政策，促进教育的普及，男女平等，创办第一所国立大学等，从而为摩洛哥高等教育发展奠定基础。

1957 年，在国王穆罕默德五世的倡导下，拉巴特建立了第一所现代化大学——穆罕默德五世大学。这所大学的主要使命在于满足当时社会对高等教育的需求，教育与培训更多的本土行政人员，以取代法籍公务人员。1959—1960 学年，穆罕默德五世大学的在校生人数达到 3 300 人，教职人员达 150 名。

在中东及北非地区民族主义者倡导的阿拉伯化运动的影响下，摩洛哥政府在教育领域也提出现代化、摩洛哥化和阿拉伯化的目标。为了顺利实现该目标，摩洛哥政府在 1957 年成立皇家教育改革委员会，其主要任务是对独立初的教育状况进行全面调查，在此基础上向政府提出教育改革计划，并负责执行，解决教育发展过程中的问题。皇家教育改革委员会成立后不久便开始着手执行由摩洛哥政府在 1957 年所通过的《教育改革法案》，主要围绕教育的阿拉伯化为核心，这也是摩洛哥自独立之初到 20 世纪末进行教育改革的重点和主要任务。现代化、摩洛哥化和阿拉伯化这 3 个目标为摩洛

[1] DORHMI S. Higher education reform in Morocco[M]. Lambert Academic Publishing, 2010.

哥国家经济和社会的发展做出重大贡献。

20 世纪 60—80 年代，摩洛哥的高等教育事业得到迅速发展。这一时期，高等教育政策虽然做了一系列重要调整，但改革依然围绕大学行政人员和教师的摩洛哥化、语言的阿拉伯化展开。根据教育部门的相关统计，在 1979—1980 学年，摩洛哥的在校大学生达到 74 500 人，教职人员达到 2 171 名，其中 391 名为女性，占总数的 18%。[1] 这一时期还有两次重大的改革，一次是在 1962 年，高等教育科研部对卡拉维因大学进行改组与调整，将其确定为国立大学；另一次是在 1975 年，卡拉维因大学和穆罕默德五世大学进行了全面的章程改组，卡拉维因大学设两个分校，分别位于马拉喀什和得土安，主要研究阿拉伯语科学，而穆罕默德五世大学的使命主要是从事科学研究。这一系列政策和改革为摩洛哥创建新的高校铺平了道路。

### （五）面向 21 世纪的高等教育（20 世纪末至今）

20 世纪末，摩洛哥在经历多次高等教育改革之后依然未找到有效的教育模式来适应社会的发展。高等教育仍然因体制问题受到困扰，政府始终缺少一个明确的教育方针来指导高等教育的持续发展。随着经济全球化的发展，为迎接全球化市场对人才的高要求，摩洛哥政府在 20 世纪 90 年代又新建 11 所高校和医科、法律专科学校，几乎覆盖整个经济领域。90 年代末期，摩洛哥拥有 14 所公立大学和 62 所职业技术学院，在校学生人数达到 250 000 人。根据联合国的统计报告，1999 年，摩洛哥在校男女大学生人数为 273 183 人，教职人员有 9 607 人，其中女性为 2 400 人，占总教职人员的 25%。[2] 这一时期，摩洛哥高等教育层面的阿拉伯化也面临着诸多问题和挑战，出现了教育质量下降、教育财政危机、教育语言分歧等一系列问题。

[1] DORHMI S. Higher education reform in Morocco[M]. Lambert Academic Publishing, 2010.

[2] DORHMI S. Higher education reform in Morocco[M]. Lambert Academic Publishing, 2010.

同其他非洲国家一样，摩洛哥也向世界银行、国际货币基金组织等寻求外部资金的援助。20 世纪 80 年代，世界银行和国际货币基金组织对非洲国家实行的“结构调整计划”对摩洛哥的高等教育产生了巨大影响。摩洛哥长期依靠世界银行和国际货币基金组织的投资开展教育项目，但是教育基金的获得需要以摩洛哥教育制度的完善和教育质量的提升为保障。这不仅使政府缩减了对高等教育的投入，也使得摩洛哥高等教育的阿拉伯化政策走向失败。

1999 年，应国王哈桑二世的要求，摩洛哥政府成立教育与培训改革委员会，其主要使命是对国家的整体教育状况进行调查，在此基础上向政府提出教育改革方案。1999 年 10 月，改革委员会出台《国家教育与培训章程》，并将报告提交于新任国王穆罕默德六世。2000 年，摩洛哥政府通过此项法案，并宣布 2000—2009 年为摩洛哥教育与培训全面教育改革的 10 年。

随着全面教育改革逐步进入尾声，摩洛哥政府发现成果并不十分明显，要实现《国家教育与培训章程》所设定的改革目标尚有较大困难。为此，摩洛哥政府在 2008 年颁布《国家教育紧急计划》，旨在巩固已有教育改革的成果，并对其进行必要的调整，从而达到全面实现《国家教育与培训章程》促进国家的经济与社会发展等预定目标。

进入 21 世纪以来，摩洛哥政府积极促进高等教育的国际化进程，鼓励高等院校与其他国家的高校建立跨校协作。由于历史原因，摩洛哥高等教育更容易与法国高等教育接轨。同时，摩洛哥高校也参照欧洲高等教育发展蓝图，积极推进摩洛哥与欧洲高校学历和文凭的互认体系，鼓励各种国际交流活动。除了积极与欧洲高校进行互动之外，21 世纪以来，摩洛哥也开始推动与其他国家的高等教育合作。目前，中国在摩洛哥开设了 3 所孔子学院，并在摩洛哥多地开设孔子课堂教授中文，摩洛哥也成为首个开设 3 所孔子学院的阿拉伯国家。由此可以看出摩洛哥在拓展国际交流合作方面的决心和力度。不仅如此，进入 21 世纪以来，摩洛哥积极推动阿拉伯语在本国的发展，加强与东部阿拉伯国家的团结协作，在中小学课程设置中，增加阿拉伯语的课时，强调摩洛哥人的阿拉伯属性。

经过多年的不断改革，摩洛哥已使其教育成为经济和社会繁荣发展的重要推动力。教育已经成为摩洛哥实现国家经济繁荣发展的重要途径。

## 二、高等教育的类型

### （一）按照教育机构的职能划分

从高等教育机构的职能上来分类，摩洛哥公共体系中的高等教育机构可分为以下 3 种类型。

第一种是培训未来的行政管理人员的独立教育体系“大学校”，或称高等教育学院。这类学校沿袭法国的大学校传统，是殖民时期的产物。大学校系统是法国特有的，不同于其他西方国家的教育系统，一开始是应法国提高军力和发展经济所需，为国家培养实用的军事、技术人才，有强烈的功利主义和国家主义色彩。至今，大学校成为摩洛哥培养高级应用型人才的精英机构。相对普通大学而言，其专业化、学术性更强，更注重实践，致力于培养各类型科研、工程、政治和商业精英。大学校是主流架构大学之外的教育机构，有私立和公立两种，通常专注于某个单独的学科领域，例如工程或者商业，规模不一，与大学残酷的年年选拔制相比，采取入学考试制度，经过考试的学生，将不再必须面对大学里残酷的逐年筛选，而相对平稳地进行学习并获得文凭。

第二种是大学系统，由摩洛哥国家教育部对其负责，经费独立。大学系统是金字塔式的教育结构，实行逐年淘汰的筛选制度。

第三种是高等专科院校。该类院校大部分在艺术、建筑等创造性领域进行高等专业教育。属于长期学制。一般是学校自行组织入学考试，根据考试成绩择优录取。

### （二）按照教育机构的管辖权划分

按照高等教育机构的管辖权划分，摩洛哥高等教育体系包括公办教育、半公办教育，以及民办教育。

公立大学受高等教育科研部监督。摩洛哥现有 13 所公立大学，在校学生人数超过学生总数的 93%。每所大学都提供开放式及有条件使用的教学设施。公立大学实行免费入学政策，但医学院和工程学院实行配额免费政策。教学语言一般是标准阿拉伯语，但技术科学、医学、生物学等应用型学科使用法语教学。学习技术科学等学科的学生由于精通法语，在就业市场还占有语言方面的优势。

摩洛哥还存在半公立或私立的非营利性高等教育机构，其中阿卡维因大学独树一帜，它的创建是为了激励高校间的竞争。其资金主要来自国家援助、捐赠、学生缴纳的费用和研究项目等。

此外，摩洛哥还有 200 多所公司或个人拥有的营利性高等教育机构，例如拉巴特国际大学和卡萨布兰卡国际大学。

2007 年，从摩洛哥各类高等教育机构毕业的学生人数共有 88 137 人。高等教育机构的毛入学率已经达到 11%，并且近几年没有起伏波动。[1]

[1] DORHMI S. Higher education reform in Morocco[M]. Lambert Academic Publishing, 2010.

# 第二节 高等教育的特点和经验

自独立后，摩洛哥高等教育在政府的支持、国外机构的扶持指导以及国内悠久的高等教育传统熏陶下，形成了独特的发展道路，表现出独具特色的鲜明特点，一些因素也导致现代高等教育自形成以来就面临种种问题。摩洛哥历届政府在处理这些问题时逐渐摸索出经验。

## 一、高等教育的特点

### （一）历史悠久，底色浓重

摩洛哥的高等教育具有阿拉伯–伊斯兰文化以及法国殖民的双重历史底色，在其今天的高等教育发展中仍然存留着明显的烙印。

传统高等教育仍在摩洛哥的高等教育领域占据重要地位。摩洛哥王国第一所伊斯兰高等学府即寺院式的卡拉维因大学，集中教授伊斯兰宗教、法律和古典阿拉伯语等内容，对摩洛哥传统高等教育课程的设置起主要作用，其学校规模的扩大及课程设置的完善都为独立的高等学校建制奠定了基础。现代化大学系统建立后，该大学继续运行并授予学位，以教授阿拉伯语和伊斯兰教义、培养相应人才为使命。同时，传统高等教育还承担面向大众、低成本普及的教育任务。

法国的殖民统治在基本制度方面为摩洛哥的现代高等教育奠定了基础。[1] 法国按照其教育制度，在摩洛哥创建了一大批高等院校，将法国大学的行政管理、课程、学位结构、大学文化等复制到摩洛哥。摩洛哥独立后，

[1] LAZRAK M, YECHOUTI Y. Issues in Moroccan higher education[J]. International journal of English language & translation studies, 2017, 5(2): 86-93.

法国仍对其高等教育系统有着很大的管理权。此外，法国殖民统治时期在摩洛哥推行法语，至今，法语仍然在教育领域占据比本土语言更加重要的地位。高等院校的教学语言、文献资料语言、科研语言都以法语为主，摩洛哥几所著名院校的官方网站甚至只设有法语版。因此，高等教育的去法国化也是摩洛哥教育改革中的重要部分。

### （二）精英化与大众化矛盾突出

由于摩洛哥对法国高等教育体制的高度复制，以及殖民时期的残留影响，摩洛哥教育界长期存在摩洛哥派与阿拉伯派之争。[1] 前者认为高等教育应该沿袭殖民时期的传统，培养少数精英，配备完善的基础设施和学生服务，并且由国家来承担其高昂的费用。后者则认为应该普及高等教育，以提高国民素质，服务人民利益，并且强调教育的阿拉伯属性。

两派不断拉扯，逐渐趋于平衡。教育的摩洛哥化与阿拉伯化均被纳入教育改革的范畴。政府一方面推动高等教育在国家发展方面的作用，提高教育质量，另一方面则向国民普及教育，推动不同种族以及不同社会经济地位的公民一律享有平等的受教育权，推动教育中的男女平等。此外，在保持教育本土化的前提下，紧随西方教育的优势和经验，既注重民族认同的重构，又注重教育体制的现代化。

然而，这种方案却使得摩洛哥教育方面的财政支出过于沉重，面临来自新建校舍、学校运营、教职人员工资开销等方面的压力，使得政府无力承担。方案实质上仍然沿袭精英教育模式，不仅使政府难以承担其开销，也使得国内高等教育入学率极低，并没有使国内教育资源得到最大化使用。同时，教育与科研的割裂也使得高等教育不能起到有效促进经济和社会发展的作用。

---

[1] 陶荣杰. 摩洛哥的现代教育 [J]. 阿拉伯世界，1998（4）: 61-64.

### （三）现代教育体系法制化

立法先行是摩洛哥教育改革与发展的显著特点之一。[1] 摩洛哥教育体制的现代化伴随着法制化的发展，而法制化则是教育现代化的手段和途径。由于国内教育情况的复杂性及问题的多样性，高等教育的改革不断面临新涌现的不同问题，需要不断完善和改革法律体系，以适应现代化改革的要求。

1975 年，摩洛哥出台第一部高等教育法，成为高等教育改革与发展的蓝本。1999 年颁布的《国家教育与培训章程》成为政府贯彻实施高等教育体系改革的保证。《国家教育与培训章程》通过规定公立及私立大学的认证体系、评价方法，以及对评估系统的监管，确立了高等教育机构在教学、管理、财政方面的自主权，提高了高等教育机构的办学效率。之后出台的《国家教育紧急计划》则强调高等教育中学术研究的首要位置，以促进教育改革的实施。

因此，摩洛哥高等教育的立法及对既有法律法规的调整和修订的过程，代表了摩洛哥现代教育的改革与发展的进程。现代教育体系的不断法制化，也是摩洛哥高等教育的发展方向以及重要的内容和步骤。

## 二、高等教育的经验

在 21 世纪知识经济迅猛发展的大背景下，摩洛哥高等教育一直遭受结构性危机的困扰。与此同时，摩洛哥国内对于高等教育的需求仍在不断扩张。为提高国际地位，进一步推动社会发展，提升经济实力，满足国民对于高等教育的期待，摩洛哥采取了一系列改革措施。经过探索与发展，摩

[1] 姜洋．摩洛哥高等教育发展研究 [D]．金华：浙江师范大学，2014.

洛哥在高等教育方面有了显著的提高与进步。

### （一）以改革促发展

一是教育改革方面。2000—2009 年为教育与培训全面改革的 10 年，摩洛哥政府通过了《国家教育与培训章程》，有效缓解了失业率上升、政府教育投入回报率低、管理程序僵化、官僚主义作风严重等问题。《国家教育与培训章程》提出要“促进高等教育适应社会市场经济发展的需要”“推行高等教育教学改革，提高教育质量”“落实高等教育管理权下放和高校自治”“寻求高等教育机构与融资的多元化”。[1] 具体来说，教育改革将摩洛哥由中央集权的大学管理体制变成了分权管理，使得摩洛哥高等教育体系在行政管理、科研、教学等方面更加连贯和高效。根据章程要求，摩洛哥高等教育开始研发和设计新课程，摈弃了按照学年为单位的课程教学标准，改为按学期为单位进行，并增加了教学时间，对学生的考勤也更加重视。高校还积极寻求与企业的长期合作关系，确保高校在提高国家经济和社会发展中扮演重要的角色。

摩洛哥政府在 2008 年颁布《国家教育紧急计划》，计划从 2009 年到 2012 年实施为期 4 年的教育改革。[2] 与之前的改革不同的是，《国家教育紧急计划》虽继续强调要提高教育质量，但是更加突出地鼓励学校在教育和教学方面创新和追求卓越，并同时优化教育资源配置，鼓励支持民办企业的投资与参与。这次的改革总体上扩大了摩洛哥教育的入学率，在就业率方面，摩洛哥的整体就业形势有所缓解，2000 年摩洛哥整个国家的失业率为 13.4%，2011 年下降到 8.9%。[3] 然而教育改革是一项复杂而漫长的过程，

[1] MOURCHID Y. Reflecting on local responses to globalization: the case of Morocco's higher education policy reforms[D]. University of Southern California, 2003.

[2] 骆姝锦．摩洛哥大学科学研究的发展与改革研究 [D]．金华：浙江师范大学，2015.

[3] FURCERI D, MAZRAANI S, VERSAILLES B. Morocco: selected issues[R]. International Monetary Fund, 2013.

许多问题只能在长期改革的过程中逐步解决。

二是国际化改革方面。在博洛尼亚进程下，摩洛哥参照欧洲高等教育一体化的改革计划，逐步对本国的学制进行改革，推进国际学历与文凭的对接与互认，参与国际学术交流活动，增加学生的跨国流动，同时进一步提升高等教育质量保障与认证体系，积极应对学制体制改革，使高等教育适应国际的标准和规范。

### （二）推行学费分摊制度

由于师生比低，资源有限，教学和研究质量受到了一定的负面影响。政府主要依靠私立机构来减轻高等教育的负担，并借此提供多样化的学习和教育机会。为摆脱学生数量过高所导致的教育质量下降的僵局，分担费用成为解决高等教育机构的弊端最合适方案。国家以费用分担为原则，将费用在政府、父母、学生和捐助组织之间合理分配。将费用分担方式从完全由政府或纳税人分担，转移到与父母和学生共同承担，这样的改革方案可以一定程度上优化教育质量、完善教学设施、扩大教学规模，为高等教育提供更充分的资金。

### （三）完善科研管理、推动产学研一体化

就完善科研管理方面。首先，科研管理逐渐民主化，政府管理体系的建立和健全是大学等科研执行机构正常运行和不断发展的保障。21 世纪到来之际，摩洛哥政府通过健全和完善科研管理机构，协调各高等教育机构的合作，提高高等教育的效益。[1] 这主要体现在摩洛哥国家科技研究中心、科学研究与

[1] BOSHOFF N, KLEICHE M. The science and technology system of the kingdom of Morocco[R]. Paris: VNESCO, 2008.

技术开发跨部门常设委员会、摩洛哥研究和发展协会及哈桑二世科技学院等一系列的科研管理机构的建立上。这些机构的建立打破了摩洛哥高等教育科研长期以来的无政府状态，通过协调和管理这些机构，摩洛哥的高等教育效益得到飞速提升，重点学科领域在有组织有规划的条件下开展起来。

其次，高等学校的科学研究逐渐组织化。高校科研机构的组织化提升成为重点发展项目。项目使高校顺利摆脱规模小、较为分散、无政府认证、机构之间缺乏合作的弊端，最终在21世纪初设立了标准化的属性和运行模式，并获得相关机构的赞助，进一步提升了科研效益，为大学科研赢得了广泛的认可。

再次，摩洛哥进一步提升了科研资源的利用效率。随着全球化进程的不断加快，据统计，1998—2006年，摩洛哥与15个国家签订了合作协议，主要内容包括高等教育机构之间开展的合作项目、科学会议，以及研究人员的交流与合作等。此外，摩洛哥的大学在21世纪初期纷纷构建了相应的科研计划，为科研的发展、科研设备的更新、科研机构的完善奠定了基础。其中，摩洛哥培育的现代信息技术促进了科研信息的流通、国际科学和技术信息库的建立。此外，在博洛尼亚进程的影响下，摩洛哥引进本硕博学位体系。虽然此体系在最初遭到专业人士的质疑，但在2003年后，该体系使得教师得以在明确的组织体系中发挥集体效益，优秀的学生得以主动选择发展方向，这有利于培养满足市场需求的人才。

就推进产学研一体化方面。摩洛哥政府采取了一系列措施，促进大学和企业合作共同提升高校的创新力。《国家教育与培训章程》将改革高校的科学和技术放在核心位置，摩洛哥推出国家创新计划，鼓励科研投入生产。该创新计划不仅为利用科研产品的创新型企业减免税务，还为其利用和转化新技术提供支持和赞助。21世纪初的摩洛哥大学科学研究改革为摩洛哥科研事业的进步和发展创造了良好的环境。摩洛哥产学研一体化已经并且一直会对国家的经济和社会发展起到举足轻重的作用。

# 第三节 高等教育的挑战和对策

## 一、高等教育面临的挑战

摩洛哥教育改革最初提出摩洛哥化、阿拉伯化、现代化三大目标，[1] 经过 60 余年的发展及政府多次大刀阔斧的改革，其高等教育确实取得了一定成就，如教育规模扩大、制度不断完善等，摩洛哥高等教育发展水平位列非洲国家前列。[2] 然而，其最初设定的三大目标却分别遇到很大的问题。

### （一）高失业率与人才流失双重困境

一方面，摩洛哥人口不断增长，国家对高等教育大力支持，摩洛哥高校在校生、毕业生不断增加。同时，国家的教育免费政策不可避免地使得高等教育质量下降，导致毕业生难以胜任一些工作，无法满足市场需求。高失业率意味着国家对高等教育的投入与产出并不对等，大学未能发挥其促进经济社会发展的作用。大学毕业生的高失业率也不利于国家的稳定及人民生活水平的提升。

另一方面，由于高校的要求不同，大多数高中毕业生只能进入门槛低、质量低的开放式大学，只有少数学生才能进入顶尖大学。同时，这些少数的优秀学生可以得到出国进修的宝贵机会，学成后却选择留在发达国家，给摩洛哥造成了严重的人才流失。人才流失一方面加剧了国内人才紧缺的困局，另一方面还使得摩洛哥需要高薪聘请国外人才，这进一步造成外汇

[1] 陶荣杰. 摩洛哥的现代教育 [J]. 阿拉伯世界，1998（4）：61-64.

[2] 於荣，牛悦. 摩洛哥高等教育的改革、发展与挑战 [J]. 浙江师范大学学报（社会科学版），2018（1）：114-120.

流出，对经济构成二度伤害。

因此，毕业生难题是对摩洛哥高等教育体系及其改革的一次重大否定，但同时也为其高等教育进一步改革提供了反思的启示。

### （二）阿拉伯化困境与国际化陷阱

随着全球化浪潮的兴起，摩洛哥开始主动融入，向西方国家学习。这虽然为其带来了更具实用性和时效性的课程体系，却也极大地冲击了其具有伊斯兰特色的传统课程。同时，由于就业市场对国外文凭的认可度更高，人们在经济承受的范围内，更愿意选择海外教育或能够提供国外文凭的跨境教育，这使得本土高等教育受到冲击。国际化也增加了高等教育的商业化，而摩洛哥缺乏相应的质量保障以及监管体系，这造成跨境教育的良莠不齐。另外，教育的国际化还造成了人才流失、语言混乱等衍生问题。

同时，阿拉伯化的另一个目标是增加和保证本地人的受教育机会，促进教育的均等化。这使得政府背负上沉重的经济负担。资金、教育资源的不足与受教育人数过多的矛盾也导致了教育质量的下降。

### （三）管理机构仍待继续改革

摩洛哥高等教育的管理体制沿袭法国模式，造成管理程序僵化、官僚主义作风严重的问题。课程管理方面，由于高校在教学管理制度上没有采用学分制，导致学生不能选择自己感兴趣的专业课程和辅修课程，也不能中途休学参加工作；学生还必须重复学习同一门课程，这造成教育资源的浪费，且打击了学生学习的积极性。

另外，虽然摩洛哥政府致力于从直接干预型到服务型政府的转变，以充分尊重高校的学术自治和学术自由，但是政府对高等教育整体仍然起决定性作用。虽然在审核高等教育机构的建立、提供财政支持、制定重大教育方针政策等方面，政府发挥着越来越积极的作用，但评估、监管体系却仍然效率较低，亟待完善。

## 二、应对高等教育挑战的对策

不可否认，摩洛哥的高等教育仍然问题重重，然而另一方面，摩洛哥政治稳定，民族经济稳定发展，国际环境良好，这又为高等教育的发展提供了良好保障。因此，摩洛哥高等教育的发展虽然道路曲折，但前途尚且光明。以下提出对摩洛哥高等教育的一些建议。

促进摩洛哥高校毕业生的本地化就业。首先要提升高等教育的质量，完善课程设置及培养方案，提高毕业生竞争力。另外，丰富高等教育的形式，发展高等职业教育、继续教育等，进一步满足就业市场的需求。

进一步完善高等教育法律体系，提高高等教育机构的管理能力，推动高等教育改革。改革是高等教育发展的直接动力，根据不同时代背景和国情的要求，修订和完善相关法律，改革机构设置，提高高校的创新能力和自主性，促进其教学科研水平的提高，从而发挥高等教育在经济社会中的作用。

保持本土化和国际化的平衡。一方面要引进先进的教学教育经验、课程机构设置，以提高国内的教育水平，另一方面也要强化摩洛哥属性以及阿拉伯属性，增强国家和民族认同感，从而吸引本国力量来对本国进行建设和发展。

# 第七章 职业教育

## 第一节 职业教育的发展和现状

在过去的20年，摩洛哥教育领域实现了快速发展。2000—2016年，在毛入学率方面，小学教育从85%提高到98%，初中教育从60%提高到88%，高中教育从37%提高到66%。同时，摩洛哥政府每年对教育的投资达到预算总支出的1/4，高于中东地区和北非地区的平均水平。但尽管发展迅速，摩洛哥教育系统仍面临严峻挑战，首先是学生们的学习效果不理想，2019年的PISA调查结果显示，摩洛哥15岁学生的表现明显低于中东地区和北非地区其他国家青年的表现。另外，摩洛哥的失业率仍然居高不下，尤其是青年失业率问题十分严峻，其中30%的15岁青少年没有接受任何类型的教育或培训。[1]

在这种背景下，职业教育成为摩洛哥使青年更快融入劳动力市场的选择。摩洛哥为降低青年失业率，大力发展职业教育培训。政府制定了一系列国家职业教育和培训战略，加强职业教育培训机构和用人公司之间的合作，提供各类学位认证，逐渐构建起完备的职业教育体系。

[1] 资料来源于世界银行官方网站。

# 一、职业教育的发展历程

## （一）起步阶段（1917—1956 年）

摩洛哥职业教育起步于法国殖民期间。职业教育一直是法国教育体系重要的组成部分，摩洛哥作为法国的殖民地，最初的职业教育体系也是法国一手建立起来的。早在 1917 年，摩洛哥一些城市的穆斯林学校就改为职业学校。20 世纪 20 年代初，摩洛哥开始设立职业小学，小学生在职业小学除了接受普通教育的知识外，每天还要接受一个半小时的"学前培训"，以练习手工技能，熟悉基本工具。

学生们在职业学校学习的技能各异。1925 年，摩洛哥约有 15 所男性职业学校，其中大部分学徒准备成为木工或铁匠，在个别学校也有电气化车间。另外，有 5 所职业学校是针对穆斯林女性的，主要教授女学徒编织地毯和垫子。最著名的是位于卡萨布兰卡的工商学校，培训电力、公共工程、农业方面的技术人员和管理人员，到 1928 年，有超过 400 名学生毕业。[1]

## （二）快速发展阶段（1956—1999 年）

1956 年摩洛哥获得独立后，教育事业一直处于优先发展地位，各类学校数量迅速扩充。政府在教育方面提出"普及""统一""阿拉伯化""摩洛哥化"的口号，受到广大人民群众的欢迎和支持，民间教育热情也空前高涨。1957 年摩洛哥政府设立皇家教育改革委员会，专门执行政府的教育计划，解决教育发展中的实际问题。

[1] MATASCI D, JERÓNIMO M B, DORES H G. Education and development in colonial and postcolonial Africa[M]. Palgrave Macmillan, 2020.

作为摩洛哥教育事业的重要组成部分，职业教育也稳定持续发展，尤其到20世纪80年代中后期，职业教育发展势头迅猛，充满生机。这主要体现在入学人数的增长上，职业技术学校入学人数从1983—1984学年的19 880人激增到1987—1988学年的42 360人，年平均增长率达到21%。[1]

### （三）继续发展阶段（1999年至今）

穆罕默德六世于1999年登基后，推出一系列旨在逐步实现民主和国家发展的举措，其中有效开发人力资源是政府的主要目标。1999年，摩洛哥政府颁布《国家教育与培训章程》，决定从2000年起，实施为期10年的教育改革。其中关于职业教育的内容是：通过制定学徒培训计划和“三明治课程”[2]，将每年进入劳动力市场的合格人数提高30%；在贸易全球化和国家市场开放的背景下，通过进一步发展职业教育，满足企业对劳动力的技能需求。

2008年，摩洛哥政府又颁布《国家紧急教育计划》，旨在巩固已有的教育改革成果，并对其进行必要调整。

2016年6月，摩洛哥政府签署《国家职业培训战略》。此战略的目的是减轻当前职业教育体系在质量和数量上的缺陷，并提出将在实际工作场所进行培训的学员人数增至50%，这意味着此类的职业教育学习者将从2016年的约13万人增加到2021年的约34万人。

[1] 徐拓．摩洛哥教育事业发展初探 [J]．西亚非洲，1998（3）：3-5.

[2]“三明治课程”又名夹心课程，指3—6个月短期训练班，详见附录。

## 二、职业教育的发展现状

### （一）办学理念和目标

摩洛哥基础教育和中等教育的各项数据均表明教育系统的效率低下。在进入小学的学生中，只有约 75% 的学生顺利完成六年基础教育，只有约 47% 的学生进入中学，辍学率较高。

据统计，在 2000—2001 学年有 158 000 名学生无法进入中学继续学习，同时，学生的留级率也很高，2000—2001 学年的留级率达到 18.3%。根据联合国开发计划署 1997 年的统计数据，摩洛哥的平均受教育年限为男孩 8 年，女孩 5.7 年。约有 250 万到 300 万人没有上过学，中断和无法接受教育的人数逐年增加。进入劳动力市场的大多数年轻人没有受过任何培训，只能进入非正规部门，从事临时性工作。

在这样的背景下，摩洛哥的职业教育具备双重使命：从用人单位的角度，摩洛哥职业教育致力于提高劳动力的职业技能和竞争力，使其能够满足企业需求；从劳动力自身角度，摩洛哥职业教育旨在鼓励人们掌握职业技能，从而顺利进入劳动力市场，提高就业水平。

2008 年，就业与职业培训大臣贾马尔 · 拉马尼签署了 4 项重要协定，提出在职业教育领域的紧急计划，分别是：与农业部和海洋渔业部合作，面向农村地区的 6 万名年轻人，启动一个学徒计划；与传统手工业部合作，通过更新培训计划，促进约 6 万名未来工匠进入劳动力队伍，为手工业提供合格劳动力；与国家教育部合作，负责制定职业培训计划，与职业培训学校合作颁发职业执照；与工商业和新技术部合作，培训工业部门全面发展所需的人才。[1]

[1] LLORENT-BEDMAR V. Educational reforms in Morocco: evolution and current status[J]. International education studies, 2014, 7(12): 95-105.

## （二）办学体制和培训方式

摩洛哥的职业教育水平分为 5 个等级。

第一级称入门级，是职业教育的最低等级，针对的是在小学或中学辍学的学生。这类职业培训通常是非正规的短期训练，主要是为了确保所有社会成员都有接受教育的权利，并让他们接触正规训练。

第二级称专业级，培训来自第六、七、八年级的学生，时间为 1—2 年。主要提供包括农业、旅游、海洋渔业、手工艺品或体育训练等方面的职业培训，学员第一年接受的培训和入门级接受的培训相同。

第三级称执照级，培训来自第九、十、十一年级的学生，时间也为 2 年，主要提供农业、生产工艺、建筑和公共工程、机械、冶金、电气和电子工业以及加工业等领域的职业培训，学员毕业后可获得执照文凭。

第四级称为技术员级，培训来自第十二年级的学生或大学一、二年级学生，时间为 1—3 年不等，学员毕业后获得技术文凭。

第五级称为高级技术员级，培训获得学士学位或技术文凭的学员，学员毕业可获得高级技术文凭，并获得接受高等教育的机会。

5 个等级分别对应不同年龄段和不同受教育水平的学员。摩洛哥的职业教育体系设置这样精细的分级制度，是为了保证不同群体均能够拥有受教育的机会以及进入劳动力市场的权利。

摩洛哥职业教育的培训方式主要分为以下 4 类。

寄宿制培训是摩洛哥职业培训体系中的主要培训方式，学员寄宿在培训机构，进行集中培训。公共部门和私有部门的职业培训机构都采用这种培训方式。寄宿制培训包含实习期，时长通常为 1—2 个月。

“三明治课程”又名夹心课程，通常是指 3—6 个月的短期训练班。“三明治课程”属于职业培训体系中的初级培训，其目的是使年轻人能够在公司的实际生产条件下进行工作，以满足公司对劳动力的要求。这些课程总时长在2—3年左右，至少有一半的学习时间在室内进行。自《国际职业培训法》于1997年生效，参加“三明治课程”的学员人数显著增加。

学徒制是一种以实践培训为基础的职业培训方法，培训时间灵活，根据培训等级和目的可以有所调整。摩洛哥政府2000年6月颁布的关于职业教育的行动准则规定，在学徒制培训中，学员在工作场所进行的培训要占整个培训期的80%以上，至少10%的培训时间用于在学徒培训中心接受一般技术培训。学徒制的目标是：确保辍学青年能够接受职业培训，以便他们顺利进入就业市场；确保农村青年接受适应农村工作生活的培训；保护工艺贸易，并提高海运、渔业和旅游业行业对大众的吸引力；确保企业、商会和专业组织参与职业学徒培训。学徒制为青年提供了另一种选择，尤其是那些已经辍学或不符合寄宿制培训机构入学要求的青年，让他们可以选择参加职业学徒培训计划，并获得就业市场所需的资格和技能，同时使他们通过在实际工作场所的培训活动，获得实用知识，更深入地了解实际工作场所，以便以后能快速适应工作环境。同时，实际培训期间的最低收入也得到了保证。

双重训练制度是一种国家立法支持、校企合作共建的办学制度，即由企业和学校共同担负培养人才的任务，按照企业对人才的要求组织教学和岗位培训。受训者在两个地点学习，具有双重身份。在企业，他们是学徒，受训者与所选择的企业签订培训合同，明确规定其在培训期间所应履行的学徒权利和义务；在职业学校，他们是学生，继续接受基础教育，与公司的关系同样受学徒制合同的约束。

综上所述，摩洛哥的职业教育体系多种职业培训方式并行，为满足学员的不同需求提供多种选择。

表7.1显示，寄宿制培训是大多数学员的首选。学徒制可能是最不受欢迎的培训形式，只有不到10%的青年选择。这说明学员普遍更愿意得到理论培训，希望结业后能够获得证书，从而进入高等教育接受学习。相比而

言，学徒制培训方式的地位可能较低。总之，学员对理论培训的偏好最强烈，而对行业实践方面的关注最少。

表 7.1 2014—2019 年摩洛哥各培训方式受训学员数量（单位：人）

| 培训方式 | 2014 年 | 2015 年 | 2016 年 | 2017 年 | 2018 年 | 2019 年 |
| --- | --- | --- | --- | --- | --- | --- |
| 寄宿制 | 282 707 | 288 422 | 293 793 | 298 766 | 305 097 | 311 094 |
| 学徒制 | 99 113 | 105 877 | 122 795 | 138 106 | 156 623 | 176 704 |
| 双重训练 | 34 763 | 44 498 | 48 139 | 55 334 | 62 611 | 75 089 |
| 总计 | 416 583 | 438 797 | 464 727 | 492 206 | 524 331 | 562 887 |

## 三、主要培训单位

### （一）摩洛哥职业培训和就业促进局

摩洛哥职业培训和就业促进局（OFPPT）是摩洛哥主要的公共职业培训机构，成立于 1974 年，为公众提供免费的职业教育培训。OFPPT 在摩洛哥拥有庞大的培训中心网络，截至 2020 年，已拥有 368 个培训机构，培训课程达 320 门。OFPPT 财务独立，发起项目通常由国家拨款，也有一些与其他公司合作的项目由赞助商提供资金。

OFPPT 致力于为公众提供多元化的服务，通过流动单元培训、远程培训、密集培训和夜校等诸多方式进行职业培训。近年来，OFPPT 逐渐成为解决青年就业危机和提高青年就业能力的培训中心，主要提供工业、制造业和服务业相关的培训，每年在 320 个不同专业培训约 50 万名青年（包括非正规的短期训练和初级训练），平均每年培养 23 万毕业生。

同时，OFPPT 还积极参与国际合作项目。例如，2005—2019 年，OFPPT

为非洲国家培训学员超过2 500名。2018—2019年，OFPPT为非洲25个国家提供了633个培训机会，其中人数较多的是科特迪瓦（176人）、喀麦隆（65人）、吉布提（53人）等国。旅游酒店业、建筑业、信息科技、企业管理是最热门的培训领域。据悉，OFPPT已与其他非洲国家签署了59个合作协议，计划在非洲8个国家开设培训中心，其中在科特迪瓦、加蓬、几内亚和马里的4个培训中心已经竣工。

### （二）农业部

摩洛哥农业职业培训体系由38个职业培训机构组成，包括19个农业资格认证中心，11个农业技术学院技术人员培训机构和8个农业专业技术人员培训机构。培训机构由9个区域网络组成，并设有代表委员会。

农业职业培训的时间通常为2年以上，2000—2001学年，共有2 934名学员注册参与农业职业培训课程，其中专业级243名，执照级676名，技术员级2 015名。

### （三）旅游业部

旅游业部拥有一个在旅游署及其合作署辖下的职业训练机构网络，进行与旅游业相关的职业培训，以住宿、学徒制为主要培训方式。在2000—2001学年，共有2 526名受训人员登记参加训练，包括398名专业人员、1 566名技术人员和592名高级技术人员。其中“三明治课程”在培训体系中占有非常重要的地位，截至2001年，已有1 051名在校生接受这种培训，占注册人数的41.6%。

### （四）海洋渔业部

摩洛哥现代海洋渔业职业培训体系由 8 个机构组成，包括 4 个咸水捕捞资格认证中心、3 个咸水捕捞技术学院和 1 个咸水捕鱼技术专业学院，截至 2000 年，共有 747 名注册学员，分别为专业人员 164 人，技术人员 357 人，高级技术人员 226 人，同时还有约 1 000 名年轻人在接受学徒制培训。

### （五）传统手工业部

在传统手工业部的监管下，手工业职业培训机构网络包含 55 个机构和 18 类培训课程。手工业职业培训部隶属于传统手工业部，负责经营和管理培训机构网络，并与手工业商会密切合作，特别是在认证培训试点计划方面。

摩洛哥各部门职业培训人数和机构数量见表 7.2。

表 7.2 2019 年摩洛哥各部门职业培训人数和机构数量

| 部门 | 教育级别人数（人） | | | | | 学生人数（人） | 学校数量（所） |
|---|---|---|---|---|---|---|---|
| | 入门级 | 执照级 | 专业级 | 技术员 | 高级技术员 | | |
| OFPPT | — | 35 418 | 64 751 | 87 621 | 114 793 | 302 583 | 362 |
| 农业 | 2 367 | 1 076 | 2 407 | 1 037 | 1 559 | 8 446 | 49 |
| 旅游业 | — | 816 | 906 | 2 017 | 536 | 4 275 | 15 |
| 海洋渔业 | — | 691 | 821 | 320 | — | 1 832 | 13 |
| 传统手工业 | 1 147 | 6 412 | 2 594 | 323 | — | 10 476 | 57 |
| 青年与体育 | — | 846 | 2 941 | — | — | 3 787 | 88 |
| 内政 | — | — | — | 48 | — | 48 | 1 |
| 能源矿业 | — | — | — | 45 | 192 | 237 | 2 |
| 城市规划 | — | — | — | — | 89 | 89 | 2 |
| 器械 | — | — | — | — | 463 | 463 | 4 |
| 私有部门 | — | 17 283 | 9 781 | 20 071 | 29 286 | 76 421 | 1 271 |

## （六）私有部门职业培训

除诸多公共部门提供职业培训外，私有部门也提供有针对性的职业培训。例如成立于2011年的摩洛哥航空航天研究所（IMA），由摩洛哥航空工业集团、摩洛哥政府、法国金属工业联盟和法国开发署联合创办，以支持摩洛哥逐渐发展的航空航天事业。IMA的培训课程一般为期6—9个月，根据不同公司的具体需要和标准而定。这些公司通过入学考试挑选受训者，并在培训期间向学员发放津贴补助。值得注意的是，大约50%的培训以在职培训的形式进行。培训结束后，学员将获得资格证书。超过95%的毕业学员从事工业相关工作。截至2017年，该研究所的职业培训学院已经有超过1 500名学员毕业，为推动摩洛哥航空航天事业发展做出了重要贡献。

另一个例子是IFMIA汽车培训中心。IFMIA汽车培训中心与60多家汽车公司合作，开发了一个由欧盟资助的课程模式。同时，该中心在电子学习平台开设了500多门汽车技术课程，均与全球知名汽车制造商合作，并适应摩洛哥的国情。教授这些课程的教师要在韩国接受为期3个月的培训，新入学的学生首先接受为期3周的有关公民意识、尊重他人、健康教育和自信等内容的培训课程。目前，摩洛哥民众对该课程的热情很高，中心每年能收到4 000份申请。该课程的一个特点是需由合作公司支付学生费用，作为公司与职业培训机构签订的预聘用协议的一部分。

摩洛哥私有部门职业教育机构数量庞大，截至2018年，摩洛哥全国共有2 042个职业培训机构，其中677个由公共部门运营，其余1 365个由私有部门运营，不过私有部门职业培训机构的招生数量远小于公共部门，公共部门在职业教育仍占主导地位。

私有部门职业培训机构之所以在数量上远胜公共部门，而在招生人数上仍占据较小比例，是因为它们通常规模较小，而且大多数虽有权经营，但未经认证，往往只能提供初级职业培训，更多侧重于第三产业相关的培训，而对基础设施和设备的投资较少。许多私有部门职业培训机构认为没有必要通过行政程序进行认证，因为它们的主要培训内容为私有部门的自营活动（如理发和服装制作）以及营销、会计和信息通信技术等领域的短期培训，主要为不打算进入公共部门工作的学员提供培训。大多数私有部门职业培训机构提供寄宿制培训，并通常与职业培训部门和 OFPPT 进行密切合作。

## 第二节 职业教育的特点和经验

### 一、职业教育的特点

#### （一）教学本土化

摩洛哥教育的重要特点是学校教师和教育人员的摩洛哥化，在职业教育领域也是如此。各职业教育培训学校的教学语言都为阿拉伯语，这是摩洛哥重视国家尊严、民族和宗教特点的集中体现。当然，职业教育上的本土化并不意味着排拒一切外来文化，而是积极吸纳和借鉴优秀的外来文化，各培训学校也向学员教授英语和法语。

#### （二）公共部门发挥主导作用

虽然就机构数量而言，私有部门培训机构在摩洛哥职业培训领域占据优势地位，但公共部门在职业教育领域发挥主导作用。摩洛哥职业培训和就业促进局、农业部、旅游业部、海洋渔业部、传统手工业部等公共部门每年对大量学员进行系统的职业教育培训。数据显示，2017—2018学年，摩洛哥全国共有2 042个职业培训机构，其中677个由公共部门运营，其余1 365个由私有部门运营。虽然私有部门职业培训机构的数量几乎是公共部门机构数量的两倍，但公共部门的招生人数约占学员总数的79%。同时，在毕业生总数中，公共部门占毕业生总数的近75%（见表7.3）。这些数据表明，私有部门职业培训机构的平均规模小于公共部门职业培训机构，公共部门在职业教育领域发挥主导作用。

表7.3 2017—2018学年摩洛哥公共和私有部门职业培训人数及占比

| | 招生人数（人） | 招生人数占比 | 毕业人数（人） | 毕业人数占比 |
|---|---|---|---|---|
| 公共部门 | 342 536 | 79% | 138 857 | 75% |
| 私有部门 | 90 471 | 21% | 47 476 | 25% |

### （三）女性学员积极性高

在摩洛哥的职业教育体系中，女性学员的积极性相对较高。摩洛哥妇女在劳动力市场的参与程度历来很低，只有不到1/4的劳动力是女性，2016年的数据显示，只有16.6%的城市女性活跃在就业市场。在全国范围内，只有23.6%的女性从事经济活动。然而，在职业教育领域，女性的参与度相对较高。平均而言，1/3以上的受训者是女性。

表7.4显示了2017—2018学年摩洛哥职业教育体系中各培训等级中女性学员占比，值得注意的是，除了针对来自贫困家庭而无法完成正规小学或中学教育的年轻人的入门级职业培训外，在其他培训等级，随着教育水平的提高，女性学员的比例逐渐增加。

表 7.4　2017—2018 学年摩洛哥各培训等级中女性学员注册人数及占比

| | 入门级 | 专业级 | 执照级 | 技术员级 | 高级技术员级 | 总计 |
|---|---|---|---|---|---|---|
| 注册人数（人） | 10 425 | 70 678 | 91 633 | 112 580 | 147 691 | 433 007 |
| 女性占比 | 41.6% | 26.6% | 26.9% | 43.6% | 47.2% | 38.5% |

女性学员在职业培训中的积极性高，然而在就业市场的占比却远小于男性，这也是摩洛哥职业教育培训体系需要关注的问题。应该考虑推出针对女性学员的职业培训课程，使女性学员能更具竞争力，从而更好地进入就业市场。

## 二、职业教育的经验

### （一）多元的培训方式

摩洛哥职业教育体系的培训方式是多元化的。除了前文提到的寄宿制培训、学徒制培训、“三明治课程”、双重训练培训这 4 种主要培训方式外，摩洛哥职业教育体系还提供夜校、流动单元、远程培训等其他培训方式。其中，流动单元培训针对农村地区公司和农业合作社的雇员及辍学的农村青年，提供机械工程、汽车电气工程、切割和缝纫、电子和细木工等 16 个方面的培训课程，平均培训时间为 4 个月。另外，随着科技的不断发展，远程培训也受到更多年轻人青睐。尤其是在新冠肺炎疫情期间，远程培训在职业教育体系中发挥很大作用，许多职业技术学校也开设了线上课程。

多种职业培训方式的并行为满足学员的不同需求提供了多种选择。学员能够根据自身情况和未来规划，选择合适的培训方式，从而达到更加有针对性的训练目的。

## （二）完善的分级制度

摩洛哥的职业教育分为5个等级：入门级、专业级、执照级、技术员级、高级技术员级。每一级对应不同年龄段和不同受教育水平的学员，如入门级针对的是在小学或中学辍学的学生，或来自贫困家庭无法完成正规小学或中学教育的年轻人，而专业级和执照级则接收中学生和高中生。这样完善的分级制度，确保了摩洛哥国民均拥有受教育的权利，以及能够接受有针对性的职业教育培训的机会。

入门级是摩洛哥职业教育的最低等级，执照级、技术员级以及高级技术员级的学员在毕业后可分别获得执照文凭、技术文凭和高级技术文凭，这为学员继续接受更高等级的培训或高等教育提供了资格保障，不少学员在获取高级技术文凭后，选择进入高等教育机构深造学习。此外，2015年摩洛哥推出职业学士项目，成为职业教育体系和基础教育、高等教育之间的桥梁，让职业教育更具吸引力。

## （三）重视国际合作

摩洛哥职业教育培训系统的升级和发展也离不开国际多方的参与和支持，世界银行、法国、德国、意大利、比利时等均在摩洛哥进行职业培训项目的投资。在德国的帮助下，摩洛哥职业教育领域引进了“三明治课程”和双重训练制度，德国还帮助摩洛哥发展了在农业、手工业、建筑业等行业的学徒制度。欧盟是摩洛哥职业教育的最大资助方，欧盟投资了摩洛哥职业教育领域的4个项目，以帮助摩洛哥职业培训系统的升级，使受训学员达到公司的用人需求。

除了接受西方国家的资助外，摩洛哥在职业教育领域也积极与非洲各国合作，为非洲国家培训学员，提供培训机会。

# 第三节 职业教育的挑战和对策

## 一、职业教育面临的挑战

### （一）各机构高度分散，效率低下

在过去的15年，就培训数量而言，摩洛哥职业培训体系取得了重大进展，但在培训质量方面仍然存在很大的发展空间。用人单位对受训过的学员仍然不尽满意，同时，相当一部分年轻人离开职业培训系统时并没有获得任何文凭或资格证书。

摩洛哥职业教育遇到的最突出问题是，各机构、各部委和其他职业教育运营商在提供职业教育培训方案方面存在高度的分散性。不同的职业培训计划由不同的政府机构负责治理和监管，同时质量控制和认证机制也各不相同。职业培训系统管理和公共政策执行中参与者的多样性以及资源分配决策中心的分散性，使得规划任务、协调和监管变得十分困难。没有明确界定各方角色和责任是造成摩洛哥职业教育系统治理困难和效率低下的一个重要原因，这导致参与职业教育的各方之间协调不力，造成资源浪费。

### （二）职业培训与市场需求不平衡

职业教育培训与市场需求不平衡的问题一直是职业教育机构和政府部门高度关注的问题之一。职业培训的供给应该充分贴合经济和社会需求的演变，然而在摩洛哥，职业培训的供应与若干经济部门的需求间仍然存在重大差异。其中较为突出的问题是，传统行业对年轻人的吸引力降低，受训人数大幅下降。

表 7.5 显示，近年来，农业、海洋渔业、工艺业等传统行业受训人数大幅减少，而汽车等新兴产业受训人数不断增长。这表明，随着社会的发展，农业等传统行业对年轻人的吸引力逐渐降低。然而，对于摩洛哥这样的劳动力密集型国家来说，农业、海洋渔业等传统行业市场仍需要大批劳动力，而新兴产业及技术密集型产业一时之间对劳动力的需求还没有传统行业那么大。这表明摩洛哥应尽快推动传统行业领域的职业教育改革，提高传统行业对年轻人的吸引力，以吸纳更多劳动力。

**表 7.5 2008—2015 年摩洛哥各行业职业培训受训人数变化（单位：人）[1]**

| 年份 | 2008 | 2009 | 2010 | 2011 | 2012 | 2013 | 2014 | 2015 |
|---|---|---|---|---|---|---|---|---|
| 农业 | 8 786 | 9 177 | 9 975 | 9 220 | 8 918 | 6 244 | 4 576 | 5 366 |
| 生产工艺 | 5 185 | 6 405 | 7 595 | 7 908 | 8 328 | 8 856 | 10 149 | 8 370 |
| 服务工艺 | 2 320 | 1 956 | 1 974 | 2 208 | 1 680 | 1 536 | 1 722 | 1 619 |
| 建筑 | 2 204 | 1 809 | 2 475 | 2 005 | 1 534 | 1 523 | 1 535 | 1 483 |
| 餐饮 | 3 562 | 3 852 | 4 722 | 3 878 | 3 144 | 3 120 | 3 204 | 3 120 |
| 海洋渔业 | 2 367 | 2 213 | 1 365 | 852 | 692 | 719 | 487 | 544 |
| 健康教育 | 4 234 | 4 785 | 3 924 | 3 920 | 2 768 | 3 279 | 3 872 | 4 115 |
| 汽车 | — | — | — | 2 823 | 1 651 | 4 095 | 4 527 | 3 247 |
| 纺织和皮革制造 | 1 934 | 1 751 | 1 590 | 1 488 | 1 803 | 1 571 | 1 511 | 2 109 |
| 肉类加工 | — | — | — | — | — | 36 | 77 | 106 |
| 总计 | 30 592 | 31 948 | 33 620 | 34 302 | 30 518 | 30 979 | 31 660 | 30 079 |

## （三）民众对职业教育仍存在误解

相对于高等教育，职业教育培训对大众的吸引力仍然不足，民众在很

[1] 资料来源于欧洲培训基金会官方网站。

大程度上把职业培训视为在学业失败的情况下为学生保留的另一条道路，而不是通向成功的个人选择。人们普遍认为职业教育的地位低于高等教育，许多人拒绝进入职业教育系统，一些人甚至宁愿没有工作，也不愿意接受职业教育培训。职业教育目前的成果也不足以让民众信服，学术性质的工作带来的利益明显比接受职业教育更大。

与此同时，一些已经进入职业教育培训体系的学员也无法正确认识职业教育的意义及重要性。如前文所述，很多数据显示，在选择职业教育培训方式时，大多数学员选择寄宿制培训或“三明治课程”，而学徒制是最不受欢迎的培训形式，只有不到 10% 的青年选择。这反映学员通常并不把职业教育作为最终选择，而只是希望在寄宿制培训中得到更多理论知识和文凭证书，从而进入高等教育接受学习，并不注重在学徒制培训方式中重点强调的动手能力和工作实践。这些事实表明，大多数接受职业教育培训的学员只是将职业教育培训作为获得高等教育资格的跳板，这与政府旨在增加职业教育学习人数的策略背道而驰。

## 二、应对职业教育挑战的对策

### （一）推出职业学士学位

2015 年，摩洛哥职业培训部门与雇主联合会、就业与职业培训部及几家大公司联合倡议，启动了职业学士学位项目。这个新的项目旨在加强高中和职业培训之间的联系，成为职业教育培养体系和“主流”教育体系之间的桥梁，并起到减少学生中途辍学的比率的作用。职业学士学位项目在 5 个城市的工业维修、机械工业、航空工业和农用地管理几个行业进行试点。

在职业学士学位项目推出后，学员对职业教育兴趣大增。表 7.6 显示了 2016—2017、2017—2018 两个学年的职业教育注册人数，各个级别的入学率均有显著提高。职业学士学位入学人数的跃升也表明，摩洛哥青年普遍愿意进入高等教育学习，而非传统意义上的职业教育体系。

表 7.6　2016—2018 年摩洛哥职业教育注册人数

| 等级 | 2016—2017 学年 | | 2017—2018 学年 | |
|---|---|---|---|---|
| | 注册人数（人） | 增长率 | 注册人数（人） | 增长率 |
| 职业学士学位 | 14 304 | 2.9% | 74 100 | 11.6% |
| 高级技术员级 | 136 781 | 27.3% | 161 180 | 25.3% |
| 技术员级 | 112 815 | 22.5% | 120 619 | 18.9% |
| 执照级 | 78 777 | 15.7% | 91 495 | 14.4% |
| 专业级 | 52 598 | 10.5% | 62 713 | 9.8% |
| 入门级 | 5 257 | 1.0% | 5 393 | 0.8% |

### （二）《国家职业教育和培训战略》

摩洛哥《国家职业教育和培训战略》于 2015 年 7 月通过批准，并于 2016 年 3 月正式签署。《国家职业教育和培训战略》提出了摩洛哥职业教育的首要目标，即摩洛哥职业教育是为支持发展、提高人力资本价值和提升劳动力竞争力而进行的终身优质职业培训。该战略提出建立一个监督和评估战略执行情况的指导委员会，并明确了委员会的作用、职能和运作细节。

具体而言，该战略主要包括 3 个方面的内容。其一，提高职业教育的扩展性和包容性。其二，提高职业教育的质量，特别是通过改进预期规划以及关注教师的专业发展，使培训内容更好地与劳动力市场需求相匹配。其三，加强部门治理和协调。在部门治理上的改革将为摩洛哥职业培训战略的实施提供便利，以更好推进战略监测和评估指导委员会等问题。

关于私有部门职业培训机构的内容包括发展公私合作投资和私人管理模式的混合制机构，以及经认证的私营职业培训机构（包括针对弱势群体、低收入群体的机构），并根据规范要求开发合同化系统。战略提出，要进一步加强私有部门在职业教育培训中的作用。政府将采取的措施包括免除私有部门职业教育培训机构的教学投资税收，并推进私有部门职业教育培训机构的课程认证程序，使优质的私有机构获得与公共部门职业教育培训机构相同的课程认证，这为来自经认证的私有培训机构的毕业生提供了更多机会。他们的学位将和公共部门职业培训机构的学位相同。他们可以申请与在公共职业培训部门相同的证书文凭，从而顺利进入高等教育机构或申请公共管理职位。

国王穆罕默德六世十分重视职业教育，职业教育和培训也一直是摩洛哥议会每周例会的热门话题。为了确保更好的职业教育培训，以保证学生毕业后能顺利获得工作机会，国王还敦促政府升级职业培训项目。国王指出，只要职业教育培训得到应有的重视，被赋予新的地位和更广阔的发展空间，它就会成为促进就业的有力杠杆。

# 第八章 成人教育

## 第一节 成人教育的发展和现状

摩洛哥于 1956 年独立后，着手对本国教育进行改革。成人教育领域在 20 世纪的改革以扫盲教育为主要目的，取得了一定成就，但就完成率而言，与规划目标仍有一定差距。进入 21 世纪以来，成人教育的内涵不断丰富，逐步扩展到继续教育阶段，与高等教育、职业教育相结合，形成互补，共同提升摩洛哥的人力资源发展水平。

### 一、成人教育的发展 [1]

20 世纪，摩洛哥的成人教育主要为扫盲教育。独立之初，摩洛哥的国民文盲率高达 95%，高文盲率不仅使摩洛哥的教育规模远远落后于其他发展中国家，而且也与国家的政治、经济和社会发展极不协调，严重影响了社会和经济的发展。

1957—1966 年，国家青年与体育部开展扫盲工作。该阶段，全国女性

[1] محمد العراقي. التجربة المغربية في مجال محو الأمية و تعليم الكبار[J].عالم التربية..86-63 :(31)12 ,2000

文盲率为96%，男性文盲率为78%。政府分两阶段开展扫盲工作，共惠及300万国民，致力于提高国民的读写水平，以便更好地沟通交流。课程结束后，向学员颁发阅读及写作课程的学业证明。同时，政府还确定了22个地区扫盲中心。该阶段扫盲工作取得显著成效，1960年，摩洛哥文盲率下降至85%。

1961年，政府着手开展乡村地区的扫盲工作，首先选择了贝尼迈拉勒地区为试点，利用国家广播电台等现代教学工具，开展了13周的扫盲课程。扫盲课程在乡村地区逐渐普及，政府为乡村居民提供扫盲课程，传授耕种、畜牧等农业经验。该项工作获得了联合国教科文组织的大力支持。

同时期，国家青年与体育部开展女性扫盲工作，在城市与乡村地区兴建主要针对女性的337座图书馆。该项目针对城市地区的12岁以上女性和乡村地区的10岁以上女性，政府为她们提供宗教课程、基本健康教育课程、育儿课程等。参加该课程的女性需要保证每天平均4小时的学习时间，课程总时长为3年，课程结束后颁发专业证书。此外，司法部与国家教育部联合办学，在各地区监狱开展扫盲教育，由宗教机构为监狱提供教学课程，允许囚犯接受扫盲教育和初等教育。

1967—1977年，国王穆罕默德五世决定成立首个国家合作机构，通过社区中心监督并推进扫盲工作，提供听、说、读、写等基础教育课程及家务管理、社会文化课程。为保证扫盲教育的社会普及度，这些课程的收费十分低廉。

1978—1990年，传统文化与社会事务部接管扫盲与成人教育工作。在总结上一阶段扫盲与成人教育工作不足的基础上，该部制定了新的扫盲方案：第一，根据人民需求与国家实力，确定合适的扫盲与成人教育战略；第二，建立严格的行政机制、监察与评估程序；第三，确定区域负责制，在各地区教育行政部门设立监管机构；第四，确定统一的教学大纲与教材，并免费发放给参与课程者；第五，组织社区培训班，借鉴世界扫盲与成人教育领域的先进经验，寻求国际组织的帮助与支持。当时，全国范围内的教育与就业中心达 334 个，为 41 660 名女性提供扫盲教育。同时，手工业职业培训部为妇女们提供雕刻、刺绣、缝纫课程，不仅培养了手工业劳动力，也为女性增加了就业技能。

该阶段，摩洛哥政府向埃及、约旦、叙利亚、法国等教育发达国家派遣教育顾问，学习成人教育经验，不断调整扫盲方案。从 1986 年起，政府根据地区社会经济条件和教学成效，选定 5 个模范地区进行重点建设，即卡萨布兰卡、非斯、梅克内斯、乌季达、马拉喀什。一年内，这 5 个地区的扫盲受益者增加 5 万人，86% 的课程参与者成功通过测试。1988—1992 年，传统手工业部制定了一项妇女扫盲计划，在城乡地区建立妇女教育与就业中心、社会教育中心、传统手工业合作社、手工业厂等地方培训中心，为妇女提供基础教育课程与手工艺课程，在提高扫盲率的同时，也能够解决妇女的就业问题。

1990 年，在庆祝国际扫盲年之际，摩洛哥政府与联合国教科文组织、阿拉伯联盟教育文化及科学组织合作，编发了基础扫盲教育阶段的阅读教材以及完善教育阶段的教师手册和教辅材料。同时，教育部门决定采用录音棚录课的形式，通过电视教学开展系列扫盲课程，以便增加普及率。为推进该阶段新模式扫盲教育的进展，国家教育部设立行动计划组织委员会、课程准备委员会、信息通信委员会等全国性工作委员会，并拟定于 2000 年消除国内文盲。

该阶段，摩洛哥扫盲工作取得显著成就，全国文盲率由 1978 年的 65% 下降至 1990 年的 58%。按照每年完成 20 万人扫盲计划的发展趋势，计划到 1995 年，使文盲率下降至 49%，2000 年下降至 42%，2005 年全国实现扫盲人口达到 320 万人。

1991 年，传统文化与社会事务部设立扫盲和成人教育部门，制定了扫盲领域的国家战略以及接受扫盲教育阶段和接受教育后的相关政策规定，以弥补此前扫盲领域的法律法规漏洞。政府不仅要负责教育阶段的课程质量和考试通过率，也要负责后续就业的落实，以保障受教育者学以致用，在相关技术领域充分发挥所学知识技能的优势。该阶段为促进扫盲教育制度的完善而采取的措施包括：与政府部门、非政府企业、志愿服务机构、私营企业等机构建立合作关系，以解决培训后的就业问题；通过加大对媒体平台的投资，鼓励国民接受电视课程；根据社会不同群体的生产职业需求，设置合适的教育大纲；致力于获取联合国人口基金、联合国儿童基金会、联合国教科文组织、联合国开发计划署等国际组织在扫盲教育领域的支持；健全教学评估机制以查漏补缺；扩建或新建扫盲教育中心，以适应受教育者人数的不断增加趋势。

摩洛哥于1994年进行了人口普查工作，10岁以上人口的文盲率达54.9%，其中女性文盲率达67.5%，男性文盲率达41.7%，农村地区文盲率达75.4%，城市地区文盲率达36.9%，扫盲教育中的男女差距与城乡差距仍比较悬殊。此次人口普查的家庭调研结果还暴露了扫盲工作中的其他问题，包括辍学率较高、课程安排无法满足受教育者的需求、上课时间受限、地区教育行政机构对扫盲工作的重视度不足、未落实权力下放至教育机构而导致协调失衡等。同时，该阶段缺少独立的成人教育体系。扫盲教育体系均是根据青少年教育体系调整制定的，因此存在严重缺陷，课程安排局限性强，大多数受教育者无法获得目标技能的培养，约1/5的受教育者并不能学以致用。

1995年，在联合国人口基金的资助下，摩洛哥出版发行“全民阅读”系列参考书，计划将接受扫盲教育并成功毕业的国民人数由每年平均10万人提高到每年平均50万人。

1997年，就业与职业培训部下设扫盲局。1999年，国王哈桑二世任命教育与培训改革特别委员会设计教育改革的新方案。同年，摩洛哥政府颁布《国家教育与培训章程》，在普及教育方面确定两个目标，一是普及6—

15岁儿童的基础教育，二是扫除青壮年文盲。此外，还设定了逐步实现扫盲的两个分目标，一是到2010年将文盲率降到20%以下，二是到2015年基本扫除青壮年文盲。2000年，摩洛哥15岁以上成人文盲率为51.2%。2002年，国家教育部成立国家秘书处，负责扫盲和非正式教育。2004年，该秘书处出台了新的扫盲战略。

2011年，摩洛哥成立国家扫盲机构，总部设在拉巴特。其主要职责包括：为特定人群的扫盲计划制定培养方案、课程大纲和教辅材料；为政府制定扫盲工作年度计划；将扫盲工作与国家各行业创收项目相联系，制定受教育者毕业后的就业工作方案；寻找国家和国际层面的双边或多边发展合作项目，为受教育者就业寻找资源；指导协调中央、地方有关公共行政部门机构参与扫盲工作；设立统计部门，建立数据库用于扫盲教育的跟踪评估。

目前，成人教育的内涵不断丰富，除了最主要的扫盲教育之外，各高等教育院校和技术培训院校还开设继续教育学院。继续教育学院主要分两类，一类是隶属于高等教育大学的综合性学院，另一类是隶属于职业技术学院的专业性学院，两类学院均面向全社会招生。前者主要与政府部门合作办学，响应公职人员培训教育，为公职人员提供讲习班、研讨会，开设行政、法律、管理、人文、科学、技术等学科课程；后者主要是面向社会的职业培训，开设手工业、家庭管理、农业、渔业、工程技术等实用性课程。

## 二、成人教育机构

摩洛哥成人教育主要分为扫盲教育和高等教育院校的继续教育，主管部门分别是国家扫盲机构和综合类及技术类高等教育院校。

## （一）国家扫盲机构

扫盲教育的办学理念是促进全方位的终身学习，并为各年龄段国民创造学习机会。早期摩洛哥的成人教育主要集中在扫盲教育上。在 2011 年前，先后由青年与体育部、传统文化与社会事务部、就业与职业培训部负责国内扫盲教育的推进，然而该阶段缺少独立的成人教育体系，扫盲教育体系均根据青少年教育体系调整制定，导致扫盲教育体系存在严重缺陷，于是，在 2011 年，政府决定成立国家扫盲机构，专门负责成人教育系统中的扫盲教育。

国家扫盲机构下设行政机构包括董事会、监察委员会、战略投资委员会等。各部门充分发挥职能优势，设定各类扫盲教育的大纲计划，根据不同群体的特殊需求，因材施教，赋能受教育者，关注各阶层人群的教育需求，设立合理系统的教学计划，强化监督与反馈机制，满足市场人才需求。同时，该机构负责管理各地方下设的扫盲教育机构，对地方扫盲工作统筹监督。

## （二）高校继续教育学院

在政府提出《2015—2030 年教育改革战略构想》的背景下，摩洛哥高等教育院校进一步加强隶属于本校的继续教育学院建设，面向全社会开设专业培训课程。

综合类大学的继续教育学院主要提供公职人员培训和在职员工学位修读教育。在殖民主义的长期影响下，独立后的摩洛哥面临着行政系统不健全、人力资源稀缺、行政能力不足等问题，于是政府设立经济与行政改革部，在公职部门提出改革措施，为公职人员提供专业能力、行政能力的培训。公职人员培训的根本目的是提高政府部门的行政效率和业务能力，开设的课程包括人力资源管理、活动组织策划、财政业务、法律业务、预算与策划制定、行政管理、媒体技术运营等，参与培训课程的公职人员需参加课程结业测试，可以获得结业证书。为了保证政府人力资源的先进性，接受培训已成为公职人员的基本职责。政府致力于建立更加全面的评估审查机制，将公职人员的培训表现与其绩效考核挂钩，同时，继续教育学院也在不断丰富教学内容和课程种类，以满足行政部门的各类需求。

## 三、扫盲教育课程设置

在摩洛哥的成人教育中，扫盲教育是发展历史最久，也是目前最为重要的成人教育工作，其受众面广泛，且符合国家战略发展目标。国家扫盲机构自建立以来，根据社会需求和劳动力市场走向，不断调整教学计划。考虑到受众人群的多样性，目前国家扫盲机构教育系统共设立以下 5 类教学计划。

### （一）社区普及性扫盲

该计划惠及社会各类渴望接受扫盲教育的人群，包括缺乏阅读、书写能力的人群，是覆盖性最广、普及性最强的教育计划，又称“赋能型扫盲”。受教育者接受至少 300 小时的课程教育，主要包括阅读书写能力培养、表达沟通能力培养、基础计算、公民价值观与人权自由思想培养等基础专业性课程，以及服务技能、行政管理、家庭管理、环境保护等通识课程。

### （二）扫盲教育后培训

该计划惠及曾接受过扫盲教育并拥有一定阅读、写作能力的公民，既针对已参加工作，也针对失业在家人群。受教育者接受至少 200 小时的课程教育，其课程设置主要致力于提高受教育者的阅读、书写能力，培养受教育者从事社会工作或创业能力。

### （三）青年教育

该计划是在欧盟提出的扫盲战略的框架内制定的，惠及青少年群体，主要针对 15—35 岁未受过教育或阅读、书写能力较低的人群。扫盲机构提供基础教育课程和职业培训，其教育计划由阿、法双语开展，受教育者需要按规定时长接受 3 类课程：基础培训课程（240 小时）、深度培训课程（120 小时）、职业资格培训（200 小时）。该教育计划向受教育者发放两类教材，并通过个人评估系统，对受教育情况进行追踪监察。

### （四）清真寺扫盲

该计划同宗教基金与伊斯兰事务部联合办学，考虑各地区实际情况，在无法普及专业扫盲中心的地区，利用清真寺的地理位置优势和影响力，提供扫盲教育，开展学习活动。除学习《古兰经》外，该机构还根据受教育者的需求，编写教学用书和教辅材料。自 2014 年来，该机构已经通过电视及互联网等社交媒体平台开设 180 集扫盲课程视频，其内容主要涉及职业技术培训、理论培训、应用培训。该机构还致力于完善培训、监督、评估系统，并寻找社会合作机会，为受教育者提供就业平台。

### （五）农业、渔业、传统手工业扫盲

该计划惠及在农业、渔业、传统手工业领域工作的国民，受教育者至少接受两阶段共450小时的课程教育。第一阶段为赋能扫盲阶段，涵盖300小时的课程教育，主要培养受教育者的阅读、书写、计算能力，提高其生活规划能力、社交能力。第二阶段为职业培训阶段，涵盖150小时的课程教育，主要根据受教育者的职业，提供传统手工业、农业耕种、水产养殖捕捞等相关领域的专业课程，提高其创收能力，强化责任意识。

目前，该计划已惠及8万国民，包括农业2万人、渔业3万人、传统手工业3万人。每个领域均有相应的培养计划，如农业培训课程包括生产、耕种技术知识，培养受教育者的环保意识，帮助其提高生产效率，保证农作物产量等。渔业培训方案为受教育者提供3类教材，即基础知识教材、专业培训教材、针对女性的专业培训教材，其中前两类教材主要针对男性劳动力，为他们提供阅读、写作、计算等基本技能培训，传授实践、捕捞技巧、水产养殖等专业技能知识；针对女性的培训主要是让女性了解海洋捕鱼领域的知识，提高其海洋保护意识。传统手工业课程主要针对女性手工业者，培养其专业技能和创造力，课程计划分为两个阶段，第一阶段包括6个单元课程，主要提高工匠的阅读、书写、交流能力，第二阶段包括4个单元，主要涉及手工业的发展与振兴、产品创新与改进、专业管理等知识培训。

## 四、扫盲教育的办学及招生规模

扫盲工作是摩洛哥教育工作的重点，社会各界给予高度重视与支持，国家扫盲机构与社会组织、政府部门、私营企业等开展合作办学，多边协调互助，致力于人力资源培养。根据国家扫盲机构的数据，2012—2017年，

社会组织合作办学惠及人数占总受教育者的 56.32%，政府部门合作办学惠及人数占总受教育者的 43.55%，私营企业合作办学惠及人数占总受教育者的 0.13%。

### （一）社会组织

社会组织运行机制灵活，与受教育者接触机会较多。国家扫盲机构的数据显示，2002 年共有约 120 个社会组织自发与国家建立合作关系，开展扫盲计划。到 2017 年，有超过 2 350 个社会组织参与扫盲计划，除提供资金支持与教学渠道外，还为扫盲课程提供专业讲师。

### （二）政府部门

政府部门是扫盲工作的主要参与者。国家扫盲机构成立以来，与其建立合作关系的政府部门包括：宗教基金与伊斯兰事务部；传统手工业部；农渔业、农村发展、水利及林业部；内政部；青年与体育部；国家合作基金会；监狱管理与重返社会机构。

宗教基金与伊斯兰事务部主要参与扫盲机构的清真寺扫盲计划，负责编写教辅用书、制定评估监察方案、为清真寺配备信息视听设备，并开设健康、宗教、法律、行政、文化、环境等方面的课程。该部门的惠及人数位列政府部门之首，2012—2017 年共惠及 125 万余人，占扫盲受教育总人数的 87.47%。

传统手工业部主要参与扫盲机构在传统手工业领域的扫盲计划，提供远程职业培训和技术教学课程，截至 2018 年，共有 48 192 名受教育者成功毕业。

农渔业、农村发展、水利及林业部主要参与扫盲机构在农业、渔业领域的扫盲计划，教学计划分基础教育和职业培训两个阶段，负责制定教学大纲，根据教学条件确定授课形式，完善评估监督机制和认证程序。

内政部主要参与针对社区工作者的扫盲工作，旨在强化社区工作者的语言交流能力与知识储备，起初成效良好，但参与人数逐年减少，其主要原因包括：社区工作者多到达退休年龄，在没有任何奖励机制计划的背景下，很难对课程抱有积极态度；线下培训时间长达 10 个月，受教育者需要长期在社区工作中心与扫盲培训中心间转移走读；目标人群年龄跨度广、需求多样化，难以制定合适的教学计划。

青年与体育部是最早参与扫盲工作的政府部门，它致力于建立地方青年中心、妇女俱乐部，与儿童和妇女事务局协调合作，目前在国内各地方建立 76 个青年与妇女事务组织，开设阅读、书写、计算等基础教学课程和健康、环境、宗教等综合课程，在降低文盲率领域取得丰硕成果，但参与人数逐年减少，其主要原因是：缺少良好教师资源，中央政府部门与地方扫盲机构缺乏协调沟通，扫盲教材与教学大纲尚未完善等。截至 2017 年，共有 63 711 名国民从这项教育计划中受益，占扫盲受教育总人数的 2.75%。

国家合作基金会积极参与扫盲教学计划，主要针对社会弱势群体，即儿童、妇女、老年人、残疾人等，旨在提高他们的基础能力和经济水平，培养职业技能，提高生活质量。截至 2017 年，在各地区已建立 750 个针对弱势群体的扫盲中心，惠及人数达 154 069 人，占扫盲受教育总人数的 6.01%。

值得一提的是，监狱管理与重返社会机构也积极参与国家扫盲机构的合作。监狱扫盲教育计划主要针对文盲率较高的监狱或改造所，由宗教基金与伊斯兰事务部及扫盲机构提供师资与教育资源，旨在让囚犯掌握基本的阅读、写作能力，让他们了解公民的权利与义务和法律常识，帮助他们与社会接轨。同时，扫盲机构与监狱和拘留中心积极协调，帮助囚犯有机会与家庭和社会沟通，为他们回归并融入社会打好基础。截至 2017 年，共有 41 536 名囚犯从这项教育计划中受益，占扫盲受教育总人数的 1.29%。

### （三）私营企业

目前私营企业在扫盲教育中的作用并不明显，惠及人数仅占总数的0.1%。在与摩洛哥企业总联合会的协调努力下，私营企业正开放一些生产机构，致力于为从事工程服务的工人提供课程培训和实操训练，并在旅游服务业为扫盲教育的毕业者提供就业机会。

## 五、评估追踪机制

国家扫盲机构与合作单位商议制定并通过了多项评估追踪机制，委派巡视督导组，定期开展走访调查工作。对扫盲机构和扫盲受益者进行采访调研。其评估标准主要集中在两方面：其一是教学体系方面，即成人教育体制是否完备、课程大纲的安排是否合理、课程质量是否符合标准；其二是受教育者方面，即教学进度是否合适、课前计划与课后练习是否落实、机构是否及时与受教育者沟通以追踪其学习情况。在采访调研期间，收集受教育者对课程开设时间、地点的意见，以及对教学活动开展的建议。

同时，在监测与评估过程中，国家扫盲机构与合作单位对巡视督导组进行监督考察，以保证该过程的公开透明；逐步建立起信息系统，以记录地方扫盲机构与受益人的状态信息，从而跟进教学计划的实施进度，收集学生反馈意见。接受扫盲教育期间，受教育者需定期参加阶段性考核，如果顺利通过考试，则可以进入下一个学习阶段，否则重修；在扫盲课程结束后需参加统一结业测试，合格后方可获得资格认证书，进入人才市场。

## 六、成人教育的成就及现状

自 20 世纪 60 年代至今，摩洛哥政府始终重视成人教育事业。图 8.1 显示的是 10 岁以上国民文盲率的变化情况，可以看到在扫盲教育发展初期的 1960 年，文盲率高达 87%，而 2014 年已下降到 32%，54 年间降低了 55%。根据国家扫盲机构的数据，2017 年文盲率进一步下降至 29%，整体上摩洛哥的扫盲工作已经取得显著的成绩。然而，相较于《国家教育与培训章程》中提出的逐步实现扫盲的两个分目标，一是到 2010 年将文盲率降到 20% 以下，二是到 2015 年基本扫除青壮年文盲，摩洛哥成人教育的现状还有较大差距。

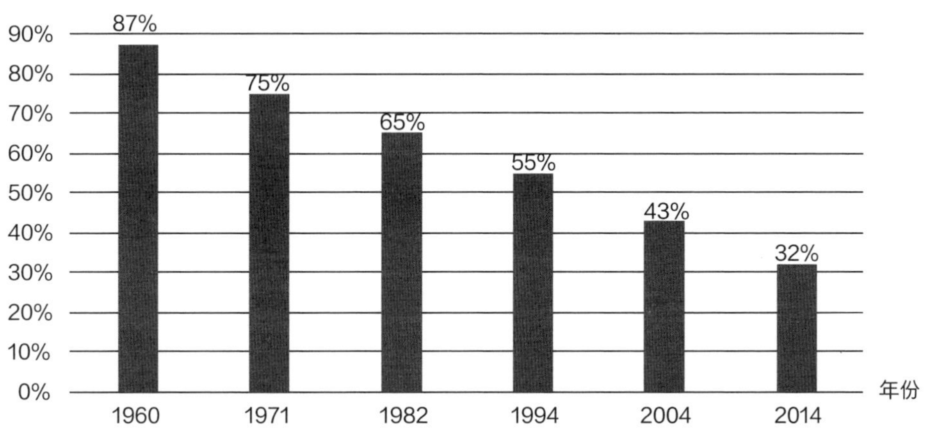


**图 8.1 1960—2014 年摩洛哥文盲率的变化情况**

在现阶段扫盲工作中，国家扫盲机构致力于在各地区建立扫盲委员会和咨询机构，并开展扫盲研讨会，健全监察机制以追踪扫盲进程；培养专业技术人员，进一步开发利用信息系统以统筹扫盲工作，在 2008 年采用的扫盲信息系统的基础上，进行更大范围的信息采集与评估；加强教师培训，制定满足多样需求的人性化教学计划，重视国际合作交流。

《2017—2021年教育计划》的关键词是“机会均等和公平”“教学质量”“个人与社会发展”。国家扫盲机构致力于减少接受成人教育人群的性别和地区差异，确保男女受教育权平等，农村与城市教育差距缩小，各年龄段的人群都能受益于终身教育；采用更高效的教学计划，完善行政管理部门的权力分配机制和教育评估系统；确保成人教育方案符合社会发展趋势，充分考虑受教育者的切实需求，落实受教育后的就业工作。

## 第二节 成人教育的特点和经验

### 一、成人教育的特点

摩洛哥成人教育起步于20世纪50年代，至今已发展60余年，目前的主要目标仍是降低国民文盲率。从起初的各政府部门轮流管理扫盲教育，到专门成立国家扫盲机构，成人教育体系进一步完善健全，课程计划丰富多样。摩洛哥成人教育与社会机构、政府部门、世界组织的合作进一步深化，授课形式不断创新，呈现出鲜明特点。

#### （一）充分利用媒体渠道扩大扫盲范围

摩洛哥政府自1961年首先选择贝尼迈拉勒地区为乡村扫盲试点，利用国家广播电台等现代教学工具，开展了13周广播扫盲课程。该项工作获得了联合国教科文组织的大力支持，扫盲课程在乡村地区逐渐普及，政府为乡村居民提供扫盲课程，传授耕种、畜牧等农业经验。各地区接受扫盲教育的国民可以通过电视频道收看到各类课程，实现师资利用最大化。

2011 年，国家扫盲机构同宗教基金与伊斯兰事务部合作办学，在清真寺扫盲计划中，于电视及互联网等社交媒体平台开设扫盲课程。在全球化、数字化的背景下，摩洛哥成人教育机构充分利用网络上丰富的教育资源以及便捷的线上授课方式，实现共享教育资源。目前，在新冠肺炎疫情全球肆虐的背景下，国家扫盲机构加强网络教学系统建设，为全民提供远程扫盲教育，并健全测试评估系统，以保证教学质量。

### （二）重视社会特殊群体的扫盲教育

观察摩洛哥成人教育教学计划的设置，可以发现政府十分重视青年、女性、老年人等社会弱势群体的扫盲教育，并开展监狱扫盲工作。国家扫盲机构与国家合作基金会合作办学，对社会弱势群体设立专门教学计划，其中政府在妇女扫盲教育方面的努力值得关注。

摩洛哥女性文盲率较高，男女受教育比例失衡，这源于多种因素，如社会忽视妇女教育、家庭贫困、缺乏教育资源、社会对女性教育存在偏见、家校距离遥远等。国家为加强妇女教育并提高其知识水平，于 1961 年委任青年与体育部开展女性扫盲工作，在城市与乡村地区兴建主要针对女性的 337 座图书馆，并开设宗教课程、基本健康教育课程、育儿课程等。该项目针对城市地区 12 岁以上的女性和乡村地区 10 岁以上的女性，参加该课程的女性需要保证平均每天 4 小时的学习时间，课程总时长为 3 年，课程结束后颁发专业证书。

为鼓励农村贫困地区的妇女入学，1994 年，摩洛哥与联合国开发计划署合作开展了一项妇女教育计划，[1] 为受教育者（主要是女性）提供所需要的新课程，涉及农业、木工、缝纫、电学和其他基本生活技能，并在地方

[1] 杨婷．阿拉伯世界成人教育举措及其对我国的启示 [J]．世界教育信息，2008（9）：60-62.

成立了一批公立院校。这些学校离居住地很近，且课程安排灵活，女性既可以接受教育，也不会耽误家务工作。

国家扫盲机构致力于建立地方青年中心及妇女俱乐部，与儿童和妇女事务局协调合作；在国内各地建立76个青年与妇女事务组织，设置专门针对女性的教育计划，培养女性在保健、社会交往、职业规划、家庭等方面的知识。为了方便女性在家中接受教育，政府开设了电视、互联网课程，以阅读、书写、计算等基本课程为主。为了满足就业需求，帮助妇女以最适合自己的方式进入劳动力市场并尽快适应，国家扫盲机构专门在传统手工业领域设定课程计划，既能满足市场需求，又可以解决女性的就业问题，提高女性的社会参与度。

目前，摩洛哥在女性成人教育方面取得了显著成就。独立初期，女性文盲率高达96.0%，到2004年女性文盲率为54.7%，2014年下降至42.1%。然而，目前女性文盲仍占全国文盲总人数的66.0%，且女性受教育程度普遍低于男性，实现教育平等的道路依旧漫长。

另外值得关注的是，国家扫盲机构提供监狱扫盲教育，同宗教基金与伊斯兰事务部合作办学，为囚犯开设阅读、书写等基础课程，普及法律知识和社会责任意识，帮助囚犯自我改造，为其刑满释放后顺利融入社会打下基础。这体现了国家对社会特殊群体的人文关怀。

## 二、成人教育的经验

摩洛哥政府始终重视国家成人教育的发展。自独立以来，政府多年从政策、资金、技术方面为成人教育提供保障。尤其是在扫盲教育方面，建立国家扫盲机构，与社会组织、政府部门、私营企业合作，取得了显著成效。截至2017年，摩洛哥文盲率为29%，相较于独立初期87%的文盲率，已下降了近 60 个百分点。在扫盲教育逐渐成熟后，政府开始着手设计继续教育学院、公职人员培训等成人教育中具有学术性、技术性的领域的培养方案。

### （一）充分利用自身优势进行合理规划

手工业是摩洛哥的传统行业，是吸收就业的重要部门，也是创造外汇收入的重要部门之一。摩洛哥比较著名的手工艺制品有地毯、皮革、拖鞋、皮包、家居饰品等皮质手工艺，也有彩绘银盘、银器、青铜茶壶等金属工艺。手工业主要集中在非斯、马拉喀什等主要旅游城市，而手工业出口则主要集中在拉巴特和卡萨布兰卡，其主要出口市场为欧盟、北美、中东。政府充分利用这一优势，合理规划教学计划，为妇女开设手工业培训课程，在传授传统手工业技术的同时，结合教学简单的设计知识，将手工业与设计灵感相结合。普及手工业扫盲教育既能解决妇女就业问题，也做到了对本国文化遗产的合理传承与创新。手工艺制品作为特色文化纪念商品，为旅游业收入做出巨大贡献，带动了众多城市的经济发展。

### （二）建立国内、国际合作机制

摩洛哥成人教育注重与社会组织、政府部门、私营企业等建立合作关系。一方面，社会组织可以为扫盲教育后的受教育者提供就业机会，政府部门和私营企业可以为扫盲教育提供教育资源和资金支持。另一方面，各组织部门可以从成人教育体系中受益，不仅能够参与课程大纲设置，以培养市场所需的劳动力资源，又能够让部门员工参与继续教育学院的阶段性培训课程，以提高行政或专业技术能力。

国际层面，在摩洛哥政府的大力支持下，国内继续教育中心与世界各国高等教育院校及研究所进行交流互访，教师可以获得交流借鉴的机会，就读学生也有机会接受互换课程。交流对象主要是欧洲地区和海湾地区成人教育发展比较健全完备的国家。摩洛哥高校继续教育中心致力于与对方的成人教育机构沟通合作意向，并达成合作协议，共同研究开设了相关领域的培训课程。此外，双方还可达成交流访学、师资交换等协议，如部分继续教育中心开设了多门外语课程，大多数从国外聘请母语培训师教学。卡萨布兰卡哈桑二世大学与卡塔尔卢萨尔大学开展合作，[1] 双方交流师资及语言、人文、社会科学等方面的课程，双方学生均可获得对方学校的学士学位。

摩洛哥的成人教育还获得了欧盟、联合国教科文组织、西班牙合作委员会、德国联邦国际成人教育学院、美国千年挑战公司等国际组织的支持，如联合国教科文组织终身学习研究所于 2020 年宣布，将协助摩洛哥开设成人教育硕士课程，[2] 举办高级别研讨会，分享终身学习硕士课程的成功经验，以促进摩洛哥成人教育的专业化和可持续发展。

## 第三节 成人教育的挑战和对策

### 一、成人教育面临的挑战

#### （一）成人文盲率仍较高，普及教育目标尚未实现

经过 10 年的教育改革，摩洛哥的成人文盲率有所降低，但普及教育的

[1] 资料来源于卡萨布兰卡哈桑二世大学官方网站。

[2] 李卉萌．UIL 协助摩洛哥和突尼斯制定成人教育硕士课程 [J]．世界教育信息，2020，33（4）：79.

目标尚未实现。由于摩洛哥农村地区相对有文化的人口向城镇迁移，加上国家发展规划对农村人口的忽视，摩洛哥城市与农村的教育条件差距仍然悬殊，城乡发展不平衡问题凸显。

如图 8.2 所示，2004 年，农村地区的文盲率为 60.5%，城市地区的文盲率为 29.4%；2014 年，农村地区的文盲率为 47.5%，城市地区的文盲率为 22.6%。在 10 年之间，农村地区的文盲率下降了 13%，而城市地区的文盲率下降了 6.8%，但农村地区的文盲人数仍占全国文盲总人数的 57%，考虑到地区人口基数和人口迁移等因素，农村地区的扫盲工作仍然任重道远。目前，摩洛哥教育行政体系权力逐步下放，城市教育状况有所改善，但农村地区仍然缺乏自主决定权和足够的资金支持，因此教育水平发展较慢，城乡教育差距趋于扩大。

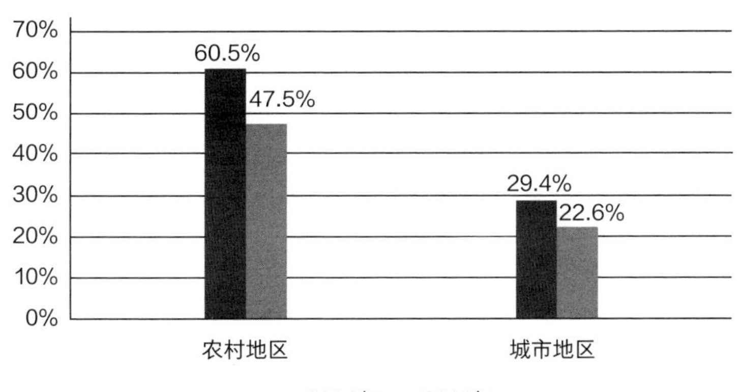


**图 8.2 2004 年和 2014 年摩洛哥农村与城市地区文盲率变化** [1]

[1] 资料来源于摩洛哥国家教育部官方网站。

### （二）教育资源有限，创新独立性不强

目前大部分扫盲中心开设的课程是基础学科课程，课程结构单一，无法满足受教育者和人才市场的多样化需求；继续教育学院严重依赖国际合作和聘请国外专家授课，忽视培养本国的创新型人才；缺乏科学技术领域的人才；成人教育培训中心并未普及运用通信技术，尚未建立起较健全的远程培训系统；成人教育中心的教育资源相对薄弱，城市地区的成人教育面临严重的师资流失问题，农村地区的成人教育则面临师资匮乏、频繁更换等问题；国家独立后，摩洛哥政府一直提倡教育阿拉伯化，但受长期殖民影响，阿拉伯教学体系仍然不成熟，缺乏创新性；此外，摩洛哥成人教育的认定评估体系仍有缺陷，在学位认证方面仍在努力达到国际标准。

## 二、应对成人教育挑战的对策

### （一）加快社区普及，国家政策支持

在《2017—2021 年教育计划》的背景及联合国教科文组织和德国成人教育国际联盟的合作框架下，国家扫盲机构致力于在各地区兴建扫盲委员会和咨询机构，同时建立社区教育中心，激励受益者参与继续教育，并将所学知识技能与社会实践活动相结合。中央教育行政机构加快放权速度，使地方教育机构拥有自主决定权，加快行政体系的改革和重组，以提高行政效率。国家扫盲机构建立认证评估体系，为通过测试的学习者颁发结业证书，家庭条件困难的国民可以提供收入证明，以获得免费的阶段性扫盲教育。在地方成立一批公立院校，这些学校离学生居住地较近，课程安排灵活，受教育者在接受课程的同时也有时间从事工作。

### （二）结合自身特点，满足发展需求

摩洛哥政府在提出《2017—2021 年教育计划》后，大力关注成人教育的开展，重视扫盲教育的推进，结合自身特点，完善成人教育相关法律法规制定。具体措施包括：

采用更高效的教学计划，完善行政管理部门的权力分配机制和教育评估系统，给予国家扫盲机构必要支持，并赋予地方教育机构自主决定权；确保男女受教育权平等，各年龄段的人群都能受益于终身教育，缩小农村与城市教育差距；确保成人教育方案符合社会发展趋势，充分考虑受教育者的切实需求，落实受教育后的就业工作；同时督促各高等院校建立继续教育学院，给予已经参加工作的公民充实自己、再次选择职业的机会；强化国家公职人员培训机制，提高政府行政效率。

在制定教学计划时，充分发挥摩洛哥在传统手工业方面的优势。国家扫盲机构给予地方扫盲机构资金援助，致力于在妇女群体中普及传统手工业的扫盲教育，增强妇女创造价值的能力，提高其社会参与度，同时也保护并传承了本国的物质文化遗产。政府响应国际成人教育协会与联合国教科文组织终身学习研究所的号召，在高等教育学校大力培养技术人才，并在公职人员培训中增加技术培训课程，同时加强网络学习系统和监督评估机制的建设。

## 三、小结

摩洛哥在成人教育方面取得了瞩目的成绩，并将在 2022 年承办第七届国际成人教育大会，其主题是“增强国家监测成人学习和教育能力”。届时，摩洛哥将与各国共同探讨并分享成人教育先进经验。在新冠肺炎疫情肆虐的背景下，全球的成人教育更加迫切需要实现线上远程教学，并加强

建设监督评估机制。在国际教育环境中，摩洛哥成人教育部门努力顺应潮流，与国际接轨，致力于加强与国际高校间的合作交流，同时注重发展有本国特色的成人教育。虽然目前面临着种种挑战，但在摩洛哥政府的高度重视与大力支持及国家扫盲机构的适时调整下，摩洛哥成人教育体系将不断完善，为更多的国民提供更系统全面的教育，以适应社会发展的需求。

# 第九章 教师教育

## 第一节 教师教育的发展和现状

### 一、教师教育理念

教师教育是对教师培养和培训的统称，教师教育的发展与改革对整个教育领域具有极大的推动作用。在终身教育思想的指导下，教师教育贯穿教师的整个职业生涯。按照不同发展阶段的需求，教育工作者分别参与职前培养、入职培训和在职研修等环节，以得到内外能力的提升。

对教师培训进行研究的核心内容是探明教师需要具备怎样的知识与能力。教师发展的研究始于20世纪60年代末期的美国，兴盛于20世纪70—80年代的欧美。1969年，美国得克萨斯大学学者弗兰西斯·富勒在《教师关注问卷》中提出教师职业发展过程中的关注点变化。[1] 在富勒之后，更多的研究者参与到教师发展阶段的研究中。学者大多以年龄作为参数，强调关注处于不同职业生涯阶段的教师需求，关注教师职业发展过程中的个体化差异。自20世纪80年代以来，扩大教师知识储备与提升教学能力成为世

[1] 肖丽萍．国内外教师专业发展研究述评 [J]．中国教育学刊，2002（5）：57-60.

界教师教育研究的焦点问题。世界“教师专业化运动”也由此兴起，并成为提高教育质量的保障。[1] 随着研究的不断深入，教师教育的理论框架不断完善，教师教育的相关实践也得到了极大推进。

摩洛哥的教师教育机构致力于为各类教育工作者提供培养教学能力、发展个人资质的平台，教师教育项目进展良好，培训项目覆盖范围较广。摩洛哥国家教育部于 1999 年发布《国家教育与培训章程》，将培训教育工作者和学校管理人员列为教育发展的优先事项。该文件指出，摩洛哥应在各地区设立教育培训机构，确保教育工作者、学校管理人员在开展其本职工作前接受良好的培训，确保教育团队不断发展，并使其接受系统、科学的教育学课程。此外，该文件还希望各级教育机构能在多个学科领域、多个发展层次促进教育研究，进而培养优良的教学队伍，提升教师教学水平，实现各项教育发展目标。[2] 此外，职业培训部门与美国国际开发署、联合国儿童基金会和日本国际合作局等国际机构合作，组织符合可持续发展价值观的教育培训课程及教育教学的相关实践，帮助教师及学校工作人员从中受益，并获得宽阔的教育视野与良好的教育能力，从而在教育领域更好地发挥研究、创新和领导作用。[3]

## 二、教师教育的发展概况

摩洛哥对教师教育给予极大的重视，相关部门在《国家教育与培训章程》《2015—2030 年战略项目优先计划》《改革高等教育：战略愿景》等官方文件中均对教师教育的理念做出阐释，并对教师教育项目的开展做出合

[1] 刘捷．专业化：挑战 21 世纪的教师 [M]．北京：教育科学出版社，2002：27.

[2] 资料来源于摩洛哥国家教育部官方网站。

[3] 资料来源于摩洛哥国家教育部官方网站。

理规划。摩洛哥教师教育的各类政策由国家教育部统领，并由各区域教育职业培训中心具体实施相关培训项目。

## （一）大政方针

### 1.《国家教育与培训章程》

《国家教育与培训章程》由国家教育部于1999年发布，是摩洛哥进行教师教育规划与安排的纲领性文件。

在前期筹备层面，该文件规定，主管教育培训领域的国家机构需采取相关措施，确保教育培训机构有序运行；这些部门需要明确规定入学标准，编写并发布教育培训书籍，以及详细列出结业要求；组织培训活动时需保持独立性、灵活性，各个培训过程均公开透明，促进培训工作的良好开展；负责教育培训的机构应在教育工作者较聚集处设置培训中心，为培训中心建立完善的基础设施，提供现代化的教育设备；各地区应组建教师教育培训网络，使教师教育覆盖各级各类教育单位，为相关教育工作者提供技术支持、应用支持以及学术支持；在制定与教育培训有关的法律法规时，应考虑不同级别职员的义务与权利，为培训者提供充分的法律保障。

在培训安排层面，该文件规定，摩洛哥各级教育培训机构需开展基础性的教育培训，组织培训班、研修班，帮助教育工作者提升其认知能力、教学水平、沟通能力，为教育工作者提供可持续发展的保障；应设置额外的研讨班、研修班，利用先进的教育设备，建设学习社区等，在特定的时期为教育工作者提供补充课程；应组织各类学术活动、文化活动、体育活动、娱乐活动，组织有益的研习活动、游学活动，为管理人员、教育工作者提供物质支持和精神支持，帮助其开阔眼界、丰富生活；各部门应鼓励开展教育培训项目，为培训提供财务支持，并大力培养在教育培训领域工作的职员。

在项目考核层面，该文件规定，各级教育培训机构在组织长期培训和短期特训的同时，应定期对教师进行培训与水平考核，时间间隔至少为三年一次；这些研修班需跟进教育学、教学法发展的最新热点，分析不同受众的需求，做好定期的反馈工作，收集并听取在教育领域有相关工作经验者有关培训过程的建议；各级教育培训机构应定期在国家、地区层面举行年度表彰大会，以表彰工作出色的培训教员以及表现优秀的学员，此类表彰活动应充分考虑教员和学员在工作、学习中的表现，以公开、透明的标准客观地进行评价。[1]

### 2.《2015—2030 年战略项目优先计划》

《2015—2030 年战略项目优先计划》由国家教育部于 2016 年 2 月发布，对摩洛哥教师教育相关项目的具体安排提出了合理规划，并针对不同领域的培训项目提出了改进建议。

在制度建设层面，该文件指出，各级教育培训机构需注重提升基础培训的质量，使新教师接受完善的基础培训，大力提升其基本教学能力，使之符合教学单位的入职要求；组织培优比赛，激励教师提升教学水平；设立教育管理课程，提升教育工作者的管理能力；优化地区培训机构的管理，改善其课程体系；拓展教学比赛规模，激励教师参与此类比赛，提升教学技能并改进自身不足；设置并完善与教育培训有关的管理体系；考察当前既有的教师教育制度，了解教师培训基本目标以及各领域的前瞻性规划，认清当前基础培训制度的局限性与缺点，并给出修订方案；明确教育培训的任务，规定教师培训的责任与义务，制定规范职业道德的文件；促进培

[1] 资料来源于摩洛哥国家教育部官方网站。

训体系中的两性平等，弘扬宽容的观念，强化权利与义务的意识，弘扬民主、平等的观念，打击一切形式的歧视行为；明确各级各类教师培训机构的专业所长与培训任务，进而针对性地改善其业务能力；建立管理部门，明确其职责与权力，使其更好地发挥作用，使培训机构具有创新性的组织形式，适应地区发展需求。

在培训项目开展层面，该文件指出，各教育培训机构需要为教育工作者开展实践项目，鼓励教师参与具有创新价值的培训，并跟进培训进度；应开展有关教育学、教学法的培训，用系统化的教学体系服务于教师队伍的培养；应充分发挥信息科技、通信技术等先进手段的作用，促进不同教育工作者开展多样化的经验交流与经历分享，特别是通过老学员的培训项目反馈、职业规划建议来推动新学员更新自身教育理念，拓展学员的经验交流空间，同时也帮助教育培训机构拓展开发新的培训项目；应促进教师就业，做好就业的评估工作；应对负责教学监督、教学指导、教学规划等部门的工作进行定期评估；组织一系列培训考核活动，对教师的教学能力做出系统性的考核，并根据反馈情况对教师培训项目进行革新。

在前瞻性规划层面，该文件指出，各教育培训机构应深化互信，明确各自职权，并恪守其职，培训学员和各教育培训机构之间也应加强合作与商讨，以期促进经验交流，提升各自的业务能力；各级教育培训机构应鼓励教育工作者对职业生涯做出合理规划，在确保效益的基础上加强与时俱进的能力，进而实现能力的提升；应将信息科技、数字科技纳入教育培训范畴，提升职业教育数字化水平，实现教育培训的与时俱进；应思考符合时代需求的新型职业培训手段，开发创新型的培养模式；列明针对全国性、地区性机构的发展计划，根据学员发展需求做好项目规划，并做好经验、信息的交流工作；邀请退休教育工作者等有较多经验的人士分享教育经验，以此支持教师教育的更好开展；应对评估体系、测试体系进行全面改革，使人才培养体系更完善，进而落实好人才发展路径的合理引导。[1]

### 3.《改革高等教育：战略愿景》

《改革高等教育：战略愿景》由高等教育科研部于 2019 年 5 月发布，展望了新时期的教师教育发展路径，对改善摩洛哥教师教育模式提出了前瞻性的建议。

在教学目标层面，该文件指出，摩洛哥需要革新教育制度与培训体系，首要任务便是“提高质量”，当前教育工作者被分配的任务指向性不明确，不能起到提高能力、改善教学的作用；此外，教师也未被激励去获得博士学位，未参与发展性的研究等。由此，各教育机构应意识到教师教育面临的问题，采取措施提升教师教育质量、进行培训改革等；各级教育培训机构应促进教师提升研究能力、提高教学水平、学习先进的教学理念，激励教师掌握多门语言，学会团队合作，拥有国际视野，努力追求创新；教师可获得的工资和晋升机会也应与接受教师教育培训时的表现挂钩，考核标准包括教师是否成功地运用先进的教学法、是否参与学术活动并有学术成果产出、是否具有创新精神等；教育工作者不可在研究与教学两方面有所偏废，而应各有顾及，在两方面同时开展的情况下达到效益互补。

在教学理念层面，该文件指出，发展教学法、推行先进的教学理念是摩洛哥教师教育的重点，推动教师的职业发展和促进教学法的革新应被给予极大的重视。各级教育培训单位应推出相关课程，并在该领域开展持续的改革行动，不断完善教育理论体系，在不同的专业领域培养具有创新精神的人才，为国家建设优秀的人才队伍。有研究指出，教学法的研究对提

[1] 资料来源于摩洛哥国家教育部官方网站。

高教学水平、培养优秀的教师队伍具有极大推动作用。高等教育中的教学法发展历史较短，至今仅有三四十年。摩洛哥意识到教学法改革对提升教育质量、发展教育培训的重要性，自 1997 年开始便推出教育改革的相关措施，这些措施促进了摩洛哥整体教学水平的提升以及师资队伍的培养。尽管已有研究团队以及相关机构在教学法领域从事研究工作，但对该领域的研究仍在摩洛哥大学教育中处于边缘化的地位，教学法改革并未得到充分实施，教师、研究者未得到良好的培养。教学法培训除了需要在不同的专业实施，还需对不同层级的教师群体实施，新教师尤其需要接受指导和培训，以保证其拥有较高的知识水平和良好的教学方法，这有助于将知识更好地传授给学生。

在教师素养层面，该文件指出，教师应树立良好的职业发展观，拥有优良的职业素养，对教师发展路径有全面客观的了解；教师应富有崇高的责任感和使命感，兢兢业业完成相应的课程任务，制定授课规划；教师应学会使用科技软件开展教学工作，把更多学生纳入课堂，进而提升授课效果，增加师生交流互动。慕课、直播网课等新型授课平台克服了传统教学的种种限制，不仅为教师授课提供了新思路，也为其适应现代化教育发展提出挑战。此外，教师应充分利用全新的教育手段，如小组合作、旁听制度、教学监督等，教师可以在这些过程中树立比较意识，在同他人的交流与学习中获得能力提升。

在机构发展层面，该文件指出，教育培训机构需制定确保社会需求、保证教学质量的培养方案，回顾过去的培训规划，进而对培养标准、考核标准等数据进行统一；应鼓励教师开展创新性的研究工作，尤其需要鼓励刚入职的助理教师接受教学法培训；教育机构应设立激励机制，鼓励具有良好表现的教师，为其进行进阶学习、追求职业发展提供不竭动力。此外，为了保证教育培训机构能更好地追踪社会发展热点，开设符合国家战略愿景的一系列课程，摩洛哥应制定新的教育培训计划，拓展现有培训机构，并开设更多的教学法研究项目，进而为教育教学法的持续改革与发展提供人才保障，促进高校教育工作者拥有良好的职业发展潜能。[1]

## （二）培训机构

### 1. 机构简介

区域教育职业培训中心是摩洛哥教师教育的培训单位，分布于摩洛哥各地，向符合入读条件的教育工作者提供全日制的课程和实践项目，为通过考核的培训学员颁发教育专业的研究生证书。申请人必须持有文科或理科学士学位，通过入学考试并参加基础面试。该机构为培训学员介绍与教育哲学、教育心理学和教育社会学有关的特定议题，以及不同专业领域的教学方法论，此外还提供教学实习、课堂观察等实践机会，以期改进教育工作者的教学质量、提升其各方面的能力。

区域教育职业培训中心的职能包括：建立教师教育培训点，为学员提供培训服务；帮助培训学员提升自身教学水平，通过最终考核，以期获得后续入职教育行业的资格；提供教育管理课程，为各级教育机构提供教学管理、人才培养等支持；组织各类研修班，为部委各级职员、私立学校教育工作者提供长期的培训，其中包括教学管理、人才培养等项目，旨在拓宽教育工作者知识面、增加教学经验、提升教学水平，还有助于教育工作者更好地参与职业技能考核；组织学术研讨活动，对教育学、教学法、人才培养、机构管理等领域展开理论与应用研究，构成教学实操与理论学习结合的良性循环；制定教师教育相关文件，考虑不同领域的专业需求；开展教学实习、田野调查等项目，以期提升培训学员的实践能力，帮助其获

[1] 资料来源于摩洛哥国家教育部官方网站。

得理论与应用相结合的培训。培训课程结束后，符合条件的培训学员可入职相应的教育单位。[1]

## 2. 案例介绍

摩洛哥区域教育职业培训中心的分校主要分布于大卡萨布兰卡-塞塔特大区、马拉喀什-萨菲大区、拉巴特-萨累-盖尼特拉大区、苏斯-马塞大区、东部大区、德拉-塔菲拉勒特大区、非斯-梅克内斯大区、丹吉尔-得土安-胡塞马大区等地，均分布于摩洛哥北部地区。

以大卡萨布兰卡-塞塔特大区的区域教育职业培训中心为例，该培训中心的任务包括：为小学、初中、高中等各级别的教学单位提供教育培训项目；培训各级教育工作者，使其通过相应的教育资格考试；为各级各类教育培训单位制定有关管理、培训、社会层面的制度；为不同层次的职员提供长期培训研修班，其中包括教学管理水平提升、教学能力培养等项目。此外，这些项目还面向从事特殊教育的学校，进而使这些学校积累相应的管理经验；开展针对教学方法、机构管理的理论研究项目，组织教育培训领域的学术实践活动，有效促进教育培训的成果与质量；制定教育培训相关文件，在各专业领域与相关机构进行业务接洽与经验交流；考察项目进展情况，提出培训项目改革的有关计划。

大卡萨布兰卡-塞塔特大区的区域教育职业培训中心秉持追求卓越的教育培训原则，根据各级各类教育单位的发展需要及教育工作者个人的目标追求，制定相关培训项目，努力实现理论研究与应用研究相结合、课堂传授与实践活动相促进；构建培训中心与大学、社区学院等各级教育单位之间的友好关系，促进多边经验交流；听取各级教育单位建议，共同协商确立有关教育培

[1] 资料来源于 TIMSS and PIRLS 网站。

训的内容、计划与考核方式；帮助培训者获得基本的认知能力、研究能力，培养其思想独立性，以便在结束培训项目后能自主地开展个人培训与能力提升。此外，该培训中心积极开展与教育研究有关的课题，在中心内举办学术活动，让不同教育小组、教育个人参与研究与讨论。学术研究委员会和各教师也一起监督各科研小组的研究进展，并为之提出建议。[1]

## 第二节　教师教育的特点和经验

摩洛哥对教师教育的发展给予了极大的重视，近年来致力于建立体系完善、覆盖面广的教师教育制度，以保障教师队伍的水平与质量，促进各级各类教育单位完善学校管理、教师发展等项目，助力打造健全的教师职业发展体系。摩洛哥各教育培训部门为教育工作者开发了多元化的教师培训课程，以理论学习与实践教学相结合的方式，有效促进摩洛哥教师的成长。

### 一、多元发展的教师培训制度

摩洛哥重视师资培养，致力于在国家教育部的统领下，在各地区建设教师教育培训机构，为摩洛哥教师人才的成长与培养提供基本保障。摩洛哥的教师教育已有多年的发展历史，在经历了多次评估、改革后，已逐渐形成一套多元发展的教师培训制度。

摩洛哥各政府部门为教师教育制定了较为全面的政策保障，国家教育部发布的《国家教育与培训章程》《2015—2030 年战略项目优先计划》及

[1] 资料来源于大卡萨布兰卡-塞塔特大区教育职业培训中心官方网站。

其下属的高等教育科研部发布的《改革高等教育：战略愿景》等官方文件均对教师教育的前期规划、发展理念、具体安排、后期考核做出详细说明，进而为教师队伍的建设提供了坚实的政策基础。

这些文件从多个角度对教师培训制度提出规划与建议，并对培训效果进行预期判断以及结合最终实施成果提出改革建议。例如，《2015—2030 年战略项目优先计划》为摩洛哥教师教育做出前瞻性的规划，针对摩洛哥教育行业的发展现状与发展需求，不仅列明了 2015—2030 年摩洛哥教育领域需要开展的各类项目，并写出了具体目标与预期结果，还对具体实施各类项目需要着重关注的领域提出了相应规划，进而得以有效推动各项计划的开展。该文件不仅着眼于提升教师教学技能本身，还更多地关注教师多元化的综合素质发展需求，例如，该文件呼吁设立教育管理课程，以提升教育工作者的管理能力；开设教育学、教学法相关的培训，以提升教师理论水平；开展不同教育工作者之间多样化的经验交流与经历分享，以拓展教师的经验交流空间等。

此外，高等教育科研部在《改革高等教育：战略愿景》中为教师教育的多元化发展提出前瞻性意见，呼吁摩洛哥教师不仅接受传统的教学培训，还应努力提升个人综合素质，以应对新时期人才培养的发展需求。在综合素质层面，该文件呼吁教育工作者结合个人资质和时代需求，对个人发展路径做出全面客观的了解，教师应树立良好的职业发展观，在培养新时代摩洛哥青年学生的同时，也塑造他们的人生观、道德观、价值观，使年轻一代秉持良好的道德操守、巩固坚实的思想根基。

## 二、追求创新的教育培训理念

摩洛哥对教师教育的规划与发展不局限于业已存在的培养模式，而是在新时代积极把握先进的技术与工具，努力拓展新的教师教育理念，为教师教育的发展注入新的活力。

摩洛哥国家教育部在《2015—2030年战略项目优先计划》中呼吁各级各类教师培训机构将信息科技、数字科技纳入教育培训范畴，以提升职业教育的数字化水平，实现教育培训与时俱进的格局，让摩洛哥教师教育更好地受益于新时代的发展利好，并更具有前瞻性的发展优势。该文件呼吁各级各类教师培训机构对新时代的教师发展需求进行全面考察，结合时代发展的趋势，运用新型职业培训手段，开发创新型的培养模式，从而为教育工作者提供高水平、宽领域的进修平台与成长路径。此外，各机构还应对教师教育评估体系、测试体系进行全面改革，努力建设面向未来的人才培养体系，进一步落实好对人才发展路径的合理引导。

高等教育科研部专门对新时期的教师教育发展路径开展研究，并发布《改革高等教育：战略愿景》，在教学目标、教学理念、教师素养、机构发展等层面提出了改善摩洛哥教师教育模式的前瞻性建议，为教师教育的革新提供引导。该文件激励摩洛哥教师获取博士学位，学习先进的教学理念，拓展国际视野，从事发展性、创新性的研究，并呼吁将教师创新性学术成果的产出与绩效考核挂钩，以督促教育工作者进行能力提升。该文件指出，先进的教学法对提升教育质量、发展教育培训具有极大的重要性，教学法研究仍处于摩洛哥教育领域的边缘化地位，更多的研究团队以及相关机构需针对不同专业领域、不同层级的教师进行相应的教学法研究工作，进而促进摩洛哥整体教学水平的提升以及师资队伍的培养。在机构发展层面，该文件呼吁摩洛哥各级各类教师培训机构回顾过去基础培训和长期培训的有关规划，结合新时代的社会需求，对培养标准、考核标准进行新的讨论；此外，该文件也呼吁摩洛哥结合时代发展的需要及国家战略愿景的规划，开设一系列课程，制定全新的教育培训计划，拓展教师培训机构，以期更好地追踪国际社会的发展热点，为教育理念的革新、教育法的改革提供充足的人才保障。这些面向未来的革新性观点对摩洛哥教师教育起到了极大的推动作用，有利于帮助摩洛哥保障基础教育领域的师资队伍建设，助力实现高层次的教育人才培养目标。

### 三、理论与实践并重的发展路径

教学活动是一种复杂的实践活动，教育工作者需要在真实的教学情境中不断地探索、反思和总结，并与教育领域的专业人士进行经验交流，从而更好地提升自身的专业水平。摩洛哥对教师教育的关注不仅停留于课堂学习、机构培训层面，还呼吁教育培训机构开展各类田野调查、教学实习等实践项目，帮助教育工作者实现理论学习与实践应用相结合的职业发展目标，进而促进教师人才的可持续发展。

国家教育部在《国家教育与培训章程》中指出，摩洛哥各级各类教师培训机构应组织各类学术、文化、体育、娱乐及研习等活动，在教授理论知识的同时为管理人员、教育工作者提供物质支持和精神支持，帮助其开阔眼界、丰富生活。高等教育科研部在《改革高等教育：战略愿景》中指出，教育工作者需参与小组合作，并定期旁听其他教师的课程，接受学校的教学监督。在这个过程中，教师应树立比较意识，在同他人的交流与学习中获得能力提升。

## 第三节 教师教育的挑战与展望

建设高质量的教师队伍，是全面推进素质教育的基本保证，而教师教育则是提高教育工作者整体素质的有力保障。面对新时代的发展与变化，摩洛哥教师教育也面临着一定的问题与挑战，这体现在教师教育培养体系尚不完善、发展状况尚不均衡等层面。为了满足新时期，特别是后疫情时期的发展需求，摩洛哥各教育机构也对教师教育设定了新的展望。

## 一、教师教育面临的挑战

教师教育是关乎国家发展的重大事业，各级各类教育部门应制定完善的培训计划和发展目标，以期保障教育人才队伍的成长与发展。

在这一层面，摩洛哥官方文件中针对教师教育的文件较少，已有的文件对教师教育的相关规划未做出清晰的呈现，在一些综合性的文件中涉及教师教育与发展的内容比重不大。例如，高等教育科研部发布的《改革高等教育：战略愿景》提出教育改革的多项议程，但全文共七章的内容中，仅有少数几节内容涉及教师教育，且未对教师教育体系进行详细规划，仅对预期目标进行了一定的阐述。

摩洛哥教师教育相关文件对教育工作者教学技能和教育理念的培养关注过多，而对其综合素养的提升关注不足。《改革高等教育：战略愿景》阐述了摩洛哥对教师教育教学目标、教学理念、机构发展等层面的规划，仅用极少篇幅提及了教师素养的提升。此外，摩洛哥教师教育相关文件对激励机制、考核机制的描述不够充分，现有文件仅对评估体系做出定性阐释，尚未进行定量描述，且评估主体尚不明确。教师教育是一项复杂的实践活动，不明确的评估体系难以全面、客观、公正地评价教师教育质量。评估指标亟须从教学技能、创新能力和实践素养等方面进行详细描述。

此外，承担摩洛哥教师培训工作的区域教育职业培训中心在宣传、规划层面仍有较大提升空间，这些机构的官方网站大多较为简陋，功能较不完善。结合地理分布来看，这些培训中心大多分布于摩洛哥北部地区，且经济发达的城市拥有较好的培训环境，培训项目未全面地覆盖全国，资源配置的均衡性有待提升。

## 二、后疫情时期的教师教育展望

教师教育的规范化、体系化建设有助于促进专业人才的培养，而新时期，特别是后疫情时期的教师教育，尤其需要着眼时代发展形势，利用好现有的科技条件，为教师教育不断创造新的可能。

在这一层面，《改革高等教育：战略愿景》呼吁教师应学会使用科技软件开展教学工作，通过慕课、直播网课等新型授课平台的使用，克服传统教学的种种限制，为教师授课提供新思路。《2015—2030 年战略项目优先计划》也表示，各级各类教育培训部门应将信息科技、数字科技纳入教育培训范畴，以期提升职业教育数字化水平，实现教育培训的与时俱进。但是整体而言，此类改革措施数量较少，实施情况难以评估，摩洛哥在后疫情时期的教师教育现代化仍有较大发展空间。

此外，教育部门积极展望面向未来的教师教育发展模式，拉巴特区域教育职业培训中心和伊本·路世德研究翻译中心在 2020 年 5 月 28 日举办了题为"为提升教师培训水平的教育投资"的研讨会。参会者考察了数字时代、疫情时代的摩洛哥教育现状，回顾了区域培训职业中心自 2016 年以来使用的远程培训情况。参会者指出，远程培训是未来教育的发展趋势，将给教育与培训带来变革性的影响，各级教育单位均需重视远程教学，帮助教育工作者和学习者从中受益。[1]

[1] 资料来源于摩洛哥国家教育部官方网站。

# 第十章 教育政策

## 第一节 政策与规划

### 一、2015 年以前的重要教育政策

#### （一）1999 年《国家教育与培训章程》

自 1956 年独立以来，摩洛哥王室和政府就教育领域进行了一系列改革措施。但由于法国殖民主义的影响、地区之间发展的不平衡、现实经济的发展、摩洛哥的语言多样性等问题，摩洛哥的教育改革一直不能很好地适应国家发展的需要。在世纪交替之际，摩洛哥国王哈桑二世于 1999 年 2 月成立教育与培训改革特别委员会，负责制定摩洛哥教育改革的新方案。该委员会于 1999 年 10 月颁布《国家教育与培训章程》。章程于 2000 年正式实施，年限为 10 年。《国家教育与培训章程》的颁布被认为是摩洛哥教育改革的重要里程碑。

《国家教育与培训章程》分为两部分。第一部分是改革的基本原则，主要包括摩洛哥教育和培训系统的支柱、改革的主要目标、社会团体和个人为实现改革成功所需要承担的权利和义务以及国家的负担。第二部分包含

六个需要改革的领域，分别为：教育普及及其与经济环境的联系、教育机构、教育和培训质量的提高、劳动力、管理与行政、合作伙伴和融资。这六个领域又根据实际措施分为 19 项改革支柱，见表 10.1。

表 10.1《国家教育与培训章程》内容框架

| 六大领域 | 19 项改革支柱 | 包含条目 |
|---|---|---|
| 教育普及及其与经济环境的联系 | 在多类学校普及素质教育 | 24—30 |
| | 民办教育与扫盲 | 31—39 |
| | 协调教育体系与经济环境 | 40—59 |
| 教育机构 | 重组教育培训体系 | 60—91 |
| | 评估和考试 | 92—98 |
| | 教育和职业指导 | 99—103 |
| 教育和培训质量的提高 | 审查教育计划、课程、教科书和教育媒体 | 104—105 |
| | 控制时间、学校和教学节奏 | 109 |
| | 改善阿拉伯语的教学和使用，掌握外语，向柏柏尔人开放 | 110—118 |
| | 使用新的信息和通信技术 | 119—121 |
| | 鼓励卓越、创新和科学研究 | 122—130 |
| | 恢复学校和大学的体育活动 | 131—132 |
| 劳动力 | 激活劳动力，掌握其形成过程，改善工作条件，并审查招聘、评估和晋升的标准 | 133—138 |
| | 改善受教育者的物质和社会条件，照顾有特殊需要的人 | 139—143 |
| 管理与行政 | 教育和培训部门的权力下放 | 144—153 |
| | 完善教育培训体系的总体管理，持续进行监督 | 154—157 |
| | 教学场地和设备的多样化，适应发展，合理开发利用 | 158—162 |
| 合作伙伴和融资 | 鼓励民办教育，为其运行设定标准，对有资格的机构进行认证 | 163—166 |
| | 动员资金和合理化管理 | 167—177 |

此次改革主要围绕普及教育、提高教育质量和促使教育适应经济发展需要等3个主要问题而展开。[1] 在普及教育方面，《国家教育与培训章程》确立2个目标：普及6—15岁儿童的基础教育，扫除青壮年文盲。在提高教育质量方面，《国家教育与培训章程》提出，此前的教育政策主要由政府管理人员制定，而受众却没有机会参与政策的制定过程，且当前的国际教育改革普遍强调以学习者为中心，因此，《国家教育与培训章程》强调要构建以学习者为中心的教育系统，把学生培养成为摩洛哥经济和社会发展的积极力量。在促使教育适应经济发展的需要方面，《国家教育与培训章程》强调各级教育部门都要重视实践教学，提倡中学、大学和职业培训机构之间的合作。

### （二）2008年《国家教育紧急计划》

自《国家教育与培训章程》作为摩洛哥教育改革的纲领性文件实施以来，摩洛哥教育整体情况有所改善，在提升教育质量、扫盲、培养国家需要的劳动力方面都取得了一定成果，但这些成果距离在2010年达成目标还具有相当差距。2007年，摩洛哥国王穆罕默德六世在一次国会会议开幕式中发表了关于教育改革的重要讲话，强调教育质量的提高、文盲的消除依然是困扰摩洛哥教育的问题，因此，政府需要制定一项教育紧急计划，以在未来一段时期内巩固《国家教育与培训章程》的改革成果，并实现既定目标。据此，摩洛哥政府于2008年颁布《国家教育紧急计划》，根据实际情况对教育事业进行调整。

《国家教育紧急计划》的主要内容包括4个方面：一是推进全民教育发展，延长义务教育年限；二是提高教育质量，鼓励创新和追求卓越；三是

---

[1] 於荣，孔祥茹．摩洛哥教育改革的动向与挑战 [J]．比较教育研究，2012（12）.

促进教师教育培训机构的发展，加强教师管理体系的能力建设；四是优化教育资源配置，鼓励民办教育的参与。

在推进全民教育发展方面，摩洛哥政府计划将先前实施的六年义务教育延长为九年义务教育，以实现教育的普及，减少文盲率。为了实现这一目标，首先，要采取措施大力发展学前教育。学前教育主要针对 4 岁和 5 岁儿童，学制为 2 年，学前教育不实行义务教育，但将建立一套奖励制度，以鼓励私立部门兴办学前教育机构并鼓励儿童入学，同时在农村及贫困地区兴建基础设施，保障适龄儿童的入学。其次，要完善小学的基础设施，其中包括兴建寄宿学校和食堂、为走读生提供交通工具、加强社会资助机制、改善学校生活质量、确保儿童平等接受义务教育的权利等。

在提高教育质量方面，《国家教育紧急计划》推动 15 岁以上中高等教育的入学率及毕业率，同时采取一系列措施鼓励学校积极创新和追求卓越，主要包括：实施国家网络教育战略，建立和发展全国中等教育院校网络，拓展网络覆盖率；提高中等教育的普及率，提供良好的基础设施和设备，从而创造有利于学生学习的良好环境；鼓励学校在教育和教学方面创新并追求卓越，建立示范院校和高水平院校，以吸纳优秀中学毕业生；扩大高等教育的招生规模，确保有能力的学生都有适当的入学机会，促进学生更好地发展，为毕业生提供良好的就业机会；改善作为创新和经济发展强大动力的科研条件，通过改进科学研究的管理和监测、提高科学研究工作的吸引力、增加科研资金的投入、实现资金来源渠道的多元化和可持续性，促进科研的发展。[1]

在加强教师管理体系的能力建设方面，《国家教育紧急计划》采取了一系列措施来促进教师教育培训机构的发展。首先，在高校建立教育学院，以提升师范生的教学技能，并结合地方教师培训机构，对在职教师进行继

[1] 於荣，姜洋．摩洛哥教育改革的新举措 [J]．比较教育研究，2014（5）：24-27.

续教育，加强和改革继续教育，以确保教学人员的不断更新，增加区域及城乡教师相互交流与学习的机会，以保证地方教师能够达到教师专业技能和资格的国家标准。其次，优化师资管理，实施权力下放和权力分散政策，将责任与权力交给地方教育培训机构，通过人力资源分权管理，不断满足基础教育普及的需要，优化对现有师资的使用。[1]

在优化教育资源配置方面，《国家教育紧急计划》实施了以下措施：加强教育部门财政资源系统的可持续性发展；鼓励和支持民营企业的投资，允许民营企业兴教办学，建立私立学校教育管理新模式；重视民间社会团体对摩洛哥教育发展的重要作用，倡议国际组织、地方政府、民间团体、学生家长等社会各利益相关者积极参与教育改革。

《国家教育紧急计划》在以上 4 个方面都取得了一定成果。首先，在总体上扩大了摩洛哥的教育入学率。摩洛哥初等教育的毛入学率从 2008 年的 107.4% 提升到 2012 年的 114.9%，中等教育的毛入学率在 2008—2012 年间由 58.4% 上升到 69.8%，高等教育的毛入学率在 2012 年达到 20.1%。其次，此次改革在扫盲工作中取得了较大进步，文盲率从 2008 的 44.9% 下降到 41.9%。[2] 最后，这次改革鼓励民间力量在农村创办私立学校，完善基础设施，使教育资源配置更加均衡，缩小了男女受教育的差距。

### （三）国家教育部《2013—2016 年工作计划》

国家教育部的《2013—2016 年工作计划》具有 3 项指导原则：第一，审查《国家教育紧急计划》于 2009—2012 年实施期间所取得的成果，找出教育发展不平衡现象，在策划下一步工作计划时，将问题纳入考虑，从而实现教育政策的连贯性；第二，加强教育项目与发展计划的具体措施之间

[1] 於荣，姜洋．摩洛哥教育改革的新举措 [J]．比较教育研究，2014（5）：24-27.

[2] 於荣，姜洋．摩洛哥教育改革的新举措 [J]．比较教育研究，2014（5）：24-27.

的协调，以确保对教育系统，尤其是在教育机构内产生理想的效果；第三，确定实现这些重点教育项目的途径和方式，从而确定人力和财力必须重点关注的优先事项。

其中 2014 年的工作目标是：第一，保持在小学教育方面取得的成绩，尤其巩固在全国范围内超过 98% 的入学率，并通过继续创建社区学校来提高这一领域的教育水平及质量；第二，提高初、高中教学的资格指标，这是由于小学教育的普及，小学毕业人数逐年增加，给中学教育的准备工作带来了压力；第三，继续通过创建科技研究处和开设新的专业领域来加强技术教育，以期使 60% 的科学技术专业学生受益，并使工程师学院和高等技术文凭预科系的受益人数增加一倍。

## 二、2016 年以后的重要教育政策

自 2016 年至今，摩洛哥政府在教育领域最具代表性的政策是在 2016 年 2 月 1 日颁布的《2015—2030 年教育改革战略构想》。文件主要涉及 4 个领域，其一是平等和机会均等，其二是全面提升教育质量，其三是个人提升和社会进步，其四是治理、管理和改变。四大领域共包括 26 个项目。除了文件本身要实现的项目外，摩洛哥政府还在此基础上制定了《2015—2030 年教育改革战略构想融合项目清单》和《2015—2030 年战略项目优先计划》。这 3 份文件为摩洛哥未来 10—15 年的教育事业明确了发展方向，详见表 10.2。

## 表 10.2《2015—2030 年教育改革战略构想》主要项目

<table>
<tr><th>涉及领域</th><th>具体项目</th><th>项目目标</th></tr>
<tr><td rowspan="9">平等和机会均等</td><td>实现获得教育的平等机会</td><td>实现平等获得教育和培训的机会</td></tr>
<tr><td>普及基础教育</td><td rowspan="2">使基础教育具有强制性和普遍性</td></tr>
<tr><td>加强现有的小学教育机构</td></tr>
<tr><td>在农村地区、半城市化地区和特殊地区发展学校</td><td>以积极的政策照顾扶持农村地区、半城市化地区和特殊地区的教育</td></tr>
<tr><td>对残障或特殊情况儿童进行教育</td><td>确保残疾人或其他特殊情况儿童受教育和培训的权利</td></tr>
<tr><td>教育机构综合配置</td><td>使教育和培训机构获得必要的设备和支持</td></tr>
<tr><td>提高学校的针对性和吸引力</td><td>建设有意义且有吸引力的学校</td></tr>
<tr><td>加强民办教育</td><td>使民办教育成为公办教育的合作伙伴以实现教育平等和普及</td></tr>
<tr><td rowspan="7">全面提升教育质量</td><td>升级基础培训和持续培训</td><td rowspan="2">更新教学、培训和管理专业，首要任务是提高质量</td></tr>
<tr><td>可行的职业道路管理</td></tr>
<tr><td>摩洛哥学校重组以形成新的结构</td><td>摩洛哥学校各组成部分和阶段的结构更加一致和灵活；在教育和培训的各个阶段和类型之间架起桥梁</td></tr>
<tr><td>更新现有的教学模式</td><td rowspan="2">建立具有多样性、开放性、高效率和创新性的教学模式</td></tr>
<tr><td>全面改革评估体系以及考试和教育及专业指导</td></tr>
<tr><td>掌握语言</td><td>使学生能够掌握教学语言，实现教学语言的多样化</td></tr>
<tr><td>推进教育研究</td><td>推进科技研究与创新，积极参与知识经济和知识社会</td></tr>
<tr><td rowspan="4">个人提升和社会进步</td><td>促进受教育者融入劳动力市场</td><td>使教育和培训课程适应摩洛哥的需求和未来的职业，并实现融合；赋予学习者持续学习、建立个人项目和整合的能力</td></tr>
<tr><td>在学校中有效地融入文化</td><td>加强社会文化融合</td></tr>
<tr><td>促进公民和民主的价值观</td><td>巩固民主与平等的公民社会</td></tr>
<tr><td>建立终身学习策略</td><td>保障终身学习和平等</td></tr>
</table>

续表

| 涉及领域 | 具体项目 | 项目目标 |
| --- | --- | --- |
| 个人提升和社会进步 | 提高民间教育效率 | 赋予学习者持续学习、建立个人项目和整合的能力 |
| | 将信息和通信技术纳入学校 | 积极参与知识经济和知识社会 |
| | 在学校鼓励创造力和卓越表现 | |
| 治理、管理和改变 | 加强对各地行动者和合作伙伴的动员 | 实现可持续社区动员，针对教育和培训系统进行有效治理 |
| | 合约和评估的制度化 | 建立社区合同，奠定跟进和评估的基础以进行改革 |
| | 发展领导力和管理能力 | 针对教育和培训系统进行有效治理，对各级学校进行有效领导和管理 |
| | 加强教育信息系统和配置 | 针对教育和培训系统进行有效治理 |

教育政策蕴含政策制定者对政策的期望和价值追求，体现了政策系统的某种价值偏好，表达教育政策追求的目的与价值。[1]《2015—2030 年教育改革战略构想》的政策目标体现出摩洛哥政府对教育的重视，也彰显出摩洛哥对实现以人为本的培养过程的尝试。《2015—2030 年教育改革战略构想融合项目清单》和《2015—2030 年战略项目优先计划》见表 10.3、表 10.4。

**表 10.3《2015—2030 年教育改革战略构想融合项目清单》**

| 涉及领域 | 序号 | 融合项目 |
| --- | --- | --- |
| 平等与机会均等 | 1 | 发展学校并使其多样化 |
| | 2 | 支持农村、半城市化地区和特殊地区的教育 |
| | 3 | 支持残疾儿童或特殊情况的儿童学习 |
| | 4 | 提高民办教育的效率 |
| | 5 | 教育和培训机构的综合审查 |
| | 6 | 发展私立学校并使其多样化 |

[1] 刘复兴. 教育政策的边界与价值向度 [J]. 清华大学教育研究，2002（1）: 70-77.

续表

| 涉及领域 | 序号 | 融合项目 |
| --- | --- | --- |
| 提高教育质量和培训质量 | 7 | 发展优化教学模式 |
| | 8 | 更新教育和培训专业并提升专业路径管理 |
| | 9 | 提升教育机构的教育工作 |
| | 10 | 对评估系统、考试系统、教育系统和职业指导制度进行全面改革 |
| | 11 | 促进初等教育并加速其普及 |
| | 12 | 开发信息和通信技术在教育中的用途 |
| 治理与动员 | 13 | 提升劳动力管理 |
| | 14 | 发展治理并使合同制度化 |
| | 15 | 加强动员摩洛哥学校周边合作伙伴 |
| | 16 | 加强教育培训信息系统 |

**表 10.4《2015—2030 年战略项目优先计划》**

| 序号 | 优先项目 | 序号 | 优先项目 |
| --- | --- | --- | --- |
| 1 | 优化小学教育前四年的课程 | 11 | 恢复教育机构 |
| 2 | 教育衔接 | 12 | 扩大学校供应 |
| 3 | 加强中学外语教学，改变学习模式 | 13 | 伙伴学校 |
| 4 | 获得摩洛哥学士学位的国际途径 | 14 | 基础教育 |
| 5 | 职业路径 | 15 | 通过培训进修 |
| 6 | 职业课程 | 16 | 提高基础教师培训质量 |
| 7 | 专业学士学位 | 17 | 教育机构的管理 |
| 8 | 发展学校和职业指导系统 | 18 | 实际权力下放 |
| 9 | 使用多种语言的机构和文化艺术活动机构，体育中心 | 19 | 教育和培训行业的管理 |
| 10 | 企业家精神和创业精神 | 20 | 学校诚信和价值观 |

从表 10.3 和表 10.4 可以看出，不同于此前的国家教育发展政策，《2015—2030 年教育改革战略构想》站在顶层设计角度，全方位、多角度地考虑了摩洛哥教育的前进方向。同时，在《2015—2030 年教育改革战略构想》基础上颁布的《2015—2030 年教育改革战略构想融合项目清单》和

《2015—2030年战略项目优先计划》，对教育领域需要融合发展的项目和重点发展领域都做出了清晰指示，与此前的教育政策相比，具有更强的目标指向性，将有力指导摩洛哥教育改革的发展。

# 第二节 实施与挑战

## 一、现状与问题

### （一）问责机制不完善，改革效果有限

一般而言，教育中的问责领域主要包括：国家课程的落实、学校设置的质量、教师培训与发展、教师资质、教师工资与工作环境、民主学校治理，以及透明的招生流程等。而在实际操作中，由于政府有保障社会与人权的义务，且往往是某些公共产品与服务的最终提供者，便使得这种公私伙伴间的风险和责任承担变得不甚平衡。一旦合作关系破裂，政府便不得不自己去履行那些尚未达成的目标。教育部门在政策中多次强调要加强对教育系统的问责和监管，但从摩洛哥教育网站的相关报告中均未查找到关于监管工作开始的详细情况和结果。问责和监管的这种现状亟待优化，对摩洛哥教育政策的及时落地和改革效率提升有害无利。摩洛哥研究人员、作家布巴卡尔·昂格曾表示，自独立以来，摩洛哥教育体系的历史是连续而复杂的危机的历史。在每个阶段，教育改革都应运而生，然而在不评估结果的情况下，改革很快就会逆转。

### （二）教学语言等问题长期存在

从 1999 年的《国家教育与培训章程》到 2016 年的《2015—2030 年教育改革战略构想》，教育普及、教学语言等问题一直是摩洛哥教育政策关注并试图解决的，但在各类政策和规划落地之后，诸如此类的问题仍阻碍着摩洛哥教育向更好的方向发展，有限的改革效果使人们对教育改革的热情也逐渐降低。例如，教学语言问题一直是争论的热点问题。历史上摩洛哥就是一个多语言国家，当前摩洛哥使用的主要语言有阿拉伯语、法语、柏柏尔语、西班牙语和英语等。独立后的摩洛哥使用两种主要的书面语言。一是标准阿拉伯语，它既是占统治地位的国家语言，也是法定宗教——伊斯兰教的语言，同时也是在初等教育、中等教育和高等教育的某些领域中使用的教学语言。二是在商业界占主导地位的法语，它是公立高校选修学科、私立高校所有学科，以及技术与职业教育培训系统的教学语言，同时还是技术性的政府部门交流语言。此外，摩洛哥还使用阿拉伯口语和柏柏尔语两种主要的口头语言。大多数摩洛哥人在日常生活中不使用标准阿拉伯语。法语除了城市精英外，更是很少被使用。摩洛哥的教育改革政策一直注重努力推行语言的阿拉伯化，但以阿拉伯语为唯一教学语言的教育不能适应摩洛哥国情，也无法满足国人的需求和实现国家发展的愿望，更难以创造实用价值。这使得摩洛哥从《国家教育与培训章程》开始推行共同学习阿拉伯语、柏柏尔语和其他语言的多元化语言政策。然而，多语言教学对于学生是一个巨大的挑战，他们在初等教育阶段就要花费大量时间学习 3—4 种不同的语言，这既对学生的身心健康产生负面影响，也不利于教育质量的提高，更使得因语言问题造成的教育不公问题不断出现。由于阿拉伯化政策在全国的普遍实施，生活在农村地区的贫穷学生或柏柏尔人接触法语的机会相对较少，而法语作为摩洛哥的教学语言之一，在基础教育的学习阶段乃至迈入高等教育之后都有重要作用。生活在城市中的中上阶层学生本身就能够同时掌握阿拉伯语和法语，并能够随教育阶段的提升而更加自如地转换语言进行学习，这就使生活在农村的贫困学生被迫受到教育不公的影响。

### （三）政策适时调整程度不足

摩洛哥教育政策的出台不具备时间上的规律，各项方针政策的实施期限较长，通常为10—15年，如《国家教育与培训章程》的计划时间为10年，《2015—2030年教育改革战略构想》的计划时间为15年。摩洛哥专家称，这是为了防止教育政策反复，可增强政策连贯性，以使摩洛哥学校摆脱发展困境。但对政策制定者来说，有必要结合国内外环境并在考虑多方面条件的基础上，根据实际需要，对政策进行及时调整，而摩洛哥教育政策的长期计划在灵活性和与实际需求的适应性上显现出弱势。例如，被公认为摩洛哥教育政策标杆的《国家教育与培训章程》在实施至第7年时才被指出与预想差距较大，因此，在穆罕默德六世的指示下，《国家教育紧急计划》于2008年紧急出台，以期在一段时期内巩固《国家教育与培训章程》的改革成果，从而实现既定目标。再以近5年最重要的教育政策《2015—2030年教育改革战略构想》为例，2016—2020年《2015—2030年教育改革战略构想》的具体落地情况难以在摩洛哥国家相关网站上找到，其中专项项目在哪里落地、如何落地、落地的效果如何，都少有官方消息可以验证。对此，摩洛哥阿拉伯科研和人道主义研究中心研究员拉希德·阿瓦拉扎在其《摩洛哥教育政策：使国家腐败之物在服务国家吗？》一书中，对摩洛哥教育的改革提出质疑。他指出，摩洛哥的公共教育政策通常被认为是失败的，自独立以来，摩洛哥教育政策进行了近11次大的改革，但往往造成“成果少、失败多”的局面。他表示，尽管摩洛哥教育政策的改革取得了显著成果，但教育质量差的局面已经持续多年，摩洛哥的教育机构正在经历结构性失败。

## 二、经验与启示

### （一）积极研判形势，寻找适合本国国情的教育政策

独立前，摩洛哥经历了40余年的保护国制度，教育制度已全面殖民化。保护国教育制度的惯性影响不容低估。保护国教育制度的突出特点是扩大西方国家在非洲的社会基础，培养有利于保护国统治的工具。学校实行封闭式教育，很少传授科学技术知识和实际技能。对非洲人来说，上学成为摆脱原有身份和困境、跻身社会上层的途径。独立后，摩洛哥不得不在既有的保护国教育制度的基础上，力图将其转变成总体符合本国国情的教育制度。为此，摩洛哥对历史遗留下来的旧教育制度进行了有利于摩洛哥化的大胆改革。1957年和1969年，摩洛哥皇家教育改革委员会先后通过《教育改革法案》和《教育文化法案》，确立了教育发展的4项基本政策：普及、统一、阿拉伯化、摩洛哥化。[1] 此后，摩洛哥通过《国家教育与培训章程》和《2015—2030年教育改革战略构想》及附属的一系列教育政策，不断深化推进这四项政策。对于摩洛哥而言，教育对于摒弃殖民者遗留物、重塑自身文化有非常重要的作用。20世纪末，面对过去教育改革中存在的问题和教育全球化的国际大趋势，摩洛哥及时出台了新的教育改革方案《国家教育与培训章程》。结合当前实际情况，确定了包括多元化语言政策在内的多项新政策，为摩洛哥教育改革迈入新阶段指明了正确方向。

### （二）积极寻求社会资本和国际组织的合作

摩洛哥自独立以来，领导人高度重视教育。穆罕默德五世确定了“教

---

[1] 徐拓．摩洛哥教育事业发展初探 [J]．西亚北非，1998（3）．

育为第一需要”的国策，确立了教育在摩洛哥发展中的地位，并积极推进教育事业的持续发展。哈桑二世对发展摩洛哥教育事业有更为深刻的战略构想，他指出，教育是国家发展的根基。穆罕默德六世强调教育质量的提高，积极推进教育政策的制定和实施。由于普及教育一直是摩洛哥教育政策的重点，但政府开设公共学校的能力有限，因此摩洛哥政府长期积极与社会资本及国际组织合作。“政府与社会资本合作”在广义上可以被解读为公私主体在提供产品、服务或设施时的伙伴关系。在许多不同的情境下，“政府与社会资本合作”正日益被视为一种提供全民教育的新型政策路径，尤其是在为边缘群体提供新的教育机会方面发挥着至关重要的作用。[1]摩洛哥将与私营部门合作视为一种提高教育系统灵活性和有效性的途径。《2015—2030 年教育改革战略构想》的“治理、管理和改变”模块强调了加强对各地行动者和合作伙伴的动员，以实现可持续的社区动员，以针对教育和培训系统进行有效治理。截至 2019 年，摩洛哥共有社区学校 134 所，其中 133 所分布在乡村，另有附属校区 13 133 所，其中 12 943 所分布在乡村，显示出社区学校和附属校区在乡村地区普及教育的重要作用。对于与摩洛哥相似的其他面临一系列教育问题的低收入国家而言，探索除学校教育私有化之外的其他替代性“政府与社会资本合作”，是解决教育矛盾的可行思路。通过引入包括大学、地方和国际非政府组织、国际援助机构等在内的多元主体，这种替代性的伙伴关系能在提升政府部门能力的同时，减少对于私营部门的依赖，进而保障教育领域的社会凝聚力以及公办教育的未来发展。

在国际组织合作方面，摩洛哥积极与包括联合国教科文组织在内的国际组织共同探究加强教育的途径。教科文组织在摩洛哥开展了 4 个主要项目，分别涉及教育、儿童健康、儿童保护和社会融合。在教育方面，教科

[1] 吴玥. 作为教育政策路径的“政府与社会资本合作”——多重内涵、风险与挑战 [J]. 世界教育信息, 2020（10）.

文组织提倡“平等是教育计划的核心组成部分”，并将最弱势儿童的受教育权置于工作的中心，其中融合教育强调最大限度地将需要特殊教育的学生安置在普通教育环境中学习。2006 年，联合国大会通过《残疾人权利公约》，其第 24 条规定，为了在不受歧视和机会均等的情况下实现这一权利，缔约国应当确保在各级教育实行融合教育制度和终身学习。联合国教科文组织和摩洛哥政府合作，通过《2015—2030 年教育改革战略构想》中的项目，促进执行教育政策和战略，以保证包括弱势儿童在内的所有儿童能够平等获得且完成各阶段教育。

### （三）不断加大师资投入，在教育领域补充新鲜血液

摩洛哥通过采取并有效落实师资培训这一重要措施，持续为教育事业补充新鲜血液。其做法包括：小学教师培训中心招收高中毕业生，对他们进行 1 年培训，课程设阿拉伯语、法语、数学、教育心理学等；推行现代教学法，特别是视听教学法教育。地区教育中心负责培训初中教师，招收高中毕业生，培训 2 年；或招收学完第一阶段的大学生，培训 1 年，主要进行专业和教学法训练。在高等师范学校培养高中教师，招收受过中学理科训练并接受过理论和实践教育培训的高考合格的毕业生，他们在高等师范学校学习 4 年。同时，这类学校也招收在教育方面受过 1 年专业培训的理学士和文学士，他们经过 1 年学习后，可任高中教师。近 5 年来，摩洛哥教育行业的教师人数不断增长。摩洛哥在 2018 年共培养 12 456 名小学教师，7 552 名中学教师，300 名培训教育督导员。在 2019 年共培养 8 150 名小学教师，6 850 名中学教师，240 名培训教育督导员。以基础教育阶段为例，截至 2019 年，摩洛哥小学教师共 17.18 万人，平均年增长 3.76%；初中教师 8.28 万人，平均年增长 6.38%；高中教师 7.25 万人，平均年增长 3.71%。这些教师对摩洛哥实施教育政策、大范围普及教育起到了有力的保障作用。

# 第十一章 教育行政

摩洛哥教育系统发展起步较晚，但在国王和政府机构的高度重视与强力支持下，其教育行政体系在 20 世纪 90 年代得到快速发展，并逐渐成熟。目前，摩洛哥实行中央统一领导、地方分权管理的教育行政体系。中央教育行政机构为摩洛哥国民教育、职业培训、高等教育和科研部，负责全国教育统筹规划工作，协调管理全国教育事业，督促地方贯彻落实教育方针。地方教育行政下设 12 个教育大区，各大区下设 1 所教育和培训学院，各省及省级市下设教育局，负责执行中央教育行政机构的方针，协调地方院校落实相关政策。

## 第一节 中央教育行政

摩洛哥国民教育、职业培训、高等教育和科研部是主管教育的最高行政机关，其前身是国家教育部与成立于 1995 年的高等教育科研部。2017 年，摩洛哥政府将两部门合并为摩洛哥国民教育、职业培训、高等教育和科研部，简称国家教育部。其中，高等教育科研部仍保留其原有的高等教育与科研管理职能，在合并后的教育部框架下独立运行；原有的培训管理职能扩充为职业培训职能，转移给国家教育部，并成立在教育部框架下独立运行的就业与职业培训部，负责管理非大学性质的高等教育学校及职业培训机构。

国家教育部由国民教育大臣领导，下设初等和中等教育局及高等教育局，由 2 名秘书长分管其工作，具体业务由该局以下的职能司（处）负责。国民教育大臣负责制定全国教育政策；国家教育部负责确定中、小学的课程设置，检查各省及省级市中、小学教育能力和成效；各省及省级市教育局领导本省或省级市各项教育工作，负责中、小学教育政策的贯彻与实施。另外，摩洛哥还设有传统手工业部，负责成人扫盲、初级的职业教育及群众基础教育活动；设青年与体育部，负责职业院校的体育活动及职业训练。隶属于国家教育部的各专业院校的职业技术教育由政府其他部委及独立机构负责。大区、省及省级市两级地方教育机构行使初等、中等教育和干部培训的管理监督职能。

## 一、国家教育部的职能与组织架构

2002 年 7 月 15 日，摩洛哥颁布法令，明确国家教育部的职能如下：第一，制定并实施关于学前、初等和中等教育，教育干部培训，以及高等院校预科和高级技术学位预科的政府政策，提高私立院校的办学水平；第二，制定全民教育政策，保障失学和辍学儿童的受教育权利；第三，合理组织部门行政架构，分配可用资源，以服务于国家优先事项和发展目标；第四，对各大区教育和培训学院行使监管权。

摩洛哥国家教育部由 1 名国民教育大臣和 1 名国民教育大臣级代表领导，下设大臣办公室、秘书室、教育和培训检察总署 3 个行政单位和 11 个职能单位。

### （一）秘书室

国家教育部秘书室由国家教育秘书长负责管理。秘书长由皇家诏令任命，受国民教育大臣直接领导，由接受过高等教育且在行政、技术或科学领域拥有长期任职经验的国家高级干部、公共机构或私营部门人士担任。根据 1993 年 4 月 29 日颁布的关于明确各部委秘书长行政地位的法令，国家教育秘书长的具体职能如下。

第一，部门的宏观工作规划。秘书长负责协助国民教育大臣制定总体工作方针，根据大臣的指示研究、规划与执行有关任务。秘书长可以代表大臣接触各行政部门及行政相关人士。秘书长可以参加与国家教育部工作有关的所有会议，协助大臣行使该部对相关机构的监管权。

第二，下设单位的工作监督与管理。秘书长负责在国家教育部职能范围内监管隶属于该部的各司、厅、局等行政单位的工作；除由国民教育大臣直接领导的教育和培训检察总署和法律文本规定由国民教育大臣直接领导的其他机构外，协调并调动各行政单位的工作。秘书长负责监督部门的信件来往，规划部门工作，并根据现行法律法规执行大臣的指示，对由大臣直接领导的各行政单位工作的可持续性负责。

第三，人事与法律事务。秘书长负责管理国家教育部下属各行政单位，具体职能包括：管理人事事务；制定并执行部门预算；草拟与部门工作领域有关的执行文件；研究涉及隶属于该部门的各行政单位的法律问题和纠纷。国民教育大臣授权秘书长在其职能范围内代其授权并签署除行政法令和决定外的一切内部工作和文件。秘书长负责在该框架内管理人事事务，执行部门预算。

### （二）教育和培训检察总署

根据 2011 年 6 月 23 日颁布的关于设立各部委检察总署的法令，设立教育和培训检察总署。教育和培训检察总署设行政事务和教育事务检察长各 1 名，负责考察、评估、监督与考核部门行政与管理的组织效率、教育领域法律法规政策的执行、中央与地方教育的成效、教育改革项目与教育实践等。2 名检察长由国民教育大臣直接领导，履行教育和培训事务总体督察职能，分别负责行政事务和教育事务总体督察。

行政事务检察长负责分析、上报、审议与国家教育部在行政、财政和人力资源管理方面的政策有关的具有组织性质的问题；开展旨在评估隶属于国家教育部或受其监管的各行政单位在行政、财政和人力资源方面管理能力的研究和调查，并致力于提高其效率；评估隶属于国家教育部的中央单位或受其监管的各行政单位的行政组织模式和工作方法；监督行政、财政和人力资源管理单位以及受国家教育部监管的各行政单位的审计工作；分析、衡量和评估国家教育部与各大区教育和培训学院达成的计划项目中所列目标的执行情况。

教育事务检察长负责在国家教育部职能范围内分析、上报、审议与教育和培训政策有关的教育问题；应国民教育大臣的要求或提议，就确定国家教育方针提供建议；监察隶属于国家教育部或受其监管的各行政单位在教育方面的职能，特别是教育事务相关行政单位以及学校规划、方针制定和学校图书馆管理单位的职能，并致力于提高其效率；就保障教育过程的质量提供建议；应大臣的要求，指导开展部分教育领域研究。

### （三）职能单位

根据 1997 年 6 月 16 日颁布的关于中央行政部门主管行政地位的法令

及 2005 年 12 月 2 日颁布的关于明确部委组织架构与行政权力下放规则的法令，国家教育部下设 11 个职能单位，可分为教育事务与教育革新、教育规划与标准化、教育资源和设备管理等 3 类工作组别。各组别职能单位及其具体职能如下。

### 1. 教育事务与教育革新组别

该组别下设评估、学校生活与院际联合培训组织司、课程司、国家教育创新与实验中心、学校体育教育促进和体育竞赛组织司等 4 个职能单位，负责监督组织教育计划，协调教育评估全过程，制定针对学习者和教育培训单位的评估手段及工具，制定学习规范性文件，参与制定文学、科学与技术学科的教学大纲及培训框架，组织编写、更新各教育阶段教科书，鼓励发展校企技术合作项目，鼓励实施、发展与保护教学手段升级项目。

第一，评估、学校生活与院际联合培训组织司。该司下设 4 个行政厅。其一，评估厅，又下设初等教育学习者评估制定与组织局、中等教育学习者评估制定与组织局、教育和培训单位评估局 3 个行政单位。其二，测试与竞赛厅，下设中学毕业会考局、地方性测试跟踪局、专业竞赛与测试局 3 个行政单位。其三，学校生活组织厅，下设教育机构时空组织局、社会与文化活动发展局、卫生工作与国家预防计划跟踪局、学校教育和职业培训信息及方针局 4 个行政单位。其四，技术教育监督、高等院校预科和高级技术学位预科教育组织厅，下设高等院校预科教育组织局、高级技术学位预科教育组织与高级技术学位获得者跟踪编制局、中等技术教育机构网络监督局 3 个行政单位。

该司负责监督制定教育计划，配合隶属于国家教育部的各级行政单位开展教育评估，制定针对各领域学习者的评估手段和工具，制定针对教学和培训单位的评估手段和工具，指导针对学校教育和职业培训课程及教学手段的评估工作，跟踪干部组织评估及各省及省级市、市镇监察和基本技术工具的使用，跟踪与衡量信息系统及学校教育和职业培训方针的有效性，监督开展专业竞赛与测试，动员组织学习者参加国家和国际竞赛。

第二，课程司。该司下设文学与语言教学厅、科学与体育教学厅、技术与艺术教学厅、伊斯兰教学厅 4 个行政厅。

该司负责制定学习规范性文件，参与制定文学、科学与技术学科的教学大纲及培训框架，调整、修改学校教育和职业培训课程，组织编写、更新各教育阶段教科书，参与制定并确保妥善协调针对全教育行业的教育和培训战略，开展教育创新方面的必要研究，制定教学手段质量标准。

第三，国家教育创新与实验中心。该中心为中央行政司级单位，下设教育技术、多媒体资源和教育领域通信技术升级厅，教育研究、档案和教育文献出版厅，远程教育厅，视听教学手段厅 4 个行政厅。

该中心负责鼓励发展校企技术合作项目，鼓励实施、发展与保护教学手段升级项目，试点各种教育和培训计划及手段，指导编制、出版教育研究和记录文献，推动教育技术、多媒体资源和教育领域通信技术升级，发展和试点学校教育和职业培训信息技术及方针，开发基于新型通信技术的远程培训项目。

第四，学校体育教育促进和体育竞赛组织司。该司下设 2 个行政厅：一是学校体育教育促进厅，又下设学校精英运动员跟踪局、体育文献记录局 2 个行政单位；二是学校体育竞赛组织厅，下设国家和国际体育组织联络局、学校体育活动跟踪局 2 个行政单位。

该司负责在公立和私立学校中组织体育活动并推动其升级；在摩洛哥皇家体育学校代表国家教育部行使职能；建立并跟踪学校运动员的数据库；配合相关政府部门与各种国家和国际体育组织，特别是摩洛哥国家奥林匹克委员会和摩洛哥皇家体育大学建立合作关系；确保对学校运动教练员开展持续培训。

### 2. 教育规划与标准化组别

该组别下设战略、统计与规划司，信息系统管理司，法律事务和争端司 3 个职能单位，负责组织编写并实施教育系统和院校发展国家规划前瞻性研究报告，协调院校发展地方规划，通过研究、制定教育行业信息化规划与监督制定干预和冲突管理领域的法律法规，确保信息系统利用最大化。

第一，战略、统计与规划司。该司下设 3 个行政厅。一是研究与统计厅，又下设调查和统计分析局、分类和数据库跟踪局、经济社会研究局 3 个行政单位。二是规划厅，下设教育政策局、教育规划与发展局 2 个行政单位。三是学校发展规划跟踪厅，下设前瞻性教育规划局、学校普及指数跟踪局 2 个行政单位。

该司负责开展教育系统前瞻性研究，将教育系统与国家经济社会发展相结合；制定执行国家学校发展计划；协调地方性学校发展规划，确保其服务于国家优先事项和发展目标；开展调查与统计分析；跟踪评估教育系统毕业生编制项目；跟踪改革要求的执行情况；就人力资源、物力和资金的使用标准提供建议。

第二，信息系统管理司。该司下设 2 个厅级单位。一是信息化战略厅，又下设信息化研究局、行政管理与信息化设计指导局 2 个行政单位。二是信息与信息化中心，为中央行政厅级单位，下设统计数据库管理局、信息化设备与网络管理局 2 个行政单位。

该司负责制定、建立与跟踪国家教育部的统计信息系统，开展组织制度研究，参与制定国家教育部和各大区教育和培训学院的行政管理与信息化规划。

第三，法律事务和争端司。该司下设 3 个行政厅。一是法律法规厅，又下设专门法律和法规局、一般法律和法规局、专业法规局 3 个行政单位。二是诉讼争端厅，下设综合司法纠纷局，无效司法纠纷局，部门运行、行政单位和学校事故处置局 3 个行政单位。三是法律研究厅，下设法律咨询局、学位对等互认局、专业协会与国家教育部社会合作伙伴联络局、法律文献记录与出版局 4 个行政单位。

该司负责指导与国家教育部有关工作领域的法律法规制定与更新工作；审议呈交给国家教育部的一般性法律法规；在法律范围内为隶属于国家教育部的中央行政单位、各大区教育和培训学院及各省及省级市、市镇行政单位提供必要的专业指导和协助，确保行政决定、合作协议及合同符合现行法律法规；向隶属于国家教育部的中央行政单位、各大区教育和培训学院及其各省及省级市、市镇行政单位和社会合作伙伴及教育和培训行业公共协会提供教育领域法律咨询与法律知识普及服务；与国家教育部社会合作伙伴建立联系；协调有关部门，代表国家教育部处理相关争端，跟踪受国家教育部监管的各行政单位所涉及的争端；跟踪处置部门运行、行政单位和学校事故；开展法律和组织性质的研究。

### 3．教育资源和设备管理组别

该组别下设公共事务、预算和财产司，人力资源和干部培训司，合作和私立学校教育促进司，通讯厅 4 个职能单位，负责确保合理、有效地管理和实施预算，维护教育部门公共财产，妥善开发和配置人力资源，制定学校建设和设备配备标准，跟踪并执行国家教育部与各大区教育和培训学院达成的项目合同，发布教育信息，鼓励交流交往，妥善投资合作计划和民办教育促进项目。

第一，公共事务、预算和财产司。该司下设 4 个行政厅。一是中央核算厅，又下设中央核算局、中央财政事务局 2 个行政单位。二是中央行政管理厅，下设设备管理局、印刷厂和印刷中心管理局、车辆扣留场管理局、信件和档案管理局4个行政单位。三是预算厅，下设成本研究与管理指数局、预算及其制定研究局、项目合同跟踪与实施局3个行政单位。四是财产厅，下设动产和不动产管理局、技术研究与维护局2个行政单位。

该司负责制定并执行部门年度预算，分配并跟踪年度财政支持，监督中央行政部门核算，监督部门财产的管理和维护工作，跟踪监督运营和投资开支，管理车辆扣留场，监督开支时效，管理工程和设备分包代理，组织管理部门档案，执行中央行政部门运行的相关程序，建立部门行政账户，跟踪部门动产和不动产记录，制定学校建设和设备配备标准，跟踪并执行国家教育部与各大区教育和培训学院达成的项目合同。

第二，人力资源和干部培训司。该司下设4个行政厅。一是人力资源发展与再配置厅，又下设前瞻性研究与就业和再配置策略局、人力资源数据库管理与管理路径跟踪局、院际行政与过渡活动局3个行政单位。二是初等教育职员编制管理厅，下设初等教育教师管理局、初等教育行政与技术干部和中央行政干部管理局2个行政单位。三是中等教育和培训机构职员编制管理厅，下设中等教育教师管理局、中等教育行政与技术干部管理局、干部培训机构研究型师资管理局3个行政单位。四是培训战略厅，下设教育行业干部培训规范制定局、国家培训管理局、教育行业干部培训机构协调局、社会工作局4个行政单位。

该司负责制定就业策略与编制开发人力资源管理路径；制定部门人力资源一般政策，执行相关管理程序和规则；对教育、行政和技术干部开展综合管理；妥善配置人力资源；管理人力资源数据库并跟踪管理路径；开展提高人力资源政策成本效益的必要研究；参与社会工作升级进程；制定关于国民教育行业教育干部培训的国家教育政策；监督组织国民教育行业干部培训机构的培训工作；执行初步培训战略，继续对部门各层级职员开展后续培训；鼓励并跟踪国民教育行业干部培训机构开展的教育研究；监督关于便利化学习者融入职业路径的相关措施。

第三，合作与私立学校教育促进司。该司下设2个行政厅。一是合作厅，又下设合作局、分散化合作项目跟踪局、支持海外阿拉伯语和摩洛哥文化教学局3个行政单位。二是私立学校教育促进厅，下设私立学校教学水平跟踪监督局、私立学校教育促进和管理局、协会伙伴关系联络局3个行政单位。

该司负责与隶属于国家教育部的其他行政单位协商制定合作计划，跟进执行合作方案并编制年度报告，推动私立学校教育升级，与政府和相关机构合作跟进面向定居海外的摩洛哥儿童的阿拉伯语和摩洛哥文化教学工作方案，跟进与各协会开展的伙伴项目。

第四，通讯厅。该厅下设接待局、媒体局、公共关系局、内部联络局4个行政单位。

该厅负责参与制定、执行国家教育部的联络政策；收集并妥善向国内和国际所有合作伙伴提供隶属于国家教育部的各部门信息；组织管理中央行政部门的接待工作；提高部门内部联络水平。

## 二、高等教育科研部的职能与组织架构

根据2000年5月19日颁布的关于实施高等教育组织的法令，以及2012年1月26日颁布的关于明确高等教育、科研大臣职权范围的法令，高等教育科研部负责根据现行法律法规，制定高等教育与科研领域政府政策，并跟踪其实施情况，其具体职能如下。

第一，开展制定高等教育与科研领域的政策。制定并执行大学高等教育的发展规划，评估高等教育和科研体系；与大学和高等教育机构合作制定高等教育的教学制度，确保其实施并开展必要改革；制定民办高等教育行业的发展战略与行动计划；根据现行法律法规，结合部委各部门及其他

机构的职能，制定科学与技术研究战略；制定与科研协调、资金、评估和估值有关的标准化程序的参考框架，并提供必要途径；鼓励为科研提供技术支持，制定优先重点、项目和计划；制定并实施科学技术领域文化与媒体发展的普及项目。

第二，监督、管理、批准高等教育与科研机构的相关事宜。与下设教育机构的部委部门合作规划、协调、评估与非大学高等教育机构有关的活动；批准针对由高等教育机构颁发的高级学位的预备培训路径；批准私立高等教育机构的设立、扩大、变更或关闭事项，并对其进行教学与管理监督。

第三，负责高等教育与科研机构的支持与资源分配工作。在公私伙伴关系的框架内，支持大学高等教育的发展；认可并鼓励基础科学和应用科研；确保高等教育和科研机构妥善使用科学技术基础设施和设备；根据国家优先事项向各项目、计划分配政府资源。

第四，发展高等教育与科研领域的合作与伙伴关系。鼓励发展与大学及国家、公共、私立和外国研究机构开展高等教育、科研与创新领域的双边和国际合作，建立伙伴关系；发展与社会各界人士的合作与伙伴关系，增进同关注高等教育和科研领域的民间协会和非政府组织的关系。

高等教育科研部由 1 名高等教育科研大臣和 1 名高等教育科研大臣级代表领导，下设大臣办公室、秘书室、检察总署等 3 个行政单位，3 个高等教育体系治理机构和 7 个职能单位。国家教育部另设高等教育与科研事务国务秘书 1 名。

### （一）秘书室

高等教育科研部秘书室由高等教育科研秘书长负责管理。秘书长由皇家诏令任命，受高等教育科研大臣直接领导，由接受过高等教育且在行政、技术或科学领域拥有长期任职经验的国家高级干部、公共机构或私营部门人士担任。

另外，秘书室下设管理监察、支持与联络小组，负责对全部门各行政单位目标、资料与成果持续开展管理监察、支持与跟进，以及内外联络工作。

## （二）检察总署

根据 2011 年 6 月 23 日颁布的关于设立各部委检察总署的法令，设立高等教育科研检察总署。检察总署设检察长 1 名，负责检查、监督、审查、评估该部委中央行政单位及权力下放单位的管理情况；与国家巡查与民众诉愿处置处配合、联络、跟进；根据现行法律，与最高审计委员会、经济与行政改革部检察总署秘书处、国家廉政和防止腐败局开展合作。检察长直属于高等教育科研部，由高等教育科研大臣直接领导，具体职能如下。

第一，检查、监督工作。负责确保正确实施法律法规，妥善管理公共资金；根据适用法规对公共采购的筹备、批准与实施开展内部监督与审查；调查国民、正式雇员、辅助工、后勤员工呈交到部委的投诉与不满；强化道德观念建设，及时向大臣上报雇员间的利益冲突情况；遵循金融法院、经济与行政改革部检察总署秘书处及国家廉政和防止腐败局报告中列明的建议。

第二，审查、评估工作。负责就提高产出与效率开展审查工作并提供建议；审查不动产、设备与库存清单；对照目标与开支情况，评估部委中央行政单位与权力下放单位的工作成效；提供咨询服务。

第三，配合国家巡查与民众诉愿处置处工作。负责完成 2011 年 3 月 17 日颁布的皇家法令第 25 条所规定的业务，具体包括：根据国家巡查与民众诉愿处置处内部章程的规定，跟进、研究该处移交的投诉、不满与处置请求，在指定时限内做出决定与答复；跟进有关部门在答复投诉、不满与处置请求方面的决定、程序与行政措施，以书面形式向国家巡查与民众诉愿处置处告知上述结果；研究、跟进国家巡查与民众诉愿处置处或地方处置员向有关部门提交的意见与建议，以期公平、公正地解决申诉人的投诉与不满；就改善有关部门接待与联络工作以及简化行政程序的措施或安排，提出建议，以期减少国民不满，并使公共服务以最佳方式惠及国民；敦促有关部门设有常任联络员的下属单位秉持全面负责、高效、透明的精神，以便国家巡查与民众诉愿处置处及其专门代表和地方处置员开展工作；监督和规范投诉、不满及其应对措施的信息记录。

### （三）高等教育体系治理机构

为更加妥善、高效地推进高等教育体系的建设、完善、治理与改革工作，协调各公立高等教育机构、伙伴关系框架下的高等教育机构及私立高等教育机构开展教育与培训工作建设，增进各公立大学及其附属机构、公立非大学高等教育机构、持牌私立高等教育机构和科研创新机构之间的合作与伙伴关系，推进摩洛哥高等教育体系向本土化、阿拉伯化、现代化、国际化迈进，高等教育科研部下设全国高等教育协调委员会、非大学高等教育协调委员会、民办高等教育协调委员会 3 个高等教育体系治理机构。

第一，全国高等教育协调委员会。根据 2002 年 6 月 4 日颁布的法令，成立全国高等教育协调委员会，由高等教育科研大臣直接领导，由高等教育和教学发展司承担其秘书处职能，下设教学事务分委会，非大学高等教育机构分委会，民办高等教育分委会，经济环境、研究与发展开放分委会 4 个常务分委会。

该委员会由 19 名成员组成，其中 5 名成员根据法律直接指定，14 名成员由委员会自行任命。根据法律直接指定的 5 名成员包括负责高等教育的政府主管部门负责人或其代表（任委员会主席）、负责干部培训的政府主管部门负责人或其代表、负责中等教育的政府主管部门负责人或其代表、负责宗教基金与伊斯兰事务的政府主管部门负责人或其代表、哈桑二世科学院常任秘书长或其代表。由委员会自行任命的 14 名成员包括大学校长代表 5 名、非大学高等教育机构负责人代表 2 名、私立高等教育机构负责人代表 2 名、公立研究机构负责人代表 1 名、私立研究机构负责人代表 1 名、全国高等教育研究型师资示范性联盟代表 1 名、经济和社会部门人士 2 名。委员会自行任命成员的任期为 3 年，可连任一次。

该委员会是根据关于高等教育组织的法律第 81 条设立的管理机构，负责审议设立大学或其他公立、私立高等教育机构；审议发展路径规划的批准请求；制定和批准学习项目互认标准与机制；协调各行业的学生入学、注册标准及长期评估和测试；讨论与接受科研成果标准；设立高等教育协调信息化网络；促进科研；提议设立学习与测评系统；动员财务团结与合作。

第二，非大学高等教育协调委员会。根据关于高等教育组织的法律的规定，非大学高等教育协调委员会下设跟踪委员会、教师事务管理常务委员会、教学事务常务委员会、法律事务常务委员会 4 个行政单位。

根据关于高等教育组织的法律第 81 条的规定，该委员会成员包括负责干部培训的政府主管部门负责人（任委员会主席）、负责高等教育的政府主管部门负责人或其代表、负责科研的政府主管部门负责人或其代表、负责公职与行政改革的政府主管部门负责人或其代表、负责中等教育的政府主管部门负责人或其代表、其他主管政府部门或其指定附属机构或其代表、各部委直属高等教育机构负责人、各培训行业研究型师资代表、经济部门人士、民办高等教育行业人士。

该委员会是就非大学高等教育机构的教学和管理问题提供咨询意见的管理机构，负责与改善各机构组织形式以及设立新机构有关的事项，具体负责制定内部法律并呈交给负责干部培训的政府主管部门以获批准；审议各机构拟呈交给主管政府部门或其附属机构以获批准的内部法律；逐年研究各机构提交的关于学生注册名额的建议，并将其呈交给负责干部培训的政府主管部门以获批准；审议各机构提交的认证请求；审议将要设立的培训或研究路径项目；审议设立非大学高等教育机构；发挥非大学高等教育机构间的协同增效作用，以推动公立多学科教育机构的组织多极化建设；任命教师事务管理常务委员会成员，对委员会内部章程进行批准；就学位持有人的职业编制便利化保证措施提出建议；审议各机构的培训与科研架构及其组织；审议各行业与发展路径的准入条件及研究系统和机构评估办法；审议高等教育教师和助理教师招聘会的组织办法。

第三，民办高等教育协调委员会。民办高等教育协调委员会由负责民办高等教育的政府主管部门负责人或其代表担任主席，由民办高等教育司承担委员会秘书处职能。其成员由 3 部分构成。根据法律直接指定的成员包括民办高等教育负责人或其代表、高等教育负责人或其代表。经选举产生的成员包括由各公立和私立高等教育机构同行选举的 6 名法定代表。由委员会自行任命的成员包括：大学校长 2 名，法律、经济和社会科学学院院长，医药学院或牙科学院院长，科学技术学院院长，大学附属工程培训机构负责人 1 名，经济和社会部门人士 2 名。委员会主席有权邀请相关利益人士参加委员会会议。

该委员会负责审议私立高等教育机构开放许可及其认证请求；制定、普及并实施民办高等教育质量标准；制定、鼓励应用、调整和严格执行职业道德准则；建立警示机制，制定民办高等教育行业发展战略与行动计划；鼓励私立高等教育机构与各部门伙伴之间的合作；对暂时或永久无法运作的私立高等教育机构提供继续工作保障。该委员会有权设立常务委员会和专门委员会，有权就特定问题咨询委员会以外的专家，或要求其就部分职能范围内的事项提交报告。

## （四）职能单位

根据 1997 年 6 月 16 日颁布的关于中央行政部门主管行政地位的法令和 2005 年 12 月 2 日颁布的关于明确部委组织架构与行政权力下放规则的法令，高等教育科研部下设 7 个职能单位。各职能单位具体职能如下。

第一，高等教育和教学发展司。该司下设 5 个行政厅。一是公立大学高等教育厅，又下设学士学位事务局，硕士博士事务局，医学学科事务局，工程、管理与高科技学科事务局 4 个行政单位。二是非大学高等教育机构厅，下设竞赛局、非大学机构协调局、警示与跟踪局 3 个行政单位。三是民办高等教育厅，下设执照与协调局、管理与引导局、学生事务局 3 个行政单位。四是信息指导厅，下设信息指导局、国民教育部门协调局 2 个行政单位。五是持续培训跟进厅，下设大学持续培训局、非大学机构持续培训局 2 个行政单位。

该司负责与各高等教育机构合作跟进、协调教学活动，确保高等教育有序开展，开展高等教育改革。其具体职能包括：参与制定国家大学培训战略；发展高等教育，确保高等教育机构适应国家和地方的经济及社会环境；与公立高校配合制定教学规范、教学项目及高等教育路径研究与考试规章；配合特定公立高校研究或审核高等教育路径，使培训适应工作的需要；编制针对由高等教育机构颁发的高级学位的预备培训路径批准文件；协调、发展公立高校的教学活动，鼓励在不同教育路径间建立联系；跟进与大学学位有关的教学培训；研究私立高等教育机构的设立、扩大或变更事项，决定关闭事项；对私立高等教育机构开展教学与行政监管；参与评估培训项目及其路径，提出必要的改革措施并定期更新；确保跟进培训，并根据实际需求和优先事项，给予必要引导；承担全国高等教育协调委员会、民办高等教育协调委员会和协调委员会的秘书处职能；参与制定研究型师资持续培训规划；参与各学位对等互认委员会的工作。

第二，科研创新司。该司下设4个行政厅。一是大学科研协调厅，又下设人文、经济与法律科学局，健康科学局，科学技术局3个行政单位。二是创新与估值厅，下设研究价值估计局、企业伙伴关系管理局、技术发明与创新促进局3个行政单位。三是科研促进与跟进厅，下设科研促进局、科研资料分配与指导局、科研项目跟踪评估局3个行政单位。四是非大学科研协调厅，下设部门科研协调局、机构科研协调局、海外科研人才局3个行政单位。

该司负责与各大学和高等教育机构合作跟进、协调科研创新相关活动。其具体职能包括：参与制定科学技术研究战略；根据实际需求和国家优先事项确定科研重心、制定项目计划以及落实项目的跟进与实施等情况；必要时配合特定部委单位，制定科技研究与发展项目，并跟进其实施；制定科研与技术发展的对接、融资、评价与估值标准化程序参考框架；参与制定并实施科研联合融资与各领域创新的支持机制；开展各专门知识领域的科研、创新与技术发展研究；制定科研活动成果的评估、评价标准和手段；通过设立孵化器等接收设施，利用知名人士资源，设立创造型企业，鼓励并实施发展型研究成果估值计划；鼓励企业内部的科研促培训，参与发展科技遗产，促进科技媒体发展，普及科技文化；参与评估、考核国有企业和国家支持的私有企业内部的科技发展计划与发展型研究活动；鼓励并支持博士研究；鼓励组织科研团队间的科学、文化会面与交流活动；制定高等教育科研部对根据国家优先事项确定的研究项目、计划的拨款方案；承担科研与技术发展部级常务委员会的秘书处职能；定期撰写科研评估报告；定期总结科学与技术研究各领域的知识进步成果。

第三，战略和信息系统司。该司下设4个行政厅。一是未来规划与计划厅，又下设未来规划局、计划局、承包工程跟进局3个行政单位。二是编制厅，下设大学发展规划局、学位与编制跟踪局、人力资源规划局3个行政单位。三是统计研究厅，下设大学统计局、非大学与私立机构高等教育统计局、标准制定与统计归档局 3 个行政单位。四是信息系统厅，下设工程与领导局、项目与应用局 2 个行政单位。

该司负责制定并跟进高等教育与科研规划，收集相关数据，指导部门信息系统的运作。其具体职能包括：开展高等教育机构学生数的统计、调研与计量研究；开展高等教育与科研雇员、社会工作、动产与不动产、科学文献与设备方面的统计、调研与计量研究，分析、处理后公布结果；开展与中长期目标有关的前瞻性研究，并分析其有效性；制定大学发展规划并跟踪其实施成果；制定大学发展蓝图并跟进其实施；提供支持与引导；监督并跟踪大学与部门的缔约流程；与相关单位共同制定教育、行政与技术干部培训规划并跟踪其实施成果；制定、编制新一代高等教育培训体系；制定部门信息系统管理规划；制定信息化工程；制定大学信息系统项目并指定其应用；参与高等教育与科研体系长期评估的调查研究，处理专门机构得出的质性评价数据；与有关方面共同开展大学入学预备及其需求确定工作；参与制定部门人力资源管理总体战略，并实施相关程序、规则；与有关方面共同协调跟进高等教育机构学位持有者编制工作。

第四，法律事务、对等互认和纠纷司。该司下设 3 个行政厅。一是法规文本与研究厅，又下设一般法规文本局、高等教育法规文本局、特殊基本制度局、文献局 4 个行政单位。二是学位互认厅，下设科学、文学与人文、法律和经济科学学位互认局，科学技术、工程与健康科学学位互认局，协议协定局，接待联络局 4 个行政单位。三是咨询与纠纷厅，下设咨询局、纠纷局 2 个行政单位。

该司负责跟进法律法规案件、纠纷及学位承认与对等互认问题。其具体职能包括：配合有关部门研究和编写与高等教育及科研相关的法律法规草案；审议呈交给该部门的法律法规；向部门下设各行政单位、受其监管的各大学和机构提供法律咨询和必要的法律协助；代表部门处理其所涉及的纠纷；配合有关单位跟进与受部门监管的各大学和机构有关的纠纷；配合有关方面调查呈交到部门的投诉；根据现行法律法规处理行政单位、各部门、大学和机构及学生可能遭遇的事故；收集与高等教育和科研有关的法律法规及法律文献，并就其更新与档案管理提出建议；收集、研究学位对等互认申请，并呈交给各学位对等互认委员会进行研究、审议，采取必要措施并做出决定；在双边、地区和国际合作的框架下，研究与学位对等互认及承认相关的文件；在双边、地区和国际协定、协议的框架下，收集学位对等互认规定，高等教育学历、学位、证书对等互认等与教育体制有关的文献、信息，并开展相关文献交流活动；发放私立高等教育机构设立、扩大、变更事项许可，决定其关闭事项。

第五，预算和公共事务司。该司下设 3 个行政厅。一是预算厅，又下设预算与会计局、开支管理局 2 个行政单位。二是后勤与财产厅，下设交易与项目跟进局，财产局，装备设备局，技术、印刷与出版局 4 个行政单位。三是信息厅，下设信息开发局、信息发展局、信息围栏工程局 3 个行政单位。

该司负责编制和管理预算，确保公共资金的合理使用，实施部门楼宇的筹备、建设和修缮计划，购置并维护部门下属各行政单位正常运行所需的必要设备。其具体职能包括：编制和执行预算，开展并规范会计工作；参与编制受其监管的大学和公立机构预算；配合全国大学、社会与文化事务办公室管理捐赠事宜；开展竣工楼宇的技术性评估研究，提出楼宇完工与管理质量标准；管理部门停车场，负责部门车辆购置与维护工作；购置并维护有关单位要求的设备和用品；筹备、维护部门不动产，编制维护与持续使用楼宇及设备的规范和标准；为信息化解决方案的落实、利用和发展提供技术支持；管理职能相关的档案与文件；负责各高等院校和全国大学、社会与文化事务办公室开展活动所必需的归属国家所有的动产、不动产的报废工作。

第六，人力资源司。该司下设 3 个行政单位。一是研究型师资管理厅，又下设研究型师资管理路径局、研究型师资任职与竞赛局 2 个行政单位。二是职员管理厅，下设前瞻性管理、任职与竞赛局，职业测评局，管理路径与职员培训局 3 个行政单位。三是社会事务局。

该司负责人力资源的管理、评估及能力培养工作。其具体职能包括：开展人力资源管理研究；与有关单位共同确定、规划人力资源需求；管理人力资源、行政生活规划与社会事务，确保员工获得培训与丰富的经验；与大学共同管理研究型师资事务及其行政生活规划；组织竞赛与专业考试；负责行政与教育干部的提拔工作；与各高等院校和全国大学、社会与文化事务办公室共同组织研究型师资、行政与技术干部招聘会；开发、改进人力资源管理信息系统；根据现行法律法规，承担研究型师资事务管理常务委员会的秘书处职能；管理人力资源司档案与文件。

第七，合作与伙伴关系司。该司下设 4 个行政厅。一是双边与多边合作事务厅，又下设欧洲合作事务局、阿拉伯与非洲国家合作事务局、美洲与亚洲国家合作事务局 3 个行政单位。二是外国机构合作与学生事务厅，下设学生合作与奖助事务局、外国机构合作事务局 2 个行政单位。三是国内合作事务厅，下设大学校际合作跟进局、跨部门合作事务局、跨机构合作事务局 3 个行政单位。四是公私部门伙伴关系事务厅，下设伙伴关系促进局、成果跟进局 2 个行政单位。

该司负责促进高等教育和科研领域的合作，发展公私部门与外国机构间的伙伴关系。其具体职能包括：制定双边、多边合作方案，并确保跟进其实施；配合有关大学机构与国家组织确定优先事项，制定高等教育、科研领域的合作项目和规划；参与确定双边、地区与国际合作的备选方案，并确保文化、科学与技术合作领域的协议和协定得到落实；与有关方面合作，协调外国留学生在各高等教育机构的分配；配合有关方面鼓励开展有利于外国留学生的活动和倡议；参与制定与外国大学和国际组织的合作项目；接收并指导有意愿在外国大学进修的摩洛哥学生；管理并跟踪向在外国大学进修的摩洛哥学生提供的奖学金；参与发展与各大学和隶属于其他部委单位的高等教育机构的合作关系；在高等教育和科研领域发展公私部门伙伴关系。

## 三、中央教育行政的改革实践

摩洛哥政府视教育为国家发展的根基与公民的基本权利，而非少数人所独有的特权。独立后的摩洛哥为摆脱法国殖民教育的影响，在教育领域开展了一系列的改革，试图推动教育普及、教材统一、教师摩洛哥化和教学阿拉伯化。

随着第三次科技革命的兴起，以及经济全球化的深入发展，当今世界已经进入了知识经济时代，知识和科技成为决定各国生产力发展的关键要素。知识和科技的创造与革新在于人才的数量和质量，而人才的培养靠的是与社会生产联系紧密的国家教育事业。教育发展水平往往被视为一国文化和科技水平的象征，在一定程度上反映了国家在国际上的地位和影响力，也是提高国家经济竞争力的重要因素。教育改革是建设民主化国家的强烈愿望的体现，直接影响国家的人才培养和长远发展。

下面以高等教育为例，回顾摩洛哥在教育与中央教育行政方面的改革实践。

### （一）独立后至 20 世纪 80 年代的教育改革实践

1956 年独立后，摩洛哥在政治、社会和经济等方面面临诸多挑战。陈旧而缺乏弹性的法国教育体系无法满足本国社会经济发展的需求。摩洛哥教育改革的当务之急是结合国情发展更具现代化的教育模式，使其更有弹性地满足国家人才培养和经济发展的需求。至 20 世纪末，独立后的摩洛哥教育改革大体上以 80 年代为分界线，第一阶段旨在统一摩洛哥教育系统，普及所有学龄儿童的教育，实现教学和课程阿拉伯化，使教学人员和教育行政人员摩洛哥化，其核心是实现摩洛哥教育的阿拉伯化。1957年，摩洛哥政府设立皇家教育改革委员会，专门执行政府的教育计划，解决教育发展中的实际问题，并先后通过了《教育改革法案》和《教育文化法案》，提出“普及”“统一”“阿拉伯化”“摩洛哥化”的教育口号，将教育权力下放，政府赋予大学自治权，建立地方性大学，并制定了囊括“四化”的教育计划：教育平民化，女性被赋予同等的教育权利；教育摩洛哥化，教育融合摩洛哥本土的人文和宗教知识；教育阿拉伯化，以阿拉伯语为教学语言；教育一体化，建立高效的教育体系以管理和协调教育事务。同年，第一所现代化的摩洛哥大学——穆罕默德五世大学在首都拉巴特成立，1960—1963年，该校在校师生数飞速增长，反映了摩洛哥政府普及全民教育的决心。1964—1972年，摩洛哥教育部门多次召开会议，重新确定大学的使命，颁布决策规定不同阶层的学生都有权进入大学学习，将培养满足市场需求的人才确立为大学的使命之一，标志着大学在社会经济发展中的地位和作用开始发生转变。针对20世纪60—70年代摩洛哥教育出现的滑坡，政府曾相继推出“教育普及”“民主化”等方针口号，以及“教育一体化”“机会均等”等指导意见。

### （二）20世纪80年代至20世纪末的教育改革实践

20世纪80年代后是摩洛哥教育改革的第二阶段。在这一阶段，国际货币基金组织和世界银行等国际机构开始介入和影响摩洛哥的教育改革进程，改革的重心更多转向了扫盲和扩大受教育规模，以及通过调整摩洛哥各级教育结构以降低教育资源的浪费并改善教育系统。教育改革的目标主要包括改善教育质量、降低教育成本和提高教育系统效率，使教育适应经济发展的需要。其核心是提高教育系统的效率。1980年，哈桑二世国王在伊夫兰召开第一届国家教育会议，成立全国教育改革委员会，结束了阿以战争、对西撒哈拉战争带来的社会动荡与高等教育衰落的局面。1983—1994年，摩洛哥政府建立了一批新型大学，试图解决不同层次公民对教育公平的需求，注重工程和技术院校的发展，鼓励私立高等院校的建设。90年代以后，摩洛哥教育事业发展迅速，学校数量增加，学生人数激增，师资队伍不断扩大，课程摩洛哥化效果显著。

然而进入20世纪末，摩洛哥高等教育尽管历经多次改革，但依然没有找到有效的教育模式来适应社会发展，仍然受体制问题困扰，政府始终缺少一个明确的教育方针来指导高等教育的持续发展，教育改革并未达到预期目标，这引起了政党、工会、教师和学生等社会群体对教育制度的怀疑和不满。归结起来，教育改革失败的原因主要有三个方面。第一，这些教育改革往往没有建立在适当的教育研究方案基础之上，因而难以与摩洛哥的社会经济现实保持一致，特别是摩洛哥教育改革决策者和负责人与教育改革的其他利益相关者严重脱节。第二，摩洛哥政府中多数官员曾经接受法语教育，这样的语言背景使得教学语言阿拉伯化政策的推进一再被搁置，也导致学校中教学语言混乱不堪，对教育改革的顺利推进造成阻碍。第三，政府教育财政投入，特别是在提供和改善教育基础设施方面的投入严重不足，导致无法有效实施扩大教育规模和普及教育的政策，由此，摩洛哥文盲率长期居高不下，反过来进一步影响教育改革的顺利推进。此外，摩洛哥长期依靠世界银行和国际货币基金组织的投资开展教育项目，但是教育基金的获得需要摩洛哥教育制度的完善和教育质量的提升为保障。作为实现国家经济繁荣发展重要途径的摩洛哥教育正面临诸多问题，例如：总体人口攀升加之高等教育所培养的学生与市场所需人才脱节，造成失业率大幅度上升；绝大多数高中毕业生进入的都是免费院校和大学，未能学习到多样化的专业课程，导致大学辍学率、复读率居高不下；沿袭法国的教育管理体制带来管理程序僵化，官僚主义作风严重，行政程序繁杂且耗时、耗资巨大，教育资源严重浪费等。

### （三）《国家教育与培训章程》与面向21世纪的教育改革创新实践

1999年，哈桑二世国王基于世界银行1995年发布的《摩洛哥教育制度研究报告》，发起了一场新的高等教育改革运动，旨在使摩洛哥高等教育走向现代化，改革内容涵盖改善领导管理方式，应用新的管理方法改善高等教育行政和学术管理；明确大学在提供教育、传播知识和促进国家社会经济发展进程中的职责；建立一个具有竞争机制的、多样化的教育体系满足高等教育不断增长的入学的需求；实现高等教育融资多元化，加强大学与校外部门在相关领域的合作；改革教师培训，赋予教师制定教育计划和实施研究项目的权利；革新教学内容，建立健全硕博学位的认证和评估机制等。同年，摩洛哥成立教育与培训专门委员会，制定并颁布面向21世纪教育改革的纲领性文件——《国家教育与培训章程》，决定从2000年开始实施为期10年的教育改革，旨在改革摩洛哥教育体系，发展脱离西方发展模式、适应本国需求的教育体系，推动实施综合学制改革项目，实现教育与培训制度改革，其确定的改革领域非常广泛，涉及普及教育、教育机构、教育与培训质量、人力资源、管理、合作关系和财政等多个方面，主要改革内容涉及促进高等教育适应社会和市场经济的发展；落实高等教育管理权下放，实行高校自治；推行高等教育教学改革，提高教育质量；寻求教育机构经费来源多元化等。此外，鉴于信息和通信技术正在日益成为国家经济发展的必要条件，2004年，摩洛哥启动国家网络教育战略，旨在使摩洛哥的年轻一代更好地掌握和利用互联网，从而为他们有效地参与世界经济竞争打下良好基础，并逐步把网络文化引入全国各大教育机构。

《国家教育与培训章程》的实施为摩洛哥国家教育领域带来了巨大变

革，在高等教育领域所取得的成果尤为显著。首先，大学管理体制得到革新，将原来中央集权的大学管理体制变成了分权管理，允许地方政府建立地区教育与培训类院校，政府由管理控制角色转变为监督服务机构，高等教育行政权下放到地方，并赋予了大学自治和财政自主权，从而使得摩洛哥高等教育体系在行政管理、科研和教学等方面更加连贯、高效。其次，高校教育质量得到提高，摩洛哥各高校开始推进新课程的研发与设计工作，教学时间有所增加，持续性学业评估体系更有利于全面、客观、真实地评价学生学习过程与成效，提高高等教育文凭的可信度与含金量，促进学生就业力的发展。再次，高等教育得以与社会经济发展同步，以经济市场为导向，强调专业、学科、教学内容满足社会需求，帮助学生高效学习、发展必要技能，以适应未来就业市场，大大降低了毕业生的失业率，从而使高校在提高国家经济和社会发展水平中得以发挥重要作用。

### （四）《国家教育紧急计划》与进一步对接现代化的教育改革创新实践

2008 年，在《国家教育与培训章程》实施近 10 年之际，摩洛哥政府也注意到，教育改革所取得的成果与当初设定的目标仍有较大差距，同时，早期宪法规定的教育免费政策导致财政负担过重，语言政策混乱，改革目标过全过高导致配套设施和举措不完善、落实不到位，要实现《国家教育与培训章程》所设定的改革目标仍有许多困难。在摩洛哥政府高度重视教育事业的发展与改革，摩洛哥经济和社会发展需要大力发展教育，需要进一步深化教育改革以解决教育发展中存在的问题的背景下，为了巩固教育改革已经取得的成果，实现教育改革的预定目标，摩洛哥政府在 2008 年颁布了《国家教育紧急计划》，计划在 2009—2012 年实施为期 4 年的教育改革，旨在对《国家教育与培训章程》所取得的成果进行巩固和必要调整，以加速其改革的实施，使摩洛哥的科学研究和知识经济发展更具规划性和创新性。《国家教育紧急计划》提出：推进全民教育发展，延长义务教育年限；提高教育质量、鼓励创新和追求卓越；促进教师培训发展，加强教师管理体系能力建设；优化教育资源配置，鼓励民办教育的参与等。所涉及内容包括进一步加大教育领域财政投入、促进教育管理权的进一步下放、努力提高教育质量、提升高校科研创新能力等。《国家教育紧急计划》着重开展民办教育，参与普及教育和扫除文盲工作。一方面，通过加强教育部门财政资源系统的可持续性发展，以保障国家财政教育投入的稳定运行；另一方面，通过鼓励和支持民营企业投资，允许民营企业兴教办学，建立私立学校教育管理新模式，重视民间社会团体对摩洛哥教育发展的重要作用，倡议国际组织、地方政府、民间团体、学生家长等社会各利益相关者积极参与教育改革等举措，减轻免费的教育政策给国家财政带来的沉重负担，缩小摩洛哥地区及城乡教育资源，尤其是优质教育在配置上出现的不均衡性。

为了解决此次教育改革所面临的财政不足问题，摩洛哥政府通过与非洲开发银行、世界银行、法国开发署、欧洲投资银行以及欧盟等国际和地区组织建立合作伙伴关系，积极寻求外部资金援助，以支持教育改革的实施。这种做法既体现了《国家教育与培训章程》中提出的教育经费来源的多元化要求，也反映出摩洛哥教育改革在新的形势下不断深入和教育国际化不断发展的趋势。这次教育改革在总体上扩大了摩洛哥的教育入学率，进一步满足了摩洛哥民众的受教育需求，缓解了摩洛哥整体较为紧张的就业形势，并通过在农村创办私立学校、完善学校基础设施等措施，在一定程度上缓解了国家教育财政的负担，使教育资源配置更加均衡，缩小了受教育的性别差距，保障了女童拥有更加平等的受教育权利。

## 四、中央教育行政的特点

第一，加强政府主导与地方协调对教育规划的支持作用。独立初期的摩洛哥中央教育行政沿袭法国殖民时期遗留的旧有体制，随时间推移，逐渐暴露出行政组织僵化、部门协调松散、工作效率低下、腐败现象严重等诸多与摩洛哥实施推进教育普及与教育现代化、阿拉伯化目标相悖的问题。为此，摩洛哥加强中央政府对教育和培训事务的主导作用，通过颁布《教育改革法案》《教育文化法案》《国家教育与培训章程》《国家教育紧急计划》等一系列政策和纲领性文件，积极推动教育和中央教育行政体系改革，通过支持设立大区教育和培训学院及各省及省级市教育局，各领域中央行政厅级和局级专项事务管理中心、小组，教育行政改革、教育体系相关专项委员会等实体或兼任机构，提高地方教育行政效率，强化中央与地方教育行政的既有与新建联系，确保中央教育行政做出的各项政策、决策及颁布的各项法律、法规、法令和皇家诏令符合地方发展现实条件，对接地方发展实际需求，全面支持教育规划。

第二，强调权力下放与公私合作对教育发展的促进作用。独立后的摩洛哥长期实行中央集权的行政架构与免费的全民教育政策，为国家财政带来较大负担，也使得教学内容与教学效果与经济、社会发展实际需求脱节。为此，摩洛哥积极推动中央教育行政权力下放，于 2005 年 12 月 2 日颁布关于明确部委组织架构与行政权力下放规则的法令。一方面加强国家教育部中央行政权力的统筹与落实职能，确保其下属各行政单位和地方机构透明、合理、高效地行使职能；另一方面给予地方行政单位充分的自主权，使得地方行政单位开展的工作能够更加符合当地的经济、文化与社会条件和发展水平。两者结合使得教育规划适应国家经济与社会发展水平，最大程度提高教育规划、战略与政策制定的可行性、可用性与可持续性。另外，摩洛哥政府还积极推动私营部门参与教育培训事业，通过公私部门合作，从资金供给、教学规划、教育内容、教学质量评估、社会联系评估等多方面促进教育发展。

第三，推动职责细化与分工明晰对教育行政的增效作用。摩洛哥旧有的中央教育行政体系存在组织机构冗余、职能交叉重叠、分工含糊不清、责任制度缺失等消极结构性因素，影响了行政效率，阻碍了教育行政体系的健康发展和教育改革的顺利推进，导致政令上传下达不畅、决定决策出台与实施周期漫长、工作落实相互推诿扯皮、行政事务执行力低下等诸多问题。为此，摩洛哥从中央行政部门组织架构和职能范围入手，开展了一系列部门精简、合并的改革措施，根据时代要求和现实需求，新设立了一批行政单位，并先后于 1976 年 1 月 19 日、2011 年 11 月 25 日颁布了关于各部委高级职务报酬制度及其修订和完善的法令，以及关于公共行政部门厅局级单位负责人任命方式的法令，明确了部门负责人的工作职责，以期通过培养有效的领导队伍，从而提高中央教育行政体系的管理、行政、运行和监督水平，并形成职责细化且独立、分工明晰且合理、管理健康且高效的中央教育行政体系，为发展教育行政增效。

## 第二节 地方教育行政

摩洛哥地方教育行政下设丹吉尔-得土安-胡塞马大区、东部大区、非斯-梅克内斯大区、拉巴特-萨累-盖尼特拉大区、贝尼迈拉勒-海尼夫拉大区、大卡萨布兰卡-塞塔特大区、马拉喀什-萨菲大区、德拉-塔菲拉勒特大区、苏斯-马塞大区、盖勒敏河大区、阿尤恩-萨基亚-阿姆拉大区、达赫拉-黄金谷地大区等 12 个教育大区。根据 2000 年 5 月 19 日颁布的关于决定实施关于设立各大区教育和培训学院的法令，各大区下设 1 所教育和培训学院。

## 一、大区教育和培训学院职能

各大区教育和培训学院（以下简称学院）是摩洛哥政府在全国各大区设立的具有行政与财政独立性的公共机构。国家对学院具有监管权，由政府主管部门根据有关任命政府成员及其实施规定的皇家诏令行使，旨在确保学院各主管单位在任务分配等方面遵守法律规定，总体上符合国家关于公共机构的立法和法规文本的规定；确保学院尊重关于教育和学校的立法、法规文本，以及教育行政部门任命条件的执行。根据现行法律法规，学院还受到适用于公共机构的国家财务监管。

学院在其职能范围内负责落实教育和培训政策，以服务于国家优先事项和政府制定的国家发展目标，其具体职权如下。

第一，开展大区教育与职业培训领域的宏观政策和计划制定。制定学院发展计划，包括根据国家方针和发展目标；制定一系列学校教育的优先措施和程序，在尊重地区特殊性的前提下，结合社会、经济和文化资源制定教育计划；与有关部门协调，与当地职业培训团体和地方代表处协商，制定地方前瞻性教育规划，由地方代表处向学院报告其职业培训项目计划。

第二，结合地方特点，制定并落实教育与职业培训的具体计划。与地方职业培训代表处协调，制定地方性学校教育规划，建立地方性职业教育培训机构网络；结合地方经济特性，确定青年职业培训需求，并向地方职业培训代表处提供建议；制定发展由学校教育系统管理的职业目标基础技术培训项目，开展学徒制或初中、高中阶段交替进行的职业培训项目；向有关政府机构提交超出地方职能事项的处理建议，以便使教育和培训机制与计划符合地方需求。

第三，负责大区教育与职业培训的发展支持与资源分配工作。基于教育前瞻性规划，制定多年期的教育和培训机构投资预测计划；制定教育和培训机构的建设、扩建、大修与设备配备年度计划；完成并跟踪教育和培训机构的建设、扩建、大修与设备配备项目，必要时将项目执行委托给协议框架内的其他机构；根据现行法律法规，开展初等教育和私立学校教育机构的开设、扩建和变更许可移交工作；与地方有关部门及行政、经济、社会和文化机构合作，开展实施提高地方性教育和培训水平项目的倡议；开展教育和培训研究，监督地方教育文献记录及其出版工作，参与地方和国家研究及统计工作；提供教育和培训全领域服务。

第四，监督、管理、批准地方教育和职业培训相关事宜。实地监管所有教育和培训机构的状况、维护质量及工作方法的可用性，学院应及时弥补妨碍上述机构及其配套设施正常运行或对周边和教育环境造成损害的缺陷；监督管理区域和地方性的教育研究工作、测试地方性的教学评估工作，与有关部门协调，发展体育教育和学校体育活动。

第五，负责地方教育和职业培训的人事管理工作。行使政府赋予的在人力资源管理领域的权力；制定并实施针对教育行业从业者及行政干部的持续培训政策。

## 二、大区教育和培训学院组织架构

学院由学院理事会管理，由学院院长领导。学院院长由行使监管权的政府部门提议，根据皇家诏令任命。院长拥有管理学院事务的必要职权，负责执行学院理事会的决定，可获得理事会授权，处理特定问题，同时可在其责任范围内，将部分职权下放给所管辖职工。根据履行职权的需要，学院可免费使用国有的动产和不动产。

学院理事会由理事会主席负责管理，由行使监管权的政府部门直接领导。根据关于设立大区教育和培训学院的法律第 4 条，学院理事会成员包括：各有关部门代表、大区委员会主席、大区行政长官、大区各省及省级市和地区职工、各市镇组织主席、各地区委员会主席、大区科学委员会主席、大区各大学校长、职业培训管理大区代表、大区各行业协会会长（各行业限 1 名代表）、大区奥林匹克委员会代表、隶属大区次级委员会的 6 名教育行业从业者代表（各教育行业限 2 名代表，教育行政和技术从业者各限 2 名代表）、隶属学生家长和监护人协会的 3 名代表（各教育行业限 1 名代表）、私立学校教育协会代表（各大区限 1 名代表）、学前教育机构代表。根据 2001 年 6 月 29 日颁布的关于实施关于设立大区教育和培训学院的法令第 1 条，学院理事会成员还包括国民教育，内政，财政与旅游，高等教育、科研与职业培训，宗教基金与伊斯兰事务，国土治理、城市化、住房与环境，贸易、工业、矿产与传统手工业，农业，海洋渔业，运输与商业通航，就业与职业安置，文化事务，卫生，经济展望与规划，青年与体育，装备，妇女地位、家庭与儿童关怀、残疾人安置，运输与媒体技术等方面的政府机构代表。

学院理事会拥有管理学院的必要职权，包括：制定教育、行政和技术从业者培训的前瞻性计划，制定教育和培训机构建设、扩建与大修的前瞻性计划，监督教育和培训机构的运营，建立教育和培训机构的网络。学院理事会可成立委员会，确定其组成和管理方式。在任何情况下，理事会都必须成立高等教育部门协调委员会、职业培训部门协调委员会以及财政和经济事务委员会。

学院下设若干省及省级市教育局，学院、各省及省级市教育局各行政单位的职权与内部组织架构由大区教育和培训学院院长发布的决议决定。各省及省级市教育局局长由主管国民教育的政府部门从部委级官员中任命，任命对象须符合 2011 年 11 月 25 日颁布的法令所规定的中央行政部门厅长职能担任条件，且在国民教育部门至少有 10 年工作经验。

## 三、阿尤恩-萨基亚-阿姆拉大区教育和培训学院职能与组织架构

阿尤恩-萨基亚-阿姆拉大区是2015年王国新行政区划设立的12个大区之一，位于摩洛哥中南部，首府设于阿尤恩，始建于2015年9月，面积140 018平方公里，2014年人口为367 758人，人口密度每平方公里3人。该大区下设阿尤恩省、布支杜尔省、塔尔法亚省、塞马拉省等4个省级行政区划。该大区教育和培训领域信息化程度较高，教育发展水平位居摩洛哥各大区前列。本小节以该大区的教育和培训学院及其下设各省教育局为例，分析大区教育和培训学院及其下设各省及省级市教育局的职能与组织架构。

阿尤恩-萨基亚-阿姆拉大区教育和培训学院根据国家在教育和培训领域的优先事项与目标，结合大区的特点与经济、社会和文化条件，建立组织架构，分配人力、物力与财力。学院院长拥有管理学院事务的必要职权，并行使2001年6月29日颁布的法令第6条所指定的职权，包括：管理学院事务，指导或授权开展与学院有关的工作和活动，采取预防性措施；代表学院处理与个人或法人有关的事务；代表学院处理法律事务，提起捍卫学院利益的诉讼，并告知学院理事会主席；管理学院人事机构事务；管理学院人力资源；管理学院下属的所有行政单位；基于政府主管部门确定的国家优先事项和发展目标，制定并向学院理事会提交预算草案；根据教育和培训领域现行法规，核算、清算、证明学院支出及收入。

阿尤恩-萨基亚-阿姆拉大区教育和培训学院下设秘书室、督察办公室2个一级行政单位，国家财政部公私企业司审计代表处、教育事务过渡办公室、行政与财政事务过渡办公室3个二级行政单位，教育事务厅、规划与学校计划厅、人力资源管理厅、行政和财政事务厅、大区信息系统中心5个厅级职能单位，大区审查小组、大区考试中心、大区学习和职业规划中心、

法律事务与伙伴关系局、联络与理事会事务跟进局 5 个局级职能单位和 4 个教育局。各职能单位设厅长、局长，各省教育局各行政单位设负责人。

### （一）阿尤恩-萨基亚-阿姆拉大区教育和培训学院各行政单位职能和组织架构

第一，教育事务厅。下设教育机构管理升级局，初等教育与私立教育机构监督局，大区教育档案、教育振兴与资源制作中心 3 个行政单位。

该厅负责：提高教育机构管理水平；管理、跟踪教育和培训机构；监督管理初等教育与私立教育机构事务；监督管理教育园地，支持公立和私立教育机构的发展；确保教育机构对其周边社会、文化和经济环境的开放性，支持并跟踪教育机构项目；提高公立和私立学校的文化、社会、体育与预防性活动水平，与相关部门协调，监督其组织；在教育和培训机构内推进预防性卫生保健，与卫生部和其他合作伙伴协调，开展相关活动；确保教科书、教学计划与学期设置适应大区特点与经济、社会和文化条件；指导各省教育局间的教学计划职能分配；评估大区学习效果，监测各省、市镇学习效果；促进教育振兴，开展教育文献记录，鼓励制作教学和教学法资源；促进大区和各省教育研究；开展扫盲和非正式教育项目。

第二，规划与学校计划厅。下设规划与学校计划局、统计与研究局 2 个行政单位。

该厅负责：制定学院发展规划与前瞻性教育发展计划；与有关代理和中央部门协调，指导制定大区学校计划与入学规划；强化公立教育机构网络建设；制定、建立并跟踪统计信息系统；开展研究、调查与统计分析；制定并确保实施学校物资供应的地方性战略；跟踪学院与主管部门所签订项目合同的执行情况。

第三，人力资源管理厅。下设人力资源前瞻性管理与再分配局、职员行政职务管理局、职业路径管理与人力资源提升局3个行政单位。

该厅负责：根据主管部门授予学院的职能，指导人力资源管理工作；正确分配任职于学院的人力资源；管理所辖范围内职员的行政职务；制定大区针对教育、行政和技术干部的持续培训政策并监督其实施；组织大区针对教育、行政和技术干部的职务转正工作；收集各行政单位的人力资源信息及数据，并及时通报学院下设各省教育局及合作伙伴。

第四，行政和财政事务厅。下设预算与会计局，采购与交易局，楼宇、设备与财产局，社会支持局4个行政单位。

该厅负责：根据主管部门提出的优先事项与目标，编制预算草案；评估学院预算执行情况；跟踪并监管教育和培训机构运营费用；收集学院会计数据；监督达成公共交易；跟踪银行项目的完成情况，扩大重大改革项目实施范围，推动教育和培训机构设施完备；监督教育和培训机构运营状况、维护质量及其必要工作方法的可用性；妥善管理、维护归属学院的动产和不动产；制定大区社会支持计划并监督跟踪其实施。

第五，大区信息系统中心。负责：与相关部门协调制定、建立、跟踪地方信息系统；开展地方信息系统组织研究；推动学院相关信息系统的妥善利用；管理筹备学院的信息网络建设；发布学院可用人力资源的管理信息；支持学院及其下设各省教育局使用信息系统；保障学院相关的设备安全和数据安全，保守学院机密信息；协调学院所辖范围内信息系统在各省教育局分中心的工作。

第六，大区审查小组。负责：审查、评估大区教育和培训学院各行政单位及其下设各省教育局的管理工作；协调、联络、跟踪巡查机构；联合大区审计、督查委员会等单位开展工作；完善内部监察体制，就改善绩效提出建议；与相关行政单位协调制定提高财政与管理培训效用的标准与机制；跟踪、监督学院资源的使用情况；制定并完善学院内部的审查章程。

第七，大区考试中心。负责：与有关单位协调指导开展学校考试；监督、跟踪考试运行、阅卷与成绩发布工作；指导开展专业和教育能力考试；组织招聘会，开展学院培训中心的准入及毕业考试工作；指导制定、分发教育评估标准。

第八，大区学习和职业规划中心。负责：制定并跟踪执行大区的学习和职业规划年度计划；参与制定学院的学习和职业规划方针并跟踪其执行情况；参与建立、评估与完善大区、各省与市镇的学习和职业规划制度；与各省和市镇教育局协调，提供学习和职业规划服务；协调有关单位，开展学习和职业规划工作，跟进指导与再指导结果；开展学习和职业规划研究；建立并管理研究、培训和职业数据库；规范学校学习和职业规划，指导部门工作，确定年度人力资源需求；跟进各领域人士开展的学习和职业规划工作。

第九，法律事务与伙伴关系局。负责：向学院及下设各省教育局提供必要的法律援助与指导；向学院各厅等行政单位及下设各省教育局、社会合作伙伴以及大区教育和培训行业从业者协会提供法律咨询服务，宣传法律知识；指导制定学院的合作伙伴协议与合同项目，审议各省、市镇的合作伙伴协议，并跟踪其执行情况，确保协议符合现行法律法规；跟进与民间社会组织、政府部门和地方组织达成的合作伙伴项目；代表学院参与其所涉及的纠纷，与有关方面协调，跟进下设行政单位所涉及的司法纠纷；与有关方面协调，处理学院收到的投诉；与中央行政单位协调，跟踪学院、局级单位和学校运行事故。

第十，联络与理事会事务跟进局。负责：组织、管理学院的接待工作；参与制定学院联络政策并积极实施；提高学院的内部联络水平，编纂大区教育和培训出版物及定期刊物；向大区和各省合作伙伴妥善传达相关信息；与学院相关行政单位及理事会下设委员会协调，制定理事会事务章程文件；负责理事会及其下设委员会的事务会议记录；跟进并执行理事会的决议与建议，并评估其落实情况；收集、存档并妥善利用理事会的相关决议和文件。

### （二）阿尤恩-萨基亚-阿姆拉大区各省教育局职能和组织架构

阿尤恩-萨基亚-阿姆拉大区教育和培训学院下设阿尤恩省教育局、布支杜尔省教育局、塔尔法亚省教育局、塞马拉省教育局 4 个省教育局。各省教育局下设教育事务、规划与学校计划局，教育机构管理与指导局，人力资源、行政和财政事务管理局，法律事务、联络与伙伴关系局，省考试中心 5 个行政单位。

学院下设各省教育局由省长负责管理。省长行使大区教育和培训学院院长授权的一切职能，在其职能范围内，负责基于学院根据大区和各省特点制定的计划方针，制定本省学前、初等、中等学校与中等职业教育发展计划；制定本省学校发展计划，编制本省教学楼宇及设备、人力、物力、财力需求；实施并跟进非正式教育的扫盲专项实地计划；对本省个人或法人行使对本省教育局的代表权；指导各行政单位及本省教育局所辖范围内各教育机构的工作，确保上述教育机构对其周边社会、文化和经济环境的开放性；跟踪、评估本省各公立、私立教育机构的教育工作；发展本省及各市镇的伙伴关系与合作倡议。

# 第十二章　中摩教育交流

中华人民共和国与摩洛哥王国于1958年11月1日建交。建交以来，中摩关系发展平稳，双边合作覆盖各领域，两国相互支持、相互帮助，为彼此的发展提供了重要助力。两国政治友好不断加深，双方互访频繁。自1958年中摩两国签订第一个政府间贸易协定发展至今，中国已成为摩洛哥第三大贸易伙伴。2019年，中摩双边贸易额46.7亿美元，同比上升6.37%，其中，中国出口40.35亿美元，同比增长9.61%，进口6.35亿美元，同比下降10.42%；对摩投资5 630万美元，同比增长115.6%。[1]2016年5月，摩洛哥国王穆罕默德六世应国家主席习近平邀请来华进行国事访问，双方共同决定将两国关系提升为战略伙伴关系。两国元首共同签署了《关于建立两国战略伙伴关系的联合声明》，全面提升了中摩关系的定位。

自"一带一路"倡议提出以来，摩洛哥积极参与该倡议的建设，中摩两国在文化、新闻、卫生、旅游、教育等领域的交流与合作深入密切，团组互访不断。2017年11月，中国外交部部长王毅在北京同摩洛哥外交与国际合作大臣布里达共同签署《中华人民共和国政府与摩洛哥王国政府关于共同推进丝绸之路经济带和21世纪海上丝绸之路的谅解备忘录》。双方政府部门致力于加强"一带一路"框架内的战略对接，努力推动两国在各领域

[1] 中国商务部. 2019年中国–摩洛哥经贸合作数据 [R/OL]. (2020-05-29)[2020-10-11]. http://www.mofcom.gov.cn/article/tongjiziliao/fuwzn/swfalv/202005/20200502968724.shtml.

的合作。摩洛哥以其独特的地理位置和优良的投资环境，成为中国“一带一路”通往非洲的桥梁纽带。[1]

在中摩两国的多个合作领域中，教育合作为促进两国人文交流、推进民心相通发挥着愈发重要的作用。中摩两国的教育交流与合作既是“一带一路”倡议的重要组成部分，亦是帮助实现该倡议各项发展目标的基础性力量，不仅可以积极促进政治互信、经济发展和文化交流，更能为实现中国和阿拉伯国家的互利共赢和共同发展目标奠定人才基础。

## 第一节 交流历史

### 一、摩洛哥的教育国际化之路

摩洛哥文化底蕴深厚，教育发展历史悠久，在 1912 年沦为法属保护国之前，已经建立了比较完整的以伊斯兰教为核心内容的传统教育制度。摩洛哥的高等教育可以追溯至公元 9 世纪建立的卡拉维因大学，该校是最古老的学位颁授大学。1912—1956 年法国殖民统治时期，法国对摩洛哥采取教育同化政策，把法国的教育制度输出到摩洛哥，并按照法国的教育模式，在摩洛哥兴办世俗学校。1956 年摩洛哥独立后，尽管在 20 世纪 60 年代一度出现教学语言混杂、外籍教员增多、失学率增加等现象，但教育事业整体发展良好，学校数量扩展迅速。1959 年，穆罕默德五世大学建成；1960 年，全国第一所医学院在首都拉巴特建成；自 1966 年起，摩洛哥开办了地区性师范进修中心，后又创办了高等师范学校；1975 年年初，摩洛哥建立了

[1] 商务历史．摩洛哥 [R/OL]. [2020-10-11]. http://history.mofcom.gov.cn/?bandrs=135-morocco-ydyl.

马格里布科学委员会，并希望马格里布地区 3 个国家能共同培训体育教练、体育干部以及青年野营地的指导员、教师等。70 年代，摩洛哥创办了一些歌舞学校。80 年代中后期，职业技术培训教育发展势头迅猛。如今，摩洛哥著名的大学有穆罕默德五世大学、卡萨布兰卡哈桑二世大学、穆罕默德一世大学、卡迪・伊亚德大学、卡拉维因大学和西迪・穆罕默德・本・阿卜杜拉大学等。[1] 因长期被法国殖民，摩洛哥的教育国际化进程从法国在摩洛哥建立各类教育机构起便已开始。一方面，以法语为主的教学语言、由法国引入的教育体系破坏了摩洛哥传统伊斯兰教育的根基，带来了具有殖民主义色彩的教学、课程、管理等；另一方面，外来的教育模式也革新了摩洛哥国民的教育理念，拓展了教育工作者的视野，促进了摩洛哥在新时代与外国更好地开展教育交流与合作。

## 二、中非合作论坛和“一带一路”倡议框架下的文化与教育合作

教育对外开放是教育现代化的鲜明特征和重要推动力，教育对外开放在中国改革开放的历程中发挥着基础性、先导性和全局性作用，中国坚持以开放促进改革与发展，开展多层次、宽领域的教育交流与合作。经过多年发展，中国教育国际化水平不断提高，中国教育的国际地位、影响力和竞争力日益提升。[2] 在“一带一路”倡议的框架下，中国政府加大了与广大阿拉伯国家教育合作与交流的力度，交流方式呈现多元化发展趋势，合作成效日益显著。此外，中国各政府部门就对外教育交流，特别是推进“一带一路”沿线国家的教育合作，颁布了多份官方文件，这些文件的颁布为

[1] 徐拓．摩洛哥教育事业发展初探 [J]．西亚非洲，1998（3）：35.

[2] 许涛．中国教育国际合作与交流新趋势 [J]．中国高等教育，2017（8）：4.

中国对外教育交流提供了坚实的制度保障。

2000 年 10 月，中非合作论坛正式成立，第一届部长级会议在北京举行。该论坛致力于进一步加强中国与非洲国家在新形势下的友好合作，共同应对经济全球化挑战，进而谋求共同发展。会议通过了《中非合作论坛北京宣言》和《中非经济和社会发展合作纲领》，为中国与非洲国家发展长期稳定、平等互利的新型伙伴关系确定了方向。该论坛每隔 3 年举办一届部长级会议。随着中非合作的不断拓展和深化，中非民间论坛、中非青年领导人论坛、中非部长级卫生合作发展研讨会、中非媒体合作论坛、中非减贫与发展会议、中非合作论坛–法律论坛、中非地方政府合作论坛、中非智库论坛等中非合作论坛、分论坛也陆续成立。教育合作、人文交流是中非合作的重点领域之一，2018 年举行的中非合作论坛北京会议更是提出了中非命运共同体的理念。[1]

2015 年 3 月，我国国家发展改革委员会、外交部、商务部联合发布《推动共建丝绸之路经济带和 21 世纪海上丝绸之路的愿景与行动》。文件指出，中国与“一带一路”沿线国家要广泛开展文化交流、学术往来、人才交流合作，扩大相互间留学生规模，开展合作办学。中国每年向沿线国家提供 1 万个政府奖学金名额，深化沿线国家间的人才交流合作。“一带一路”建设是实现中华民族伟大复兴不可或缺的重要组成部分，是历史赋予中国的“大国责任”。教育交流与合作在实现这一历史使命的过程中具有极其重要的作用。

2016 年 4 月，中共中央办公厅、国务院办公厅印发了《关于做好新时期教育对外开放工作的若干意见》。该文件重点关注中国教育开放工作的机制建设，致力于推进新时期中国留学事业、涉外办学、丰富交流、促进共赢等领域的发展。在教育合作层面，该文件呼吁中国各级教育单位加强教

[1] 中非合作论坛．论坛简介 [EB/OL]. [2020-10-11]. http://www.focac.org/chn/ltjj/ltjz/.

育互联互通、人才培养培训等工作，对接沿线各国发展需求，倡议沿线各国共同行动，实现合作共赢。此外，该文件还呼吁建立和完善双边、多边教育部长会议机制，增进次区域的教育合作交流，推动大学联盟建设，深入推进友好城市、友好学校教育深度合作，深化双边多边教育合作，并倡导发挥教育援助在“南南合作”中的重要作用，加大对发展中国家尤其是最不发达国家的支持力度，加快对外教育培训中心和教育援外基地建设，积极开展优质教学仪器设备、整体教学方案、配套师资培训一体化援助，开展教育国际援助。

2016 年 7 月，我国教育部印发《推进共建“一带一路”教育行动》。该文件指出，推进共建“丝绸之路经济带”和“21 世纪海上丝绸之路”，为推动区域教育大开放、大交流、大融合提供了大契机。“一带一路”沿线国家教育加强合作、共同行动，既是“一带一路”倡议的重要组成部分，又为共建“一带一路”提供人才支撑。中国愿与沿线国家一道，扩大人文交流，加强人才培养，共同开创教育美好明天。文件确定了教育使命、合作愿景、合作原则，合作重点为开展教育互联互通合作、开展人才培养培训合作、共建丝路合作机制。

## 三、小结

中摩两国自 1958 年建立外交关系以来，两国政府积极在政治、经济、文化、教育等领域开展合作与交流，取得良好的成效。摩洛哥经济建设、文化发展均居北非地区前列，对教育发展给予极大的重视，是中国开展对外教育合作与交流不可忽略的阿拉伯国家。

中摩于 1982 年签订第一份政府文化协定，于 1988 年签订第一份文化协定执行计划。该执行计划鼓励中摩两国互换研究成果、互换图书文献、互派教育代表团考察，致力于学位互认，鼓励高校直接交流等。该协议促进了中摩两国文化交流与合作的进程，使两国在文化、教育等领域得以切实地开展交流，并致力于提升中摩两国的科教水平并增进两国人民的友好关系。[1]2008年，在摩洛哥首都拉巴特成立了第一所孔子学院——穆罕默德五世大学孔子学院；2012年年底，在卡萨布兰卡成立了卡萨布兰卡哈桑二世大学孔子学院；2016年，在摩洛哥北方重镇丹吉尔成立了第三所孔院——阿卜杜勒马立克·埃沙迪大学孔子学院。穆罕默德五世大学孔子学院由中国北京第二外国语学院和摩洛哥穆罕默德五世大学合作创建，也是中国在西北非的首个孔子学院。孔子学院的成立为摩洛哥中文教学翻开了新的篇章，为摩洛哥民众，特别是青年人学习汉语、了解中国文化，提供了一个新的良好的平台。作为穆罕默德五世大学与北京第二外国语学院多年来在文化、教育领域合作的成果，孔子学院的建设将极大促进两国的人文交流与教育合作进程。[2]

中摩两国积极探索建设文化交流平台，两国政府代表于2016年在摩洛哥首都拉巴特签署了《关于在摩洛哥设立中国文化中心的谅解备忘录》，拉巴特中国文化中心于2018年12月在摩洛哥首都拉巴特成立。该文化中心为中摩两国政府、文化机构、艺术界人士提供了相互了解、合作与交流的平台与机会。摩洛哥高度重视与中国在人文领域的交流互动，拉巴特中国文化中心在"一带一路"框架下，将会发挥促进中摩民心相通的积极作用。[3]

此外，中摩两国于2016年5月11日建立战略伙伴关系，双方表示愿在互利基础上继续深化友好关系，以实现两个友好国家和人民的共同利益。

[1] 北大法宝. 中华人民共和国政府和摩洛哥王国政府文化协定一九八八、一九八九、一九九〇年执行计划[EB/OL]. (1988-06-10)[2020-10-13]. http://pkulaw.cn/fulltext_form.aspx?Db=eagn&Gid=993dcf84b27dbf3403e8bfe12bc80de2bdfb&keyword=%e6%91%a9%e6%b4%9b%e5%93%a5&EncodingName=&Search_Mode=accurate&Search_IsTitle=0.

[2] 中华人民共和国国务院新闻办公室. 摩洛哥穆罕默德五世大学孔子学院揭牌成立 [EB/OL]. (2009-12-10)[2020-10-13]. http://www.scio.gov.cn/ztk/wh/12/8/Document/759863/759863.htm.

[3] 新华网. 拉巴特中国文化中心在摩洛哥揭牌 [EB/OL]. (2018-12-19)[2020-10-11]. http://www.xinhuanet.com/world/2018-12/19/c_1123874601.htm.

联合声明指出，双方赞赏近年来中摩文化交流与合作的蓬勃发展，在相互尊重文化传统和文明多样性的框架内，将继续鼓励文化交往，鼓励学生赴对方大学深造交流，努力提高孔子学院的教学能力，改善汉语教学水平，鼓励两国高校在联合科研等领域签署伙伴关系协议。中摩两国战略伙伴关系的建立有助于增进相互理解、深化双边友谊，为中摩两国的教育交流与合作注入活力。[1]

经过多年的共同努力，中摩教育交流与合作规模不断扩大、领域日益拓宽、层次逐渐提高，为双方的现代化建设和友好关系发展提供了人才支持。

## 第二节 现状、模式与原则

中摩两国建交以来，双边教育的交流与合作已走过了60余年的发展历程，并随着新时代“一带一路”倡议的推进而迈上了新的台阶。摩洛哥重视教育事业的发展与建设，中摩两国的教育交流与合作日趋成熟。经过多年发展，两国政府、高校等官方机构共识良多，各级教育单位共同开展了形式多元、层次丰富的双边合作，助力于两国友好关系的进一步发展。

### 一、政策保障充分，双边交流密切

中国与摩洛哥在官方层面对教育交流与合作给予极高的重视，两国积极签署文化协定、制定政策文件、开展教育展会，通过各项措施，推进双

[1] 新华网．中华人民共和国和摩洛哥王国关于建立两国战略伙伴关系的联合声明 [EB/OL]．(2016-05-11)[2020-10-13]. http://www.xinhuanet.com/politics/2016-05/11/c_1118849465.htm.

边教育合作、深化双边教育发展共识，并为高校交流互访、联合办学、互派留学生等项目提供制度保障。

在文化协定层面，中摩两国政府于 1982 年签订了首份文化协定，于 1988 年 6 月 10 日签订了文化合作执行计划，致力于推进两国文化、教育领域的合作与交流，深化两国人民间的友谊。此后，中摩两国分别签订了 1991—1994 年、1996—1998 年、1999—2001 年、2006—2008 年、2010—2013 年的文化合作执行计划，大力推进了中摩两国的文化交流进程。随着双边关系的稳步推进，中摩两国文化合作与交流的目标不断清晰，受众规模不断扩大，进而为教育合作提供了诸多机遇。1988 年签订的首个执行计划规定：中摩双方互派教育代表团考察高等教育；中方每年向摩方提供 5 个奖学金名额，摩方每年向中方提供 2 个奖学金名额，学习阿拉伯语和法语；双方致力于承认两国高等院校所授予的文凭、学位，鼓励两国高等院校间的直接联系与合作，此外还鼓励互派教师从事教育工作。[1] 该计划在表述时，未明确划定基础教育与高等教育的界限，未表明合作与交流的基本任务，且受众面较小，而 2010—2013 年的执行计划则划分了基础教育与高等教育的合作目标。中摩两国致力于围绕摩洛哥为振兴教育而制定的促进改革计划内容开展合作，鼓励两国大学、高教科研机构、人才培训机构之间通过签订合作协定进行直接合作。该计划关于合作与交流的目标较为明确，合作范围包括整合教育资源、提高精英教育、发展教育培训、利用科技手段、开展校际合作等；该计划着眼于专业化的教育发展，高校与科研机构间的合作得到充分重视，鼓励两国高校和科研机构互换文献资料、出版物、图书和学术论文，鼓励考察两国高等教育制度的文献资料和信息、高等教育大纲及文凭，鼓励大学教师进行短期访问，举办讲座，并参加对方大学举办的各种研讨会、论坛或科学、文化展览会；

[1] 北大法宝．中华人民共和国政府和摩洛哥王国政府文化协定一九八八、一九八九、一九九〇年执行计划[EB/OL]．(1988-06-10)[2020-10-14]. http://pkulaw.cn/fulltext_form.aspx?Db=eagn&Gid=993dcf84b27dbf3403e8bfe12bc80de2bdfb&keyword=%e6%91%a9%e6%b4%9b%e5%93%a5&EncodingName=&Search_Mode=accurate&Search_IsTitle=0.

此外，该计划具有更广泛的受众，其中，中方每年向摩方提供 15 个研究生全额奖学金名额，摩方每年向中方提供 10 个研究生奖学金名额，双方还将努力与非洲国家发展教育领域的三方合作。[1]

在中外交流政策制定层面，首份《中国对阿拉伯国家政策文件》于 2016 年 1 月颁布。该文件提出，中国愿进一步密切中阿人文交流，加强双方科学、教育、文化等领域的合作。文件从政治、投资贸易、社会发展、人文交流、和平与安全等 5 个领域详细阐述了中方全面加强中阿关系的各项政策举措。在教育领域，文件倡导中国与“一带一路”沿线国家加大教育和人力资源开发的合作力度，扩大合作规模，创新合作方式。文件鼓励双方高校开展历史文化、科技应用以及区域和国别研究等领域的联合科研；支持中阿人才联合培养，扩大双方学生的交流规模，逐步增加政府互换奖学金名额，扩大研究生比例，拓展专业领域；加强在阿拉伯国家汉语办学，支持阿拉伯国家的汉语教师培训计划；积极开展职业教育的交流合作，互相借鉴有益经验等。[2] 此外，中国于 2010 年发起中非高校 20+20 合作计划，积极推进中非教育领域的切实合作。教育部将大力支持 20 组中非合作院校，推动中方高校与非洲高校一对一的校际合作，整合中国政府和社会的资源，向非洲高校学子提供中国政府奖学金，并为相关人员提供人力资源培训和汉语培训等。根据该计划，我国知名高校将援助非洲国家，建设 50 所中非友好学校，招收 200 名非洲中高级行政管理人员来华攻读公共管理硕士学位，为非洲国家培训 1 500 名校长和教师，到 2012 年，把向非洲提供的中国政府奖学金名额增至 5 500 名。穆罕默德五世大学在摩洛哥拥有举足轻重的地位，在高校合作计划的引导下，北京第二外国语学院与摩洛哥穆罕默德五世大学成为教育合作结对高校，共

[1] 北大法宝．中华人民共和国政府和摩洛哥王国政府文化合作协定 2010 年至 2013 年执行计划 [EB/OL]．(2010-06-22)[2020-10-14]. http://pkulaw.cn/fulltext_form.aspx?Db=eagn&Gid=1e105f5222b70767683c8e70b3c37e0bbdfb&keyword=%e6%91%a9%e6%b4%9b%e5%93%a5&EncodingName=&Search_Mode=accurate&Search_IsTitle=0.

[2] 新华网．中国对阿拉伯国家政策文件 [EB/OL]．(2016-01-13)[2020-10-14]. http://www.xinhuanet.com/politics/2016-01/13/c_1117766388.htm.

同开展师生交流，举办学术研讨会、摩洛哥文化周等交流活动，促进中摩两国文明的交流与互鉴。

在教育展会层面，中国重视体系化、规模化地推出教育合作项目，致力于通过开办教育展览会的形式，为国内外优质教育资源提供对话平台，为教育交流工作者、院校领导、专家学者、各级各类机构及企业界代表提供合作空间，进而为教育合作与交流提供可靠保障。2010 年 12 月，“2010 年中国上海教育展”在穆罕默德五世大学举行。该展会是中国省市首次在摩洛哥举办教育展，展览汇集了复旦大学、同济大学、上海外国语大学等 23 家上海知名高校和中学，系迄今中国在摩洛哥举办的最大规模的教育展。此次教育展为中摩两国的教育合作注入了新的动力，并为摩洛哥民众更好地了解中国教育提供了一个全新的平台。[1]2017 年 5 月，“2017 年中国高等教育展”在穆罕默德五世大学拉开帷幕，中国高等教育展首次全面亮相摩洛哥。该展会由中国国家留学基金管理委员会与摩洛哥国家教育部联合举办，北京大学、华中科技大学、哈尔滨工程大学、天津大学等国内 22 所高校前来参展。参展大学向当地学生介绍中国对外籍学生的招生政策和具体办法、各自学校的专业优势，并解答了相关问题。教育合作是中摩两国友好合作的重要组成部分，中国在摩洛哥举办高教展，有助于摩洛哥青年了解中国高校及高等教育。[2]

## 二、合作形式丰富，交流成效显著

中摩两国在提升教育交流水平、巩固两国友好关系等层面具有共同的

[1] 中国驻摩洛哥大使馆．“2010 年中国上海教育展”在摩洛哥举行 [EB/OL]．(2010-12-22)[2020-10-21]. http://ma.china-embassy.org/chn/xwdts/t780053.htm.

[2] 新华网．中国高等教育展首次亮相摩洛哥 [EB/OL]．(2017-05-12)[2020-10-21]. http://www.xinhuanet.com/2017-05/12/c_1120962519.htm.

意愿。在教育交流与合作层面，双方积极拓展多元的合作方式，开展诸如高校交流、文化展示、物资捐赠、合作出访等活动。

在高校交流层面，中摩各高校积极开展校际交流，通过访学调研、学习互鉴等方式了解彼此的教育发展。2011 年 10 月，浙江师范大学教育工作者前往摩洛哥穆罕默德五世大学进行了为期 3 个月的访学和调研工作。此次交流是浙江师范大学承担的“非洲高等教育国别研究工程”项目二期内容之一，旨在收集有关摩洛哥高等教育的文献资料，了解其高等教育发展的历史与现状，以期为深入研究摩洛哥高等教育奠定基础。[1]2014 年 12 月，北京第二外国语学院教师代表访问摩洛哥穆罕默德五世大学，与摩洛哥教育工作者就深化教育部中非 20+20 合作项目、促进孔子学院的建设等问题进行了深入探讨。中方教师代表向穆罕默德五世大学的学生做了题为“中阿文化共同的价值观”“解读当代汉语中的网络流行语”的讲座，同当地学生进行了互动与交流，探讨了中国教师教授外国学生的心得体会，并从中了解了摩洛哥孔子学院的发展状况，促进了两校师生之间的情感交流。中摩两国通过高校交流，深化了彼此间的国别研究，这有助于双方积极吸取有益的教育经验，进而推动两国的教育发展。[2]

在文化展示层面，中摩两国重视建设面向公众的文化传播平台，先后建立了拉巴特中国文化中心和卡萨布兰卡哈桑二世大学中国馆，在推动中摩教育和文化交流方面，发挥了积极作用。2018 年 12 月，拉巴特中国文化中心在拉巴特正式揭牌，这是中国在海外设立的第 36 个文化中心。文化中心图书馆向当地民众免费开放，供读者借阅各种介绍中国的中、阿、法、英等文字的书刊和电子图书。在摩洛哥设立中国文化中心将推动双方文化交流迈上新的台阶，摩方也将为中国文化中心的建设提供便利和帮助。在

[1] 浙江师范大学．於荣教授顺利完成对摩洛哥的访学和调研工作 [EB/OL]．(2012-03-16)[2020-10-21]. http://ies.zjnu.edu.cn/2015/0923/c2862a31944/page.htm.

[2] 北京第二外国语学院．二外阿语系教师访问摩洛哥穆罕默德五世大学 [EB/OL]．(2014-12-22)[2020-10-21]. https://www.bisu.edu.cn/art/2014/12/22/art_1425_55405.html.

“一带一路”框架下，拉巴特中国文化中心将发挥促进中摩民心相通的积极作用，成为摩洛哥公众了解中国、走近中国、感知中国的重要渠道。[1]2019年10月，中国国务院新闻办公室与卡萨布兰卡哈桑二世大学合作建设中国馆。中国馆是中国国务院新闻办公室对外介绍中国、促进中外文化交流的品牌项目，该馆配备了2 000余种介绍中国经济、政治、文化、社会、生态、科技等方面的优质图书和音像影视产品，以及大量的数字文化资源，为当地民众全面了解和感知中国提供了重要窗口，为中摩开展学术和文化交流提供了高端平台。[2] 文化展示平台的建设是双边文化关系进一步深化的体现，为促进两国教育的交流与合作发挥了重要作用。

在物资捐赠层面，中国支持摩洛哥教育事业的发展，在与摩洛哥教育交流的过程中，政府部门和民间组织均在教育捐赠领域有所投入，愿以实际行动加强中摩双方在教育领域的合作。2008年，华为摩洛哥公司与摩洛哥邮电学院签署了《合作与发展协议》。根据协议，华为将向该院捐赠总值18万美元的数据通信网络实验室设备，用于数据通信实验室建设、教室现场教学演示、学生现场实验调试等，致力于推动摩洛哥电信教育领域的进步。[3]2009年10月，中国政府为摩洛哥国民教育、高等教育、干部培训与科学研究提供教学物资援助，这批援助包括校车、太阳能发电设备及零配件等物资，是中方落实胡锦涛主席在2006年中非合作论坛北京峰会上宣布的对非务实合作8项政策举措的后续行动之一。[4] 随着科技的不断提升，汉语远程教育也逐步进入摩洛哥课堂。2015年10月，中国使馆资助的汉语

[1] 新华网．拉巴特中国文化中心在摩洛哥揭牌 [EB/OL]．(2018-12-19)[2020-10-21]. http://www.xinhuanet.com/world/2018-12/19/c_1123874601.htm.

[2] 新华网．摩洛哥哈桑二世大学“中国馆”举行揭牌仪式 [EB/OL]．(2019-10-29)[2020-10-21]. http://www.xinhuanet.com/2019-10/29/c_1125166560.htm.

[3] 中华人民共和国驻摩洛哥王国大使馆经济商务处．华为摩洛哥公司向摩洛哥邮电学院捐赠 18 万美元实验室设备 [EB/OL]．(2008-04-24)[2020-10-21]. http://ma.mofcom.gov.cn/article/jmxw/200804/20080405494468.shtml.

[4] 中华人民共和国驻摩洛哥王国大使馆经济商务处．中国政府援助摩洛哥政府教学物资举行对外交接仪式 [EB/OL]．(2009-10-29)[2020-10-22]. http://ma.mofcom.gov.cn/article/jmxw/200910/20091006590734.shtml.

远程教育系统启用仪式在布斯库拉汉语教学点举行，卡萨布兰卡哈桑二世大学孔子学院院长与全体汉语志愿者教师观摩了爱心小学的汉语远程教学。汉语远程教育系统的引入进一步确定了布斯库拉小学汉语教学的多样化模式，推动了摩洛哥汉语教学与科技发展的紧密结合。[1]

在合作出访层面，中摩两国重视派出相关代表团进行实地考察，以走访、倾听、记录、对话等方式，与当地的教育工作者开展深入交流。2018年6月，国际儒学联合会会长滕文生在北京会见来访的摩洛哥穆罕默德五世大学经济法律社会研究院院长汉谟思，双方就中摩人文科学交流情况、国际儒学论坛等事项交换了意见，促进了两国关于儒学的研讨与交流。[2]2019年11月，中国宋庆龄基金会代表团参访摩洛哥生态学校。生态学校校长简要介绍了该校为提高学生环保意识所做的工作和取得的成绩，并表示非常期待与中国中小学交流和学习环保教育工作的理念和经验。此次访问加强了两国在环保教育领域的交流，有助于促进两国青少年的互动。[3] 中摩教育合作不仅在人文社科层面展开，在科技交流领域也不断深入。2019年11月，应摩洛哥哈桑二世科学院邀请，中国科学院院长白春礼率团访问摩洛哥，双方讨论了共同研究联合设立奖学金和学术互访机制等事项，并就中摩两国在科学研究、“一带一路”国际科学组织联盟建设及人才培养等方面的交流合作交换了意见。此外，代表团还访问了摩洛哥穆罕默德六世健康科学大学，并与该校校长查吉・内嘉力举行了会谈，此次访问推动了中摩两国在健康领域的科学研究和人才培养合作。[4]

---

[1] 摩洛哥哈桑二世大学孔子学院．摩洛哥哈桑二世大学孔子学院汉语远程教育系统正式启用布斯库拉成功汇演 [EB/OL]．(2015-10-23)[2020-10-23]. http://ciuh2c.ma.chinesecio.com/zh-hans/node/119.

[2] 国际儒学联合会．滕文生会长会见摩洛哥穆罕默德五世大学经济法律社会研究院院长汉谟思 [EB/OL]．(2018-06-27)[2020-10-22]. https://www.sohu.com/a/238015716_198184.

[3] 中国宋庆龄基金会．中国网：中国宋庆龄基金会代表团参访摩洛哥生态学校 [EB/OL]．(2019-11-25)[2020-10-21]. http://www.sclf.org/mtjj/201911/t20191125_17946.htm.

[4] 中国科学院．白春礼访问摩洛哥和阿根廷相关机构推进合作 [EB/OL]．(2019-12-09)[2020-10-22]. http://www.cas.cn/sygz/201912/t20191209_4726834.shtml.

## 三、人才培养专业，探索领域深入

中摩两国教育交流与合作具有一定的历史基础。经过长期发展，中摩教育交流不断提升发展水平，呈现出合作多元化、人才培养专业化的发展趋势。中摩两国积极建设孔子学院、建设研究所、开办教育研讨会，致力于以更专业的合作模式为国家发展提供智力支持与人才保障。

在孔子学院建设层面，孔子学院是中外合作建立的非营利性教育机构，致力于适应世界各国及地区人民对汉语学习的需要，增进世界各国及地区人民对中国语言文化的了解，加强中国与世界各国教育文化的交流合作。孔子学院开展汉语教学和中外教育、文化等方面的交流与合作，为汉语人才的专门化培养提供了良好的平台。摩洛哥现有 3 所孔子学院，是第一个拥有 3 所孔子学院的阿拉伯国家。3 所学院先后成立于 2009 年、2013 年、2017 年，分别由北京第二外国语学院和穆罕默德五世大学合作、上海外国语大学与卡萨布兰卡哈桑二世大学合作、江西科技师范大学和阿卜杜勒马立克·埃沙迪大学合作建设。随着中摩两国人民相互了解的不断加深，摩洛哥民众对中国，特别是中国语言和文化的兴趣，也日益增加。孔子学院的成立为摩洛哥民众，特别是青年人学习汉语、了解中国文化，提供了一个专业化的平台。合作院校积极探索适应摩洛哥社会需要的办学模式，通过汉语教学、文化活动的形式，展示当代中国的风情与面貌，为愿意了解中国以及有志于学习汉语的摩洛哥各界人士提供相关服务，进而加深彼此间的友好往来与教育合作。

在研究所建设层面，中国积极落实 2017 年教育部援外项目“一带一路”中国·摩洛哥联合研究所项目，致力于促进中摩高校在人文交流、师生互访、科学研究等领域的深度合作。2018 年 4 月，宁夏大学和摩洛哥哈桑一世大学联合组建申报的援外项目“一带一路”中国·摩洛哥联合研究所正式成立。该研究所旨在把握双方的优势，开展合作，提升宁夏大学服务

“一带一路”建设的能力与水平，深化“一带一路”倡议下中摩双方的多元合作，促进两国人民的互相了解。此外，该研究所还推动了宁夏大学和摩洛哥哈桑一世大学的学科建设、智库发展与联合研究，为两校开展实证研究、双边研究打下良好的合作基础。[1]

在汉语教学研讨会层面，中摩两国重视汉语教学的质量与水平，致力于通过教学研讨的方式，帮助教师提升教学研究水平，进而使学生能够接受更优质的汉语教育。2014 年 5 月，摩洛哥首届国际汉语教学研讨会在摩洛哥南部的索维拉市举行，与会者围绕会议主题“摩洛哥国际汉语教学的挑战与机遇”，对教材的选择、语音教学、声调教学、汉字教学、语法教学、课时进度安排、教辅资源建设、文化沟通等问题进行了务实的针对性探讨，尝试摸索出了适合摩洛哥国情特点的汉语教学方法。[2] 汉语教学研讨会每年举办一届，至 2020 年，中摩两国已合作举办了七届会议，研讨层次逐年提升，内容讨论不断深入。在 2020 年 7 月举办的第七届摩洛哥汉语教学研讨会上，与会教师从不同的教学法和教学理念出发，就任务型教学法、情景教学法、听说法、游戏教学法、先语后文教学理念、体演文化教学法、循环式教学法、体验式教学法、互惠式教学法等理念进行了深入探究，在分享和互鉴的过程中不断提高自身的教学水平，为摩洛哥汉语教学事业做出了贡献。[3]

在文化交流研讨会层面，中摩两国致力于以学术研讨推动教育交流的高水平发展。2011 年 11 月，首届中国–摩洛哥文化与教育交流研讨会在北京第二外国语学院召开。该研讨会是教育部 2011 年度中非高校 20+20 合作

[1] 新华丝路．“一带一路”中国・摩洛哥联合研究所揭牌 [EB/OL]．(2018-05-02)[2020-10-24]. https://www.imsilkroad.com/news/p/94075.html.

[2] 中国新闻网．摩洛哥举办首届国际汉语教学研讨会 [EB/OL]．(2014-05-15)[2020-10-25]. http://www.chinanews.com/hwjy/2014/05-15/6172446.shtml.

[3] 摩洛哥穆罕默德五世大学孔子学院．第七届摩洛哥汉语教学研讨会在穆罕默德五世大学成功举办 [EB/OL]．(2020-07-01)[2020-10-26]. http://ci-mu5.ma.chinesecio.com/zh-hans/node/422.

计划框架下首次举办的中摩两国文化教育交流论坛。中摩双方教育、文化、新闻、国际问题专家对中摩文化的交流历史、现状与前景，当前国际问题，以及中阿语言、文学、文化等研究成果，展开了交流与讨论。[1] 该研讨会每年举办一届，至 2019 年中国已举办九届会议，会议规模逐年扩大，议题范围不断变广。在 2019 年 10 月举办的第九届中国–摩洛哥文化与教育交流国际学术研讨会上，来自中国和摩洛哥的近 30 位专家学者及新闻业界精英，围绕"'一带一路'与中阿文明对话能力提升"主题进行深入交流。此次研讨会紧跟国际局势发展进程，在中阿共同面对全球发展机遇与挑战的当下，与会学者就文化、教育、旅游、民俗、新闻传播等领域的合作现状进行了梳理与分析。议题内容围绕中阿共建"一带一路"展开，以"丝路精神"为导向，通过文明对话的方式，推动了文化交流和民心相通。研讨会的专业性也不断提升，由北二外中东学院学生组成的 12 人同声传译队伍，于现场分 6 个频道同步同传，参会嘉宾可同时听取 6 个频道的翻译，并对不同频道的翻译质量进行比较。[2] 此外，2015 年 11 月，由卡萨布兰卡哈桑二世大学孔子学院和上海外国语大学联合主办的"丝绸之路的两端：摩洛哥与中国"国际学术研讨会在卡萨布兰卡举行，上外学者和与会的阿拉伯专家学者就与丝绸之路、孔院建设、北非文化相关的议题进行了深入交流，进一步增进了中摩两国的友谊，深化了双边共识。[3]

---

[1] 中华人民共和国国务院新闻办公室．首届中国–摩洛哥文化与教育交流研讨会在北京召开 [EB/OL]．(2011-11-07)[2020-10-26]. http://www.scio.gov.cn/zhzc/35353/35354/Document/1501863/1501863.htm.

[2] 二外新闻网．第九届中国-摩洛哥文化与教育交流国际学术研讨会在北二外举行 [EB/OL]．(2019-11-05)[2020-10-26]. http://news.bisu.edu.cn/art/2019/11/5/art_1762_234174.html.

[3] 上海外国语大学学报．中外学者相聚卡萨布兰卡研讨"丝绸之路的两端——中国与摩洛哥"[EB/OL]．(2016-01-13)[2020-10-26]. http://xiaobao.shisu.edu.cn/show_more.php?doc_id=1669.

# 第三节 案例与思考

中摩两国各级单位对教育事业给予了极大重视，双边教育交流与合作机制日趋完善。但在发展进程中，中摩教育交流仍存在一定的缺陷与不足，这些问题在一定程度上将制约和影响双边教育交流的质量与水平。自“一带一路”倡议提出以来，中摩两国应主动加强互鉴、互容、互通，形成更全方位、更宽领域、更多层次、更加主动的教育交流与合作局面。此外，双方还应致力于将新时期的人才培养模式与国家发展目标相结合，将教育交流与时代需求相贴合，进而展望更高水平、更专业化的双边合作。

## 一、夯实教育平台，优化合作项目

中摩两国自建交以来，在政治、经济、人文领域取得了丰硕的合作成果，教育交流与合作便是其中的重要组成部分，且教育领域的合作对深化政治互信、推动经贸合作、夯实民意基础起到重要作用。中摩两国共同开展了形式多样、内容丰富的教育交流与合作，但双方仍需继续发展教育平台，增加多方参与力度，推动官方引导与民间参与的有机结合。中摩两国政府于1982年签订了首份文化协定，后多次签订文化合作执行计划，中国于2010年发起中非高校20+20合作计划，开办中国上海教育展、中国高等教育展，建设孔子学院，设立研修班、中国文化中心、中国馆等，这些项目大多由官方部门自上而下引导，而民间组织的参与程度较低、参与力度不大。在教育交流与合作的实践过程中，企业、非政府组织、社会团体等民间力量具有极大的影响力，汲取民间智慧、采取民间方案、调动民间力量，是提升教育交流水平的关键。中摩两国应扩大民间参与，构建政府引导、民间促进的良好格局，以此为教育交流注入活力。

此外，中摩教育交流需基于互学互鉴的原则，调整现有的交流结构，从单向交流转为双向交流。在这一层面，中国主动发起中非高校20+20合作计划，建立拉巴特中国文化中心和卡萨布兰卡哈桑二世大学中国馆，举办中国-摩洛哥文化与教育交流研讨会等，而摩洛哥大多以参与者的身份参加此类活动，并未掌握活动举办的主动权。中摩两国需要加强两国教育双向交流，做到互联互通、互鉴互补，以此改变双方教育投入的不平衡局面。

## 二、提升交流层次，扩大交流规模

中摩两国自建交以来，开展了多样化的教育交流形式，但在推进“一带一路”倡议建设的新阶段，两国更应优化双边合作机制，追求更高水平的教育交流。中摩两国教育交流项目集中于开办教育展会、开展访问调研、召开专题研讨等层面，而实质性推进科技研究进程、推进人才联合培养的项目较少。在这一层面，孔子学院难以承担高水平专门人才的培养任务，“一带一路”中国·摩洛哥联合研究所的建设仍需进一步推进。此外，两国高校教师与科研人员的流动与合作尚处于起步阶段，已有的学者流动基本上限于语言教育领域。中摩双方应鼓励两国学者建立常态性的学术联系，定期开展学术对话，确立共同研究的高水平课题。此外，随着两国教育国际化的发展，两国高校都将积极开拓海外教育市场，两国还应推进学位学历标准互认进程，鼓励更多的高校建立直接的联系，在多学科领域进行人才联合培养等方面的合作。

此外，中摩教育交流规模不大，交流范围仅局限于部分高校，交流学科也存在相当大的局限性。在这一层面，双方尚未制定学分互认、学历互认文件，尚未对留学生规模、高校质量进行明确介绍，奖学金资助体系不健全。在2010年发起的中非高校20+20合作计划中，摩洛哥高校仅占其中一席；在2010—2013年的文化协定执行计划中，中方每年向摩方提供15个研究生全额奖学金名额，摩方每年向中方提供10个研究生奖学金名额，奖学金覆盖人数较少。中摩两国应在保证教育交流质量的前提下，积极扩大留学生规模，在确保官方引导的同时，调动民间力量参与到中摩教育交流的进程中来。

## 三、推动战略合作，改善学科发展

教育交流是全方位、多维度的开放式交流，交流领域需要以国家发展方针为基础，在各项重点发展领域进行有效的战略对接。在中摩两国战略伙伴关系的发展时期，双方应重点进行经贸、科技、基建等领域的人才培养合作，进而更有效地推动国家发展，适应时代需求。在这一层面，中摩两国的教育合作项目大多集中于语言教育和人文研讨，而理科、工科、商科、医科等专业领域的交流严重不足。中摩两国需结合“一带一路”倡议的发展需要，拓展教育合作领域，丰富人才培养形式，加强国家发展所需的经贸、建筑、水利等领域的合作，进而为多领域的中摩合作提供长远保障。

此外，中摩两国不仅需要扩展交流领域，还需拓展科研层面的合作，以期提升教育交流质量。中摩两国的教育交流大多聚焦于浅层，深层次的研究型交流开展不多。孔子学院难以承担高水平的研究任务，“一带一路”中国・摩洛哥联合研究所尚处于发展建设阶段；而中国-摩洛哥文化与教育交流研讨会、摩洛哥国际汉语教学研讨会等会议的关注领域多为语言教育、文化交流等，未能开展与推进“一带一路”倡议建设所贴合密切的应用型领域，中摩高校间的科研合作远未达到两国政府的政策预期，仍存在着很大的提升空间。对此，中摩双方需推进两国高校、科研院所和企事业单位之间的科研合作，积极提升合作层次与水平，努力产出更高质量的科研成果，以期符合各产业的发展需求。

# 结　语

摩洛哥位于非洲西北部，扼守直布罗陀海峡，距离西班牙最短距离 14 公里，战略位置重要，是连接非洲、欧洲、西南亚和美洲的重要交通要道。摩洛哥实行君主立宪制，国王享有很高的威望，在西非、北非地区多个国家出现政局动荡或不稳定的情况下，摩洛哥政局整体较为稳定、社会和谐。摩洛哥开放程度较高，与包括美国、欧盟国家在内的 50 多个国家签订了自贸协定，国家整体经济发展水平较高，在福布斯杂志公布的“2019 年最佳营商环境国家”的排名中，摩洛哥是北非地区营商环境最好的国家，在全世界 161 个经济体中位居 62 名。[1] 正是由于具备上述地缘优势、稳定优势及开放优势，近年来，摩洛哥正大步向非洲新兴国家的行列迈进，在非洲的发展中处于领先地位，在经济交往、文化教育交流等方面具有广阔的发展前景。

具体到文化教育领域，摩洛哥教育的整体发展可大致分为 5 个发展阶段：15 世纪之前的伊斯兰教育阶段；15—19 世纪的现代教育启蒙阶段；1912—1956 年法属保护国时期的殖民教育阶段；1956 年独立后至 20 世纪末的国民教育改革阶段；21 世纪至今的现代教育发展阶段。这几个阶段的教育也呈现出了不同的特征，早期的摩洛哥教育因受到阿拉伯–伊斯兰文化的影响，具有宗教性特征；摩洛哥沦为法国的保护国后，则呈现出移植性特征；

[1] 资料来源于福布斯网。

而此后独立时期的摩洛哥教育，则体现出显著的阿拉伯化特征；21 世纪以来，摩洛哥教育走向教育国际化道路，表现出国际化的特征。在教育制度方面，摩洛哥的教育和培训制度分为正式教育制度和非正式教育制度。正式教育制度又分为现代教育和传统教育两种形式，包括学前教育、初等教育、中等教育、高等教育、职业技术教育等；非正式教育包括扫盲教育等。公立院校教育体系与我国的情况大致接近。

纵观摩洛哥文化教育领域的发展历程、特点和经验，大致有如下几方面内容值得中国和世界其他各国借鉴。第一，应立足实际、结合本国基本国情，制定适合自身发展的教育政策。第二，完善教师培养体系，加强师资队伍的建设，制定顺畅有效的师资人才培养计划。第三，加大教育资金投入，致力于解决教育中的性别不平等、城乡发展不均衡现象。第四，完善、规范并进一步明确国家的语言政策。第五，提高高等教育、职业教育和成人教育的教学质量，科学设置专业，以规避培养方案与社会需求脱节的问题，最大程度提升就业率。第六，明晰教育行政架构，支持教育发展与改革进程。第七，积极寻求社会资本、广泛开展国际合作项目，推动教育的国际化发展。

自中国和摩洛哥建交以来，双边陆续开展了包括教育交流在内的多领域合作，随着“一带一路”倡议的提出，双边的合作与交流更是开启了新的篇章，中国和摩洛哥重视教育事业的发展与建设，两国政府、高校等官方机构间共识良多，各级教育单位共同开展了形式多元、层次丰富的双边合作，助力两国友好关系的进一步发展。具体而言，双边教育交流与合作体现出以下两大特征。首先，政策保障充分，双边交流密切。中国与摩洛哥在官方层面，对教育交流与合作给予极高的重视，两国积极签署文化协定、制定政策文件、开展教育展会，通过各项措施推进双边教育合作、深化双边教育发展共识，并为高校交流互访、联合办学、互派留学生等项目提供制度保障。其次，双边合作形式丰富，交流成效显著，人才培养专业，探索领域深入。两国广泛开展诸如高校交流、双向留学、文化展示、物资捐赠、合作出访等方面的教育文化交往活动，均取得了积极的成效。值得一提的是，目前于摩洛哥拉巴特、卡萨布兰卡、丹吉尔先后建成的 3 所孔子学院在推动中摩教育和文化交流的方面发挥了积极作用，在第二所孔子学院哈桑二世孔院建立之时，中国国务院新闻办公室与其合作建设了中国馆，成为对外介绍中国、促进中外文化交流的品牌项目。通过近距离展示，中国馆让摩洛哥民众感受到中国的发展变化、光辉历程、伟大成就和宝贵经验，切实增进了他们对新中国的情感认同。

总体而言，教育对外开放是提高国家教育质量和建设教育强国的重要条件，国际化也是未来世界教育发展的重要趋势。教育开放的目的旨在服务国际国内大局、促进文明交流互鉴、推动人类文明进步。因此，未来的文化教育应秉承积极开放、加快发展、平等交流、互利互惠、促进改革发展、服务国家利益、双向交流、引进与输出相结合等原则。这既符合现代教育的基本特点与内在需求，也是提高教育质量和建设教育强国的重要条件，最终可以推动国际国内大局、促进文明交流互鉴、推动人类文明进步。随着“一带一路”倡议的不断深化和发展，未来的中摩教育交流可继续扩大交流规模、提升交流层次；进一步推动战略合作、改善学科发展，积极提升合作层次与水平，以期符合各产业的发展需求。在中摩教育交流的过程中，应遵守以下原则。第一，应充分尊重两国的教育法律和法规，不损害国家主权、安全和社会公共利益，在开展合作以前，充分了解两国政治、经济、社会、法律等情况。第二，教育的对外交流与合作应坚持独立自主、友好协商、平等互利、互相尊重的原则，尊重对方国家的传统文化、习俗习惯、宗教信仰等因素。第三，抓住合作机遇，做好合作前期调研，增强合约意识。第四，交流期间，相关人员应提前办理相关手续和证件，并关注社会治安及安全风险相关问题。第五，交流实施阶段应尽可能规避合作风险，重视管理构架，采取中摩双方人员共同参与的原则。第六，制定合理安全的资金资产管理制度，保障交流机构、交流项目、办学过程的正常运行。

教育交流合作是中摩人文交流的重要领域，是双边关系的重要组成部分。共建“一带一路”为加强教育交流合作提供了重要机遇，与此同时，教育是培养人文交流的最好方式，教育交流为各国民心相通架设了桥梁。与“一带一路”沿线国家合作办学、推进产教协同、加强相互了解、促进民心相通是未来的必然趋势。中摩双方教育的互相开放、交流与合作，是双边关系发展的必然结果，虽然双边教育在交流和互动中也存在一些问题，但双方在持续推动已有互动方式的基础上，将继续增强互动观念，寻找互动空间，加强信息沟通交流，建立有效畅通的信息环境。双方定会迎来双边教育交流更为全面深入的新阶段。

# 附　录

## 一、20 世纪摩洛哥教育发展大事记 [1]

| 时间 | 事件 |
| --- | --- |
| 20 世纪初至 20 世纪 20 年代 | |
| 1904 | 摩洛哥科学院在北部城市丹吉尔成立。 |
| 1912 | 摩洛哥科学院更名为社会学院。 |
| 1912.11 | 保护国政府成立阿拉伯语和柏柏尔语高等学校；成立教育部。 |
| 1914 | 成立学者委员会，卡拉维因清真寺开始进行改革。 |
| 1915.6.28 | 首次确立关于教育和教育管理的基本制度。 |
| 1915.10 | 柏柏尔研究委员会成立。 |
| 1916.2 | 两所伊斯兰高中在拉巴特和非斯建立；教育最高理事会成立。 |
| 1918 | 卡拉维因发展委员会和观察委员会成立。 |
| 1919.5.21 | 出台法令，允许伊斯兰高中颁发学历证书。 |
| 1919.10 | 法属保护地（拉巴特和非斯）和西属保护地（得土安）首次开设免费小学。 |
| 1920.2 | 摩洛哥研究高等学院在拉巴特成立，取代阿拉伯语和柏柏尔语高等学校。 |
| 1920.7.26 | 教育部更名为教育局；另专门成立穆斯林教育部。 |

[1] محمد الصغير جنجار. مدرسة المغربية – أسئلة ورهانات[J]. مجلس الأعلى للتعليم.. 2009, 1(5): 156-192.

续表

| 时间 | 事件 |
|---|---|
| 1920.8.30 | 出台初级教育课程大纲。 |
| 1920.12.4 | 出台伊斯兰中等教育课程大纲；伊斯兰高中的学历证书初步取得与法国高中证书相平等的地位。 |
| 1921 | 法律研究中心在拉巴特成立。 |
| 1921.2.28 | 教育局更名为公共教育局。 |
| 1921.10.31 | 国民教育最高理事会成立。 |
| 1921.12.15 | “穆莱·伊德里斯”高中生组织在非斯成立。 |
| 1927 | 卡拉维因中学获准开展阿拉伯语教学。 |
| 1927.11.16 | 满 14 岁的穆斯林学生获准进入法国高中的六年级就读。 |
| 1929 | 北非穆斯林学生在法国发起运动，要求改革伊斯兰高中教育。 |
| 20 世纪 30 年代 | |
| 1930 | 伊斯兰中学学生获准参加法国高中会考。 |
| 1934 | 《国家工作指南》出台，包括涉及教育问题的专门章节；穆罕默德·扎苏斯私立学校成立，实行双语教育。 |
| 1935.4.1 | 免费学校被禁止开放。 |
| 1937 | 西迪·穆罕默德伊斯兰中学在马拉喀什建立。 |
| 1937.9.15 | 拉巴特的北非穆斯林学生会议被当局禁止召开。 |
| 1937.12 | 免费学校在监管下重新开放；古兰经学校被禁止转为免费学校。 |
| 1938 | 伊斯兰高中的学历证书在应聘行政职位时取得与法国高中证书同等的地位。 |
| 1938.7.12 | 伊斯兰教育教学培训中心成立。 |
| 1938.12.31 | 本·优素福学校在马拉喀什成立。 |
| 20 世纪 40 年代 | |
| 1941 | 阿兹卢中学老校友协会成立。 |
| 1942 | 莫拉维学校在拉巴特成立。 |
| 1943.11.17 | 穆斯林女性教育得到保护当局支持。 |
| 1944.1 | 全国教育机构大罢工。 |
| 1944.3.16 | 当局设教育改革委员会，专门负责教育改革。 |
| 1944.10—1944.11 | 根据委员会意见，伊斯兰法语教育得到重新组织。 |

续表

| 时间 | 事件 |
| --- | --- |
| 1945 | 公共教育局开始颁发新的小学学习证明；摩洛哥农业学校在梅克内斯成立。 |
| 1946.7—1946.8 | 教育改革委员会向当局提交教育章程。 |
| 1948 | 摩洛哥行政学校在拉巴特成立；卡拉维因为女性开设专门课程，同时提供一年预备期，以接收免费学校学生；免费学校获准颁发伊斯兰初等教育证书。 |
| 1948.8.13 | 伊斯兰高中停止颁发学历证书，由“海外高中”制度取代。 |
| 20 世纪 50 年代 | |
| 1950.4.22 | 卡拉维因改革委员会成立。 |
| 1951.2 | 小学教育被分为为期 3 年和 5 年的两个阶段，从后者毕业可获小学课程毕业证明。 |
| 1955.12 | 公共教育局改组为国家教育部。 |
| 1956.4.16—1956.7.28 | 青年与体育部首次开展扫盲运动。 |
| 1956.11.7—1956.12.22 | 青年与体育部再次开展扫盲运动。 |
| 1956.12—1957.1 | 全国学生联合会议在拉巴特召开。 |
| 1957.2.25 | 高等教育框架首次出台。 |
| 1957.5.31 | 摩洛哥-法国文化合作协议在拉巴特签署。 |
| 1957.7.21 | 穆罕默德五世大学在拉巴特成立。 |
| 1957.7.22 | 高等规划署成立。 |
| 1957 | 皇家教育改革委员会成立，通过《教育改革法案》，提出“普及”“统一”“阿拉伯化”和“摩洛哥化”的口号。 |
| 1957.9 | 第二届全国学生联合会议在非斯召开。 |
| 1957.10.2 | 摩洛哥农业学校更名为国家农业学校。 |
| 1958.1 | 摩洛哥行政学校开设阿拉伯语专业。 |
| 1958.1.15 | 中等教育学院成立，负责培养中等教育师资。 |
| 1958.7.18 | 国民教育大臣在国家磋商会议上提出普及免费教育，并改革卡拉维因的高等教育。 |
| 1958.7.25 | 第三届全国学生联合会议在得土安召开。 |

续表

| 时间 | 事件 |
| --- | --- |
| 1959.2.9 | 国家教育部改组，专门负责教育事务。 |
| 1959.4.1 | 教育文化委员会成立，协助高等规划署制定五年计划。 |
| 1959.4.15 | 青年与体育部再次开展扫盲运动。 |
| 1959.8.23 | 第四届全国学生联合会议在阿加迪尔召开。 |
| 1960.1.14 | 成立研究院，专门从事教育阿拉伯化研究。 |
| 1960—1964 | 初等教育实现阿拉伯化。 |
| 1960.5 | 政府架构调整，国家教育部下设扫盲和基础教育部门。 |
| 1960.7.16 | 第五届全国学生联合会议召开。 |
| 1960.12 | 皇家森林学校在萨雷成立。 |
| 1960.12.20 | 穆罕默迪亚工程师学校成立。 |
| 1961.4.3 | 阿拉伯化特别会议召开，要求将阿拉伯语作为科学、现代文化、工作的语言。 |
| 1961.7.24 | 第六届全国学生联合会议在欧兹卢召开。 |
| 1962.7 | 第七届全国学生联合会议召开。 |
| 1962.10.17 | 拉巴特医学院成立。 |
| 1962.10.18 | 教育最高理事会在年度会议公布《教育宪章》。 |
| 1963 | 哈桑二世创立哈桑讲座。 |
| 1963 | 卡拉维因正式被纳入现代大学教育系统。 |
| 1963.1 | 阿拉伯周活动在拉巴特举办。 |
| 1963.7.30 | 第八届全国学生联合会议在卡萨布兰卡召开。 |
| 1963 | 开始实施 7—13 岁义务教育。 |
| 1964 | 国家教育部改组，实行新架构。 |
| 1964.12.7 | 第九届全国学生联合会议在拉巴特召开。 |
| 1965 | 卡拉维因的高等教育架构正式命名为卡拉维因大学。 |
| 1965.10.21 | 第十届全国学生联合会议在拉巴特召开。 |
| 1965 | 基础教育实现摩洛哥化。 |
| 1966.7.27 | 第十一届全国学生联合会议在拉巴特召开。 |
| 1967.2.14 | 马格里布地区国家教育咨询委员会会议在突尼斯召开；通过马格里布地区教育纲领；成立专门负责阿拉伯语教学的共同委员会；成立马格里布教育中心。 |

续表

| 时间 | 事件 |
| --- | --- |
| 1967.2.15 | 马格里布教育论坛在突尼斯召开，讨论阿拉伯语教育和双语教育问题。 |
| 1967.4.25 | 马格里布地区教育部会议在阿尔及利亚召开，阿拉伯语术语和教学大纲得到统一。 |
| 1967.11.3 | 国家技术学院在卡萨布兰卡成立。 |
| 1968.6 | 国家教育部再次改组，分初等教育部、中等和技术教育部、高等教育部；传统教育归文化部管理。 |
| 1968.7.17 | 第十二届全国学生联合会议召开。 |
| 1969 | 皇家教育改革委员会通过《教育文化法案》。 |
| 1969.7.25 | 第十三届全国学生联合会议在卡萨布兰卡召开。 |
| 1969.11.18 | 马格里布地区教育部会议在拉巴特召开，提出小学教育阿拉伯化的基本要求；成立专门负责培训和文化合作的委员会；要求用阿拉伯语教授各学科；整理马格里布历史、互换文件。 |
| 1969 | 成立多个教育培训中心成立。 |
| 20 世纪 70 年代 | |
| 1970.1.29 | 国家法律研究学院成立，隶属司法部。 |
| 1970.2.11 | 国家邮电学院成立，隶属邮政部。 |
| 1970.10.8 | 社会学院关闭。 |
| 1970.10—1973.10 | 高中教育哲学课程实现阿拉伯化。 |
| 1970.10—1976.10 | 高中教育历史和地理课程实现阿拉伯化。 |
| 1971 | 义务教育的年龄由 7—13 岁调整为 7—12 岁。 |
| 1971.1.31 | 第十四届全国学生联合会议在拉巴特召开。 |
| 1971.2.4 | 加布维亚皇家学院成立，隶属农业部。 |
| 1971.6.12 | 皇家培训学院成立，隶属摩洛哥青年与体育部。 |
| 1971.11.4 | 第一家商贸学院在卡萨布兰卡成立。 |
| 1972.1.13 | 同法国签署文化和技术合作协议。 |
| 1972.6.19 | 旅游高级学院在丹吉尔成立。 |
| 1972.7.27 | 商贸管理高级学院在卡萨布兰卡成立。 |
| 1972.8.11 | 第十五届全国学生联合会议在拉巴特召开。 |
| 1974.3 | 职业培训和就业促进局成立，为公众提供免费的职业教育培训。 |

续表

| 时间 | 事件 |
| --- | --- |
| 1974.4.25 | 部级调整，国家教育部拆分为基础及中等教育部和高等教育部。 |
| 1974.11.4 | 新闻学学校在拉巴特成立。 |
| 1974.11.5 | 酒店学校在非斯成立。 |
| 1974.12.9 | 同比利时签署技术教育领域合作协议。 |
| 1975 | 马格里布科学委员会成立。 |
| 1975.10 | 哈桑二世大学在卡萨布兰卡成立；西迪·穆罕默德·本·阿卜杜拉大学在非斯成立；研究生基本制度确立。 |
| 1976.3.2 | 基础及中等教育部宣布开展中等教育摩洛哥化运动。 |
| 1976.6.25 | 同比利时在农业教育、实验室技术人员、高等培训等领域签署合作协议。 |
| 1978.6.14 | 穆罕默德一世大学在乌吉达成立；卡地·阿亚德大学在马拉喀什成立。 |
| 1978.8.13 | 国家教育部重组，基础及中等教育部和高等教育部合并。 |
| 1979.8.31 | 在被禁止五年后，全国学生联合会议重新召开，是为第十六届。 |
| 20 世纪 80 年代 | |
| 1980.4 | 摩洛哥皇家科学院成立。 |
| 1980.10 | 技术教育高等学校成立。 |
| 1980.11.29 | 国家建筑工程学校成立。 |
| 1980 | 初中教育实现摩洛哥化。 |
| 1981.8.22 | 第十七届全国学生联合会议召开。 |
| 1982.3.22 | 哈桑二世大学设牙科学院、科学学院和文学院。 |
| 1984.7.31 | 同法国在文化、科学和技术等领域签署合作协议。 |
| 1985 | 楚艾卜·杜卡里大学在杰迪代成立。 |
| 1985.9 | 职业培训管理部门成立，隶属装备部。 |
| 1986.6 | 第一届关于文化的全国辩论在塔鲁丹特举行。 |
| 1989 | 阿卜杜勒马立克·埃沙迪大学成立；伊本·左尔大学成立；穆莱·伊斯梅尔大学成立。 |
| 1989.9 | 拉巴特和卡萨布兰卡的医学院教师罢工。 |
| 20 世纪 90 年代 | |
| 1990 | 国家青年与未来委员会（CNJA）成立。 |
| 1991 | 传统文化与社会事务部设立扫盲和成人教育部门，制定扫盲战略。 |

续表

| 时间 | 事件 |
|---|---|
| 1993 | 阿卡维因大学在伊夫兰成立。 |
| 1993.10.6 | 哈桑二世科技学院成立。 |
| 1995 | 成立高等教育科研部。 |
| 1995 | 出版发行“全民阅读”系列参考书。 |
| 1995.10 | 世界银行发布摩洛哥教育制度研究报告。 |
| 1997 | 就业与职业培训部下设扫盲局。 |
| 1999.2 | 哈桑二世任命教育与培训改革特别委员会，设计教育改革新方案。 |
| 1999.10 | 国家教育部正式颁布《国家教育与培训章程》。 |
| 2000.5.19 | 颁布法令，于各大区设立教育和培训学院。 |
| 21 世纪 | |
| 2001.7.30 | 穆罕默德六世发表演讲，要求将柏柏尔语融入教育体系。 |
| 2001.10.17 | 皇家柏柏尔文化学院成立。 |
| 2002 | 国家教育部成立国家秘书处，接管扫盲和非正式教育。 |
| 2002.6.4 | 成立全国高等教育协调委员会，由高等教育科研大臣直接领导。 |
| 2002.7.15 | 颁布法令，国家教育部的职能得到明确。 |
| 2003.9 | 高等教育改革，正式引进西方式本硕博学位体系。 |
| 2003—2004 | 依据国家教育部和皇家柏柏尔文化学院共同签署的协议，柏柏尔语教育开始进入小学。 |
| 2004 | 国家秘书处制定新的扫盲战略。 |
| 2004.6 | 开始核定非大学教育机构名单，并改革其架构和教育制度。 |
| 2005.12.12 | 颁布关于明确部委组织架构与行政权力下放规则的法令，国家教育部改组，地方自主权得到加强。 |
| 2006.4 | 非大学高等教育机构名单正式确定。 |
| 2007.10 | 穆罕默德六世发表演讲，要求国民教育部规划并出台一项教育紧急计划。 |
| 2007.11.12 | 国民教育大臣提交由国家教育部提出的紧急计划方案。 |
| 2008 | 《国家教育紧急计划》正式出台。 |
| 2008.10.28 | 出台学生纪律委员会相关政策。 |
| 2008.12 | 出台针对 1997 年 2 月前获得法语博士学位的教授及 1997—2001 年培训机构副教授的相关政策。 |

续表

| 时间 | 事件 |
| --- | --- |
| 2011 | 国家扫盲机构成立。 |
| 2011.7 | 新宪法规定柏柏尔语为官方语言之一，同阿拉伯语并列。 |
| 2014 | 哈桑二世·艾因·乔克大学和哈桑二世大学合并，称卡萨布兰卡哈桑二世大学。 |
| 2017 | 原国家教育部与高等教育科研部合并，称国民教育、职业培训、高等教育和科研部。 |

# 二、摩洛哥大学概况

## （一）穆罕默德五世大学

### 1. 学校概况

穆罕默德五世大学位于摩洛哥首都拉巴特。该校于 1957 年成立，是摩洛哥独立后建立的第一所现代大学。自成立起，该校便以培养国家管理者、经济和社会的改革者为己任，为国家培养了大批各领域人才。建校后，学校师资团队不断扩充，学生数量持续增加。由于体量过大，于 1992 年划分为穆罕默德五世–阿格达勒大学和穆罕默德五世–苏伊西大学。两校通过分割原大学的各个院系而独立，因此学科体系、科目设置、行政管理机构等都不完善。经过 20 余年的独立发展，两校于 2013 年重新合并为穆罕默德五世大学。

在成立的 60 余年中，该大学积累了崇高的声誉，成为国家和地区的著名大学。根据世界大学排名中心，2019—2020 年该校在摩洛哥国内排名第 1，世界排名第 1064，研究表现排名第 1017。

## 2. 教学概况

学科设置方面，该大学涵盖了文学与人文科学、法学、经济学与社会学、精密科学、工程学、医学等类别。教学单位划分为科技、工程、医学、教育学与人文社科、经管法 5 个大类，其下设置院系，并设有 19 个独立研究中心。开设 264 门课程，教学语言以法语和阿拉伯语为主。

培养层次方面，该大学设有本、硕、博各层次的课程或项目，同时提供授予学位的继续教育和职业教育。学校授予的证书分为 3 种：毕业证书、学位证书、高等专科文凭。根据学生受到的教育，学位证书又可分为学士学位、硕士学位、专业硕士学位、工程师学位、医学博士学位以及职业资格证书和教育证书。同时学生也被允许修读双学位以及进行国际交流。

科研方面，该大学的科研活动主体分为科研中心、实验室和科研团队。设有 6 个科学中心，包括材料科学中心、拉巴特数学和应用研究中心、能源研究中心、植物微生物环境研究中心、地球自然遗产研究中心、可持续发展研究中心；4 个工学研究中心，包括智能可持续系统工程研究中心、土木工程中心、拉巴特信息技术中心、工程及医疗科技研究中心；3 个生命科学研究中心，包括医疗微生物创新中心、病理基因学研究中心、药学研究中心；6 个人文社科中心，包括语言文明宗教研究中心、宇宙与社会研究中心、文学艺术社会研究中心、教育学交叉学科研究中心、行为与竞争力交叉学科研究中心、经管法战略研究中心。设有一个生物统计、临床研究以及传染病学实验室，2 个科学实验室，包括高分子交叉学科实验室和设计与系统实验室，以及 8 个人文社科实验室。设有 22 个科研团队，涵盖生命科学与医学、科学、工程、人文社科领域。

2018 年，该校共有 2 051 篇出版物被 SCOPUS[1] 收录。

---

[1] Scopus 是一家文献数据库，囊括全球 5000 多家科学、技术、医学和社会科学等领域的出版商。

### 3．学生概况

自成立以来，穆罕默德五世大学的规模便不断扩张，学生人数不断增长。2018—2019 学年，在校注册学生数量达 76 864 人，2020—2021 学年增长至 87 389 人。

学校为符合要求的本科学生以及研究生提供奖学金。

## （二）卡拉维因大学

### 1．学校概况

卡拉维因大学坐落于摩洛哥历史文化名城、第三大城市非斯。公元 859 年，法蒂玛·穆罕默德·菲赫利建立卡拉维因清真寺及其附属教育机构，后成为伊斯兰世界著名的教育中心。1963 年，该大学被纳入摩洛哥现代大学教育系统，两年后正式更名为卡拉维因大学。联合国教科文组织以及吉尼斯世界纪录确定卡拉维因大学为世界上至今仍然承担教育功能的最古老的大学。

### 2．学校历史

卡拉维因大学最初作为清真寺建立，而并非专用的教育机构。其正式成为教育机构的具体时间已不可考，而最早对该清真寺围坐式教学的书面记录出现在 10 世纪。历史学家阿卜杜勒·哈迪·塔齐认为卡拉维因大学最早发挥教育职能是在 1121 年。公元 10 世纪，伊德利斯王朝灭亡，非斯成为法蒂玛政权与科尔多瓦政权所争夺的要地。在该时期，卡拉维因清真寺的声誉不断提升，正式成为聚礼的场所，其宣礼时间被奉为标准，同时清真寺的规模不断扩大。13—14 世纪，卡拉维因清真寺迎来发展高峰。该时期，卡拉维因清真寺除了开设经学、教法学等传统宗教学课之外，也开设语法学、修辞学、逻辑学、药学、数学、天文学和地理学等学科。卡拉维因清真寺也作为藏书机构，收集并编辑了大量来自马格里布、安达卢西亚以及中东地区的学术手稿。17—18 世纪，卡拉维因清真寺经历了一定程度的衰退。其课程设置的范围和规模都有所缩小，回归以传统伊斯兰宗教以及阿拉伯语言相关课程为主。其藏书规模也由于保管不善和丢失而缩小。近现代以来，卡拉维因大学由于其宗教和民族属性，成为反抗法国殖民、保持阿拉伯属性以及阿拉伯语的中心。同期，卡拉维因大学也是摩洛哥民族复兴运动的基地。许多摩洛哥民族主义者都有卡拉维因大学的教育背景，并通过校友关系建立起政治联系和政治网络。

## 三、特色课程与合作办学

### （一）“三明治课程”

又称夹心课程，一般分为三个阶段，即理论学习阶段、业界实习阶段及理论学习阶段。由于此课程在第二个阶段会安排企业实习，结构类似三明治，故称为“三明治课程”。此课程可以使学生在学校学习的过程中，通过中间的企业实习阶段，将所学的理论应用于实务经验，毕业时不仅获得学历证书，而且具有实际工作能力。

“三明治课程”原为英国大学为使学生透过实务工作的体验，来建立踏实的基本能力而设计。此种课程的设计首重双方的合作诚意，一方面学校对于提供工作实习机会的机构给予专业上的支持，如担任顾问、研发等工作；另一方面实习机构对于实习学生提供最适性的实习内容，并给予实务辅导。如此，双方互补互利，才能建立良性的互动关系。“三明治课程”的设计，可以有效培育专门人才，也可以透过产学合作，整合学术界与实务界的力量，提升人力素养与产业竞争力，因此，值得大力推广。有关中小学师资的培育以及学校行政领导人才的培育，也可以透过此种合作的历程，共创多赢的局面，但必须在以学习者为主体的前提之下，双方进行真诚的合作才可望落实。

### （二）穆罕默德五世大学孔子学院简介

2008 年 3 月 26 日，摩洛哥拉巴特穆罕默德五世大学与中国有关方面签署协议，决定成立孔子学院，2009 年 12 月穆罕默德五世大学孔院正式开始运行。五世大学孔院是摩洛哥现有 3 所孔院中的第一家孔院，由北京第二外国语学院和拉巴特穆罕默德五世大学合作建成，10 年来，在中国和摩洛哥两国政府的支持和关怀下，在两个合作院校的不断努力下，五世大学孔院在各方面都取得了长足的进步和发展。

目前，穆罕默德五世大学孔院共有 5 个中文教学点，汉语教师 15 人，2019 年总注册人数达 1 600 多人。因摩洛哥新冠肺炎疫情反弹严重，2020 年 9 月穆罕默德五世大学孔院未有新到任汉语教师，未启动注册。

2012 年 9 月，穆罕默德五世大学孔院协助五世大学文学院建立摩洛哥第一个中文专业，本科学制 3 年，为摩洛哥培养了第一批拥有本科学位的汉语人才。迄今为止，穆罕默德五世大学孔院已形成了学历教育型、社会普及型、旅游职业培训型、少儿启蒙型等多层次的中文教学形式。

2017 年 11 月，穆罕默德五世大学孔院开启示范大楼建设项目，预计于 2021 年第一季度竣工。示范大楼总建筑面积 2 300 平方米，总投资额 220 万美元，内设现代化的多媒体教室、语音室、文化体验馆、图书馆等。示范大楼的竣工与投入使用将从根本上改善孔院的教学硬件设施与设备，为孔院提供一流的教学环境和氛围。

# 参考文献

## 一、中文文献

鲍里奇．有效教学方法 [M]．9 版．杨鲁新，译．上海：华东师范大学出版社，2021.

本书编写组．习近平总书记教育重要论述讲义 [M]．北京：高等教育出版社，2020.

方汉文．比较文化学新编 [M]．北京：北京师范大学出版社，2011.

《非洲教育概况》编写组．非洲教育概况 [M]．北京：中国旅游出版社，1997.

冯增俊，陈时见，项贤明．当代比较教育学 [M]．2 版．北京：人民教育出版社，2015.

高农，乌脱金．摩洛哥：自然地理和经济地理概要 [M]．西北大学地理系翻译组，译．西安：陕西人民出版社，1977.

格利克曼．教育督导学：一种发展性视角 [M]．10 版．任文，译．上海：华东师范大学出版社，2021.

顾明远．顾明远教育演讲录 [M]．北京：人民教育出版社，2014.

国家信息中心"一带一路"大数据中心．"一带一路"大数据报告（2017）

[M]．北京：商务印书馆，2017.
哈桑二世．挑战 [M]．季仲华，译．北京：新华出版社，1983.
贺国庆，朱文富，等．外国职业教育通史 [M]．北京：人民教育出版社，2014.
教育部课题组．深入学习习近平关于教育的重要论述 [M]．北京：人民出版社，2019.
康崩．摩洛哥史 [M]．上海外国语学院法语系翻译组，译．上海：上海人民出版社，1975.
李春生．比较教育管理 [M]．南京：江苏教育出版社，2008.
联合国教科文组织《非洲通史》国际科学委员会．非洲通史：第 1 卷 [M]．北京：中国对外翻译出版公司，1984.
刘捷，谢维和．栅栏内外：中国高等师范教育百年省思 [M]．北京：北京师范大学出版社，2002.
刘捷．教育的追问与求索 [M]．北京：人民出版社，2021.
刘捷．专业化：挑战 21 世纪的教师 [M]．北京：教育科学出版社，2002.
刘进，张志强，孔繁盛．"一带一路"高等教育研究（2019）：国际化展望 [M]．北京：北京理工大学出版社，2020.
刘进．"一带一路"学生流动与教育国际化 [M]．北京：北京理工大学出版社，2020.
刘生全．教育成层研究 [M]．北京：教育科学出版社，2011.
卢晓中．比较教育学 [M]．北京：人民教育出版社，2020.
陆有铨．教育的哲思与审视 [M]．北京：人民教育出版社，2016.
罗肇鸿，王怀宁．资本主义大辞典 [M]．北京：人民出版社，1995.
马健生．比较教育 [M]．北京：高等教育出版社，2010.
穆文，张辉栩．日落之邦：摩洛哥 [M]．上海：上海锦绣文章出版社，2010.
彭树智．阿拉伯国家简史 [M]．修订版．福州：福建人民出版社，1999.
戚万学．现代西方道德教育理论研究：上卷，下卷 [M]．北京：人民教育出版社，2020.
秦惠民，王名扬．高等教育与家庭流动 [M]．北京：科学出版社，2019.
任钟印．东西方教育的覃思 [M]．北京：人民教育出版社，2017.
桑戴克．世界文化史 [M]．陈廷璠，译．上海：上海三联书店，2005.
单中惠．在世界范围内寻觅现代教育智慧 [M]．北京：人民教育出版社，2014.
石筠弢．学前教育课程论 [M]．2 版．北京：北京师范大学出版社，2014.
史杰克．摩洛哥的风俗与文化 [M]．胡文佳，译．北京：民主与建设出版社，2018.
孙有中．跨文化研究论丛 [M]．北京：外语教学与研究出版社，2019.
滕大春．教育史研究与教育规律探索 [M]．北京：人民教育出版社，2019.
滕大春．美国教育史 [M]．2 版．北京：人民教育出版社，2001.
万作芳．谁是好学生：关于学校评优标准的社会学研究 [M]．长春：吉林人民出版社，2006.
王承绪，顾明远．比较教育 [M]．5 版．北京：人民教育出版社，2015.
王定华，秦惠民．北外教育评论：第 1 辑 [M]．北京：外语教学与研究出版社，2019.
王定华，杨丹．人类命运的回响——中国共产党外语教育 100 年 [M]．北京：外语教学与研究出版社，2021.
王定华，曾天山．民族复兴的强音——新中国外语教育 70 年 [M]．北京：外语教学与研究出版社，2019.
王定华．教育路上行与思 [M]．北京：人民出版社，2020.
王定华．美国高等教育：观察与研究 [M]．2 版．北京：人民教育出版社，2021.
王定华．美国基础教育：观察与研究 [M]．2 版．北京：人民教育出版社，2021.
王定华．中国基础教育：观察与研究 [M]．北京：人民教育出版社，2021.

王定华. 中国教师教育：观察与研究 [M]. 北京：人民教育出版社，2020.
王晓辉. 比较教育政策 [M]. 南京：江苏教育出版社，2009.
乌本. 校长创新领导力：引领学校走向卓越 [M]. 8 版. 王定华，译. 上海：华东师范大学出版社，2021.
吴式颖，李明德. 外国教育史教程 [M]. 3 版. 北京：人民教育出版社，2015.
习近平. 论坚持推动构建人类命运共同体 [M]. 北京：中央文献出版社，2018.
习近平. 习近平谈"一带一路" [M]. 北京：中央文献出版社，2018.
肖克. 摩洛哥 [M]. 北京：社会科学文献出版社，2008.
谢维和. 教育活动的社会学分析：一种教育社会学研究 [M]. 修订版. 北京：教育科学出版社，2007.
谢维和. 我的教育觉悟 [M]. 北京：人民教育出版社，2016.
徐辉. 国际教育初探——比较教育的新进展 [M]. 2 版. 成都：四川教育出版社，2005.
杨汉清. 比较教育学 [M]. 3 版. 北京：人民教育出版社，2015.
叶朗，朱良志. 中国文化读本：普及本 [M]. 2 版. 北京：外语教学与研究出版社，2016.
裔昭印、徐善伟，赵鸣歧. 世界文化史 [M]. 增订版. 北京：北京大学出版社，2010.
袁丽. 澳大利亚教师教育变革研究 [M]. 北京：北京师范大学出版社，2019.
苑大勇. 终身学习视角下英国高等教育扩大参与政策研究 [M]. 北京：高等教育出版社，2013.
曾天山，王定华. 改革开放的先声——中国外语教育实践探索 [M]. 2 版. 北京：外语教学与研究出版社，2019.
张玉友，孙德刚. "一带一路"国别研究报告 : 摩洛哥卷 [M]. 北京 : 中国社会科学出版社，2020.
郑通涛，方环海，陈荣岚．“一带一路”视角下的教育发展研究 [M]．广州：世界图书出版广东有限公司，2017.
仲跻昆．阿拉伯文学史：第 4 卷 [M]．北京：北京大学出版社，2020.

## 二、外文文献

BERDOUZI M. Rénover l’enseignement[M]. Conseil National des Droits de l’Homme, 2000.

CHKILI T. Refonder l’ecole marocaine et renforcer la competitivite de l’université - pourquoi et comment[M]. La Croisée des chemins, 2015.

MATASCI D, JERÓNIMO M B, DORES H G. Education and development in colonial and postcolonial Africa[M]. Palgrave Macmillan, 2020.

TAWIL S, CERBELLE S, ALAMA A, UNESCO Office Rabat. Education au Maroc: analyse du secteur[M]. UNESCO, 2010.

UNICEF MENA. Analytical mapping of life skills and citizenship education in the Middle East and North Africa[M]. UNICEF MENA, 2017.

لعربي اكنينح . في المسألة التعليمية[M] . المطبعة المعارف الجديدة، الرباط، 2009.

بوبكر الشرقاوي . إصلاح منظومة التربية والتعليم كمشروع تنموي في المغرب[M] . مطبعة الخليج العربي تطوان، 2018 .

عبد الله بن أهنية . بناء مغرب المستقبل : التربية والتعليم رافعة للتنمية لاشاملة[M] . مطبعة AS VISION بالجديدة، 2018 .

عمر الرويضي . إشكالات تنزيل القيم في المدرسة المغربية – مقالات محكمة[M] .وزارة الاتصال، 2018 .

كريم حميدوش . إصلاح التعليم في المغرب – المدخل الوحيد لتحقيق التنمية البشريية التعليم العومي في البوادر نموذجا

.2009 . [M]

محمد غزالي. الإصلاحات التعليمية بالمغرب – دراسة على مستوى الوظائف والمكونات 1956-2001[M]. جامعة الحسن الأول بسطات، 2014.

مجلس الأعلى للتربية والتكوين والبحث العلمي.من أجل مدرسة الإنصاف والجودة والارتقاء – رؤية استراتيجية للإصلا 2015-2020.[M] 2020.

محمد حمودو. الكتاب المدرسي المغربي في العصر الرقمي – تحديات ورهانات[M]. الدار البيضاء، 2019.